JN048838

戦争の文化

上

CULTURES OF WAR

Pearl Harbor / Hiroshima / 9-11 / Iraq

John W. Dower

戦争の文化

パールハーバー・ヒロシマ・9.11・イラク

ジョン・W.ダワー

監訳　三浦陽一

訳　田代泰子
藤本 博
三浦俊章

岩 波 書 店

CULTURES OF WAR
Pearl Harbor, Hiroshima, 9–11, Iraq

by John W. Dower

First published 2010 by W. W. Norton & Company, Inc., New York.

This Japanese edition published 2021
by Iwanami Shoten, Publishers, Tokyo
by arrangement with John Dower c/o Georges Borchardt, Inc., New York
through Tuttle-Mori Agency, Inc., Tokyo.

アシュリーとケアリーに

愛とともに

そして二人が真の平和の文化を体験できますように

日本語版への序文

この本は、中東におけるアメリカの「対テロ戦争」の最盛期に書かれた。第Ⅰ部は、二〇〇三年のアメリカによるイラク戦争開始と、一九四一年の日本による真珠湾攻撃を対比して考察したものである。第Ⅱ部は、イスラムのテロ組織による「テロ攻撃」を、アメリカという国家が日本に対して行った「テロ爆撃」と比較している。このテロ爆撃の頂点が、原爆投下であった。最後の第Ⅲ部は、戦争のあとの占領期について、イラクと日本を比較したものである。どちらもアメリカによる占領であるが、イラク占領が混乱をきわめたのに対し、日本占領は日米の親善と同盟関係の基礎を築いた。

今では対テロ戦争は遠のき、ワシントンの主要な敵は中華人民共和国へとシフトした感がある。テロ集団との非対称の戦争ではなく、重武装した超大国どうしが、かつての陸海空に加えて宇宙空間やサイバースペースまで含めた戦場で対峙する状況になった。

この米中対決は、テロとの戦争以上に日本を巻き込む可能性が高いが、本書を書きながら私が痛感したのは、理性とはレベルの異なる巨大な要因が、開戦の決断や戦争の遂行方法に影響を与えるという事実である。兵器と情報収集技術はかつてなく洗練されたが、人間の生の感情や判断力は、エリートたちの世界でもそれほど変化していない。紛争を好む者は、自分は相手とは違うと強調するが、じつは彼らは、常に同じものを共有している。

たとえば西洋の研究者は、日本の対米戦争を日本に特有の愚行ととらえる傾向がある。その愚行の典型が、アメリカの工業力とアメリカ人の心理的反応を真剣に考慮しなかった真珠湾攻撃であるとされる。

しかし、自分に都合のよい思考、内部の異論を排除し外部の批判を受けつけない態度、過度のナショナリズム、敵の動機や能力を過小評価する上層部の傲慢といった「戦争の文化」は、まさにアフガニスタンやイラクでアメリカが陥ったものでもあった。

戦争の文化のもうひとつの側面は、文化的・人種的偏見がつきまとうことである。日米戦争がそうであったし、朝鮮戦争でもベトナム戦争でも、アメリカは相手に関する既成の観念にとらわれて行動し、失敗した。現在の米中対決でも、こうした文化的・人種的な要素はすでに現れており、日本人もこの問題と無縁とはいえないであろう。

日本占領のひとつの遺産は、日本がアメリカの戦略に従い、アメリカの基地になったことである。振り返ってみれば、アメリカは第二次世界大戦後いくつもの紛争に介入したが、勝利といえる例はほとんどない(おそらく唯一の例外は、一九九〇年から一九九一年の湾岸戦争であろう)。そうしたなかで、もし米中対決がエスカレートすれば、日本はどうなるのであろう。

最近のアメリカの政治状況も明るいとは言えない。ドナルド・トランプ大統領(二〇一七—二〇二一)の「アメリカ第一」主義は、世界のアメリカへの信頼を低下させたが、アメリカの軍国主義を現実に推し進めたのは、むしろバラク・オバマ大統領(二〇〇九—二〇一七)であった。ノーベル平和賞に輝き、歴代大統領のなかでも有数の雄弁家であったオバマの実際の政策は、核最新化を決定し(二〇一六年)、ドローン攻撃を推進するものであった。民主・共和どちらの政党がホワイトハウスに代表を送り込もうと、「安全」とか「防衛」の名において戦争を挑発する態度は、戦後のアメリカ外交に一貫している。二〇二一年になり、ジョー・バイデン大統領に代わったが、アメリカの独善的傾向は変わっていない。

戦争の文化に追いたてられる傾向は、超大国の地位を追求している中国も例外ではないであろう。いまは、容赦なく展開する戦争の文化の発動を、日本が少しでも抑制する役割を果たすよう、願うばかりである。

二〇二一年五月八日

ジョン・W・ダワー

凡例

一　本書は、John W. Dower, *Cultures of War: Pearl Harbor, Hiroshima, 9-11,* Iraq, W. W. Norton & Company/The New Press, 2010 の全訳である。

一　本文中の（　）の部分は原著者による補足であり、〔　〕の部分は訳者による補足である。

一　本文中の日本語引用史料中の旧字は、新字にあらためた（旧仮名遣いはそのままとした）。

一　読者に原文のニュアンスを知ってもらうために、訳文に原語を書き添えた箇所がある。

一　翻訳の分担は、以下の通りである。

〈上巻〉

日本語版への序文・プロローグ・謝辞　三浦陽一
第一章・第二章　三浦俊章
第三章・第四章　田代泰子・三浦陽一
第五章　田代泰子・三浦俊章
第六章—第八章　田代泰子・藤本博
第九章　藤本博

〈下巻〉

第一〇章—第一二章　藤本博
第一三章—第一五章・エピローグ　三浦俊章

翻訳作業終了後、監訳者が全般にわたって訳文を整える作業を行った。

プロローグ——ある探求の歩み

この本の調査と執筆を始めたのは、二〇〇一年、九・一一事件の直後であった。その頃アメリカのメディアは、アルカイダによる奇襲を六〇年前の日本の真珠湾攻撃と比較する論説で溢れていた。私は歴史家として、日本とアジアの戦争に長年関心をもってきたが、真珠湾攻撃と九・一一事件が似ているという議論は不快に感じられた。その後、九・一一事件がアメリカによるイラク攻撃につながり、アメリカが解放したはずのイラクに収拾しがたい混沌と大きな苦難が生まれるにつれ、私の不快な感覚はいっそう強くなった。

歴史上の事実と今日の事件、その二つをつなぐ作業は、一方通行で終わるものではない。たしかに、九・一一事件は真珠湾攻撃や第二次世界大戦に似ているように見える。奇襲攻撃という手法、アメリカの諜報活動の大失態、無差別攻撃の恐怖、大量破壊兵器と「きのこ雲」のイメージ、撒き散らされた聖戦のレトリック……。イスラムのテロリストはユダヤ・キリスト教の西洋を排撃し、中東からアジア南部を横断するカリフ支配を打ち立てようと夢見たが、それは戦前の日本が「白人の支配」を排撃し、朝鮮半島から満洲・中国を経て東南アジアにいたる「新秩序」を唱えたことを思い出させ、「聖戦」という言葉の響きをいっそう深いものにした。

このように、第二次世界大戦が発する光は九・一一事件を照らし出すが、光は反射もする。われわれは現在の視点から過去を見直すこともできるのである。歴史についての嘘は、この見直しの中で発見できるし、本書はそうした見直しのひとつである。私は日本が中国と西洋に対して行った戦争について、文献や従来の議論を見直し、日本文化のユニークさだの、日本軍国主義の特異性だのといった決まり文句も見直した。日本、アメリカ、その他の連合国が数十年前に行ったことだけでなく、文化の一種としての戦争 war as a culture の内実と由来を調べ、戦争の文化が常にわれわれにつきまとうのはなぜかという問題に目を向けた。

こうした視点は、普通の意味での「文化」という概念からの離脱を意味する。「文化」という言葉は、地域や国家によって顕著に違う面を指すことが多いが、ここでいう「文化」は、そういう意味ではない。私は長年日本を研究してきたので、「地域研究」をやっているのですね、と言われることがあるが、そうした伝統的な意味での「文化」とは、通念、価値観、態度、社会慣行を共有する社会的なまとまりのことで、この意味での文化が重要であることは明らかである(私が大学生の頃日本に興味を持った理由も、日本の伝統美やその背景にある宗教的なものに関心をもったことが大きい)。しかし、ある文化の外部にいる者にせよ内部にいる者にせよ、文化のユニークさを固定的にとらえると、空想的な「本質主義」に陥りやすい。ひとつの文化には理想化されたある価値が存在し、それは希薄化することも変種を生むこともなく、時を経ても根本的に同一で、ユニークなものであり続ける――そういう見方になりやすいのである。この種の神話化が行われると、複数の地域や宗教や民族を比較したとき、類似性よりも相違点の方が強調されることになる。たとえば、「○○族とはどういう部族か?」と問うたとき、ほぼ間違いなく、われわれとの違いを強調した答えが出てくるだろう。これがもっと極端になると、マニ教〔紀元三世紀イランに発祥し、のち消滅した宗教〕よろしく、すべてのものは善か悪かのいずれかなのだと決めつけたり、この世の終わりの予言者が現れて、巨大な文化どうしの幻想的な衝突を描いてみせたりする。

文化の違いが重要であることは言うまでもない。加害行為を正当化するために文化の違いのイメージがどう作り上げられるか。それは日々の新聞やネットやテレビに現れている。だが、「文明の衝突」流の古い「文化決定主義」は、近現代の暴力を理解するにはある程度までしか役に立たない。もっと難しいのは、現代の多くの文化を統一的に理解するような比較研究を行うことである。そこで九・一一事件のあと私の心に浮かんだ本のタイトルは、「戦争の文化 Cultures of War」〔戦争から生まれ、戦争に適合した諸文化の横断的探究〕であった。それ以後、これを本のタイトルにしようという考えは、一貫して変わらなかった。

＊

九・一一事件の直後での本書のサブタイトルは、「パールハーバー・ヒロシマ・九・一一」であった。そして一年か二年で考えをまとめ、五章くらいで書き上げようと思った。ところがその後、アメリカの戦争マシンはイラク侵略を準備し始めた。そのため、比較研究という以上はイラクも視野に入れざるをえなくなり、最初の計画は挫折してしまった。だから本書の第Ⅰ部と第Ⅱ部の問題意識は、もとは九・一一事件によって刺激されたものである。「開戦」と題した第Ⅰ部は、二つの奇襲攻撃、すなわち一九四一年と二〇〇一年においてアメリカが犯した諜報活動の大失態を扱っている。真珠湾と九・一一に共通する組織的、認知的、心理的な病理現象は、深刻な問題を提起している。そして一二月七日〔真珠湾攻撃〕と九月一一日に起こった二つの大惨事が、いかにして権力者にとって「天祐」に転じたかについて考察を加えた。ブッシュ政権が得たものは、明らかに六〇年前のフランクリン・ルーズベルト大統領に先例があった。大きな違いは、ルーズベルトが「天祐」をうまく使ったのに対して、ブッシュのやり方は破滅的だったことである。

第Ⅱ部は、アメリカがイラクで行った無差別テロ爆撃と、アメリカが世界貿易センタービルの跡地を「グラウンド・ゼロ（爆心地）」として聖地化したことに触発されて、第二次世界大戦において英米が無差別テロ爆撃 terror bombing を標準的作戦にした史実を再考している。最近の論調とくに反イスラム系の陣営は、アルカイダなど非国家組織によるテロ戦術と、第二次世界大戦における戦略爆撃の間には明確な境界線があると考えることが多い。たしかに重要な違いはある。だが、九・一一事件のあとのアメリカ人のように、すなわちイスラム原理主義者、イスラム教徒、あるいは一般にアラブ人はキリスト教徒やユダヤ教徒と違って人命を尊重しないと考えるのは、まったくの誤りである。

敵の戦意を削ぐために、人口が密集する都市域を意図的に破壊するという方法は、ドイツと日本に対する空襲において頂点に達したものである。これは、それまで国際連盟やアメリカ合衆国が唱えていた「正しい戦争 just war」からの決別を意味した。枢軸諸国との戦争が全面化すると、非戦闘員の大量殺害は、敵のインフラを標的にするだけでなく、総力戦の時代における心理戦に不可欠であるという理由で正当化された。凶悪な敵を相手にする以上、必要で正当な行為だという考えによって無差別テロ爆撃は正当化され、一種の復讐心とともに実行されたのである。こうした爆撃による正確な死者の数はわからないが、一九四三年から一九四五年の連合国の空襲作戦によって、ドイツと日本をあわせておそらく一〇〇万人前後の非戦闘員が殺害された。それだけではない。「グラウンド・ゼロ」という言葉は、もともと空から降る死の雨の頂点、すなわち広島と長崎への原爆投下について言われた言葉である。世界貿易センターにおける大量殺戮の跡地を原爆の爆心地になぞらえて「グラウンド・ゼロ」と呼び、聖地化することは、この歴史的表現を自分に都合よく利用する行為であった。

九・一一事件後に、「グラウンド・ゼロ」がアメリカの犠牲を示唆する言葉へと変貌していく過程は、二つの点で私を驚かせた。ひとつは、原子爆弾の開発から使用にいたる歴史的経緯にまったく思いをはせることなく、無造作にこの言葉が勝手な意味で使われていったことである。もうひとつは、戦略爆撃に関する公文書や学術書では「テロ爆撃 terror bombing」は見慣れた言葉で、私のような歴史家も長いこと当然のように使ってきたが、第二次世界大戦については、ある意味で埋もれてしまっていたということである。広島・長崎以前に焼夷弾の絨毯(じゅうたん)爆撃を受けた六十余の日本の都市に対して「テロ爆撃」がどのように実行されたか。私はそれをきちんと調べたことがなかった。

ここ一〇年ほど、米英によるドイツ空爆の実態がかなりの注目を集めている。第Ⅱ部では、ドイツ空爆に関する調査や考察を参照しながら、それが日本にどのような影響を与えたか検討し、今日われわれが〔イラクなどで〕目撃している破壊行為に照らし合わせながら、原爆使用の問題を再考しようと試みた。この作業は、世界の脅威となっている大量破壊兵器の起源と発展を認識することにとどまらない。それは、第二次世界大戦後のアメリカの戦争立案者たちが、核兵器を用いない戦争において、ハイテクを活用しながら、いかに最大限の破壊性を発揮するかに固執した事実にも注意を向けさせる。このような破壊への固執は、容赦なき力がもたらす結果への過信と、自国よりも力の弱い相手の性格、野望、能力に対する無関心と誤解に根源がある。第二次世界大戦後のどの戦争も――ベトナム戦争も一九九一年のソ連の崩壊を導いたアフガニスタンでの挫折も――、全滅の恐怖を背景にした「衝撃と畏怖 shock and awe」の戦略こそが最終的には信頼できるのだという考え方をやめさせることはなかった。

国家による公然たる戦争は、テロリストによる攻撃とは違っている。何マイルも離れた場所からの爆撃や砲撃は、犠牲者の顔を見ながら行う自爆と同じではない。しかし、殺されてしまえば非軍人も非戦闘員もみな死者であるから、こうした行為を正当化する道徳的な正義感や神学的な理論には、アメリカでも日本でもイスラムでも、元をただせば深い共通点がある。本書の第Ⅱ部の終わりでは、狂信的なイスラム主義者が自分たちのテロを正当化する議論や論理を検討している。ここで私は、どう正当化しても同じことだとか、すべてが相対的だとか言いたいのではない。それは事実ではないのだから。そうではなく私は、戦争の文化のもうひとつの側面をとらえようとしたのである。われわれ人類が暴力と大量破壊をやめない理由は、戦争計画の立案者や政治分析の専門家が思っているよりも複雑で深刻である。この複雑さと深刻さを見落とすと、危険が待っている。私が述べたことが個人や社会や人間にとってどれほど不吉であろうが、その危険自体が変わるわけではない。

＊

アメリカは二〇〇二年六月、先制戦争 preemptive war を宣言し、二〇〇三年三月にイラク侵攻を開始した。そのため、「暗号としての真珠湾」の考察に必要な要素が予想外に増えてしまった。一九四一年の日本や二〇〇一年のアルカイダに続いて、ブッシュ政権は「選択としての戦争 war of choice」〔開戦すべきかどうか選択の余地のある戦争。反対語は war of necessity で、国土や国民が直接巻き込まれ、文句無しに戦わねばならない戦争〕を行ったのである。戦争を「選択する」ということ自体が問題をはらんでいるが、もっと大きな問題は、イラク戦争以前にアメリカが行ったイラクやイスラム原理主義者やテロリストの脅威に対する評価に、ほとんど犯罪的過失があったことである。そして「イラクの自由作戦」がたちまち泥沼に陥り、イラクが混乱していくのを見た私は、本書のサブタイトルに「イラク」を追加し、「パールハーバー・ヒロシマ・九・一一・イラク」に変更した。こうして私は、比較的短期間で小さな本が書けるだろうという見込みを断念した。

イラク侵略に際してアメリカが準備と予想に失敗したことは、一面では一九四一年と二〇〇一年の再現であったが、それとは違う次元の問題もあった。イラク侵略の準備と予想は真珠湾と違って奇襲攻撃を阻止するためではなく、侵略戦争を行うためであったからである。もちろん、イラクの大量破壊兵器について、虚偽もしくは捏造された情報がもたらされたことは大失態であり、この問題が詳しく調査されたのは当然であったが、じつはアメリカ政府にはそれよりはるかに深刻で意外な情報活動の不手際、すなわち戦略的愚行が存在したし、それは真珠湾の場合と比肩するものでもあった。一九四一年に日本が行った攻撃と同様、対イラク開戦は戦術的にはアメリカ好みの華麗なものであったが、戦略的には暗愚であった。日本もアメリカも、敵の心理や能力を考慮に入れなかった。リスクを予想したり、最悪の場合に備えたり、一貫性と現実性のある戦争の終わらせ方を構想したり、紛争が長期化した場合どうするか計画しなかったことも、アメリカのイラク戦争は日本の真珠湾攻撃と共通している。

戦略的愚行 strategic imbecility は、一九五〇年代に使われ始めた英語のフレーズで、当時は真珠湾と西洋の植民地を攻撃した日本の軍閥の行動を指すものであった。私は日本現代史の専門家として、この文化的偏見を帯びた単純な言葉が繰り返されるのを、長年見てきた。ところがイラク戦争において、緒戦のほかにきちんとした計画をもたなかったホワイトハウスと国防総省(ペンタゴン)にこの言葉が向けられるようになると、この言葉は私の耳にはほとんど余興めいて聞こえた。日本の軍閥と真珠湾攻撃については、半世紀以上にわたっていろいろな決まり文句が流布してきたが、いまやそれに「アメリカの」とか「ブッシュ政権の」とか「イラクの」などの言葉をつけても、完全に妥当に聞こえるだろうと、私には思えた。一九四一年の東京では、希望的観測が理性的分析を上回ったが、同じことがワシントンのイラク戦争準備でも起こった。軽率な妄想と危険な無能ぶりは、それだけで終わらなかった。悲惨な事態が迫っているにもかかわらず、日本の戦争計画者たちは長いあいだ夢想の世界にいたし、ブッシュ大統領とその側近たちも同様であった。

西洋が論理的であるのに対して、東洋は非論理的だという前提のもと、西洋人とりわけアメリカ人は、自分たちこそ「理性的」だという神話が大好きである。しかし日本による真珠湾攻撃の戦略的近視眼ぶりとワシントンによるイラク侵略が相似的だとなると、この神話は揺らぐ。非西洋人は「群れ行動 herd behavior」や「グループ思考 groupthink」をする——西洋人はそのように決めつけがちであるが(こういう発想はマックス・ウェーバーなどからの引用によって強化されることが多い)、じつは「群れ行動」や「グループ思考」は非西洋世界だけでなく世界的な現象であることが、イラク戦争をめぐる冷厳な事実によって明らかになったのである。「群れ行動」や「グループ思考」は、イラク戦争が泥沼に陥り、批判が高まる以前における戦争遂行の責任者たちばかりでなく、議会やマスコミの主流やジョージ・W・ブッシュを二〇〇四年一一月の選挙で再選した有権者を支配した。教科書的にいえば、この種の「群れ行動」は、きちんと機能している民主主義国家、とりわけ揺るぎなき個人主義を誇る国家ならば、本来起こるはずのないものである。

「グループ思考」の病状は単純ではない。複雑なシステムでは、どこかのレベルで異論が提起されるから、重要な決定には常にそれなりに筋道だった検討の手順が踏まれる。ブッシュ政権は「対テロ戦争」において異常なほどの秘密主義をとったが、断片的ながら議会の聴聞会や報告書、解禁された文書、政権内部にいた人物による本や記事、そして多くのインタビューや特別に知り得た秘密資料にもとづく優れた記事が書かれ、イラク戦争の舞台裏のかなりの部分が明らかにされてきた。こうした書き物は、ブッシュ政権の軍事的愚行の歴史の最初の草稿にあたる。歴史家たる私がこうした多くの筆者たちと異なるとすれば、それはこうした資料の山の先にあるもの、ブッシュ政権だけでなく、それを越えて見えてくる私たちの時代が、そして近代および現代の戦争がもつ、巨視的なダイナミズムと病状の一部を見極めようと試みるところにある。

日本が破滅的な戦争に突入していった過程については、記録に多くの欠落があるものの、ブッシュ政権がイラク戦争を始める過程と同程度の確度で再現できる。とりわけ貴重なのは、日本政府の最高レベルにおける一九四一年四月から一二月までの議論の詳細な記録が残っていることである。ほぼ予想がつくように、最高機密とされた日本のトップリーダーたちの会議では、戦争は不可避であり正当だという議論が声高に行われた。これは六〇年後のアメリカでも同様であった。さらに、この戦争はギャンブルに値する——ある種の軍事的成果が得られる——と日本政府が思った理由を列挙することも可能である。むろんこれは夢にすぎなかったが、実現の条件は十分あるように見えた。これはブッシュ政権とその支持者たちが住んでいた夢の世界も同様であった。帝国日本の戦略的愚行は、日本特有のものではない。

戦前日本にみられた権威主義も、日本だけのものとはいえない。かつての日本は民主主義といっても不十分であり、現在の合衆国は民主主義国家である。この違いは大きい。しかし政治権力の行使という角度からみると、一九四一年の東京と九・一一後のワシントンでは、政策決定のプロセスに思ったほどの違いはない。ここで東京とワシントンが似ているのは、アメリカ人がしょっちゅう口にしながら滅多に改善しようとしない、ある矛盾である。すなわち「民主主義」への信念と、法律を侵してでも平然と行政権を肥大化させそれを行使しようと躍起になる「帝王的大統領制 imperial presidency」との矛盾である。戦争中、日本の理論家や宣伝屋は、天皇を崇拝し民主主義を軽蔑せよだの、忠誠と愛国が最高の美徳であって、それに異議を唱えるのは反逆罪に等しいだの、メディアを統制せよだのと、声高に主張した。しかし同時に天皇制は、憲法に規定された正式の制度でもあった。選挙で選ばれた議員からなる衆議院をもつ「議会」もあったし、トップリーダーたちが天皇を補佐する仕組みもあった(真珠湾への攻撃から広島への原爆投下までの間に、〔憲法の手続きに従って〕首相は二度交替し、内閣改造も頻繁に行われた)。そして、帝王的権力がどう行使され悪用されるかは、政治に沈黙している階級や大衆にも依存する。このこともまた、日本特有のことでもなければ、民主主義国家に無縁のことでもない。

この問題は、たんにブッシュ大統領と天皇裕仁を比べてあれこれ言うことよりも重大なものをはらんでいる。天皇は世襲の君主であり、重要政策をリードするというより、決定を裁可し形式的に正当化する存在であった。大臣閣僚は天皇という制度的カリスマを利用していたわけだが、これはワシントンの指導的政策作成者たちが大統領のカリスマを利用するのと同様である。一九四一年に開戦を決定した日本のトップグループの人数は、九・一一の後、アメリカ政府のなかでテロとの戦いを対イラク戦争へと変質させた、いわゆる大統領執務室の陰謀団 the Oval Office cabal の人数とそれほど違わない。しかも興味深いことに、ブッシュ大統領とその戦争計画者たち以上に、日本の戦争指導者たちは正式の政策決定手続きを踏んでいたのである。天皇制と帝王的大統領制は、角度は違うが互いに補強しあう視点から、権威と権威主義、有能と無能、責任と無責任、そして前代未聞の結末をもたらす重大な瞬間についての説明責任の不在という、いまだ答えのない問題をわれわれに突きつけている。

驚くような失態に続いて、天皇の軍隊の指導者や帝王的大統領制の下で、実際の戦闘が行われた。そう考えると、拷問などあからさまな戦争犯罪についても両者を比較してみようという気にさせられる。私はこの論争的なテーマについては本文の途中で少し触れただけであるが、日本とアメリカの捕虜虐待は、どちらもジュネーヴ条約(一八六四年以来数次にわたって追加・改正された戦傷・戦病者・捕虜の保護に関する条約)と関係がある。帝国日本が行った忌まわしい捕虜虐待は、日本の名誉と信用に拭いがたい汚点を残したが、イラク戦争がもたらしたアメリカの名声への傷がどれくらい続くかは、まだわからない。ただ、第二次世界大戦後の連合国は、歴史の解明と法の尊厳という大義をかかげ、日本とドイツに対して公式かつ本格的な調査を行ったが、ブッシュ政権の戦争計画者たちは、幸運にもこうした調査を完全に免れている。九・一一後に浮上したこのような論点は、「選択としての戦争」と戦略的愚行という問題に関連しており、本書の第I部で「暗号としての真珠湾」を扱う際の重要な論点となった。

＊

戦争の根本理由だったはずの大量破壊兵器をイラクが保有していないことが明らかになると、ブッシュ政権による情報の「つまみ食い cherry-picking」が注目を集めた。もっぱら自分たちが望む情報を集めた彼らの行為の、どこまでが策謀と悪意によるものであったか、それはわからない。しかしブッシュ政権が自分に都合のよいデータ、もっともらしい事実を集めていたことは事実である。いずれにせよ、彼らの情報の「つまみ食い」は、一次情報に限られてはいなかった。大なり小なり、歴史についてまで及んでいたのである。歴史に関する彼らの「つまみ食い」のひとつは、イラク侵攻が完了したら政治的安定と民主主義が到来すると主張し、その例証として戦後の日本やドイツをもちだしたことであった。

この虚偽の比較が広まり始めたのは、二〇〇二年の一〇月ごろである。そもそも、この話はせいぜい歴史小話のようなもので、すぐに忘れられるはずであった。歴史が明らかにしているのは、旧枢軸国たる日本とドイツがもっていた要素のほとんどがイラクには欠けているか、ほとんど存在しないからである。ところが、占領下のイラクが悪夢となってからも久しいあいだ、希望をかきたてる先例として、ブッシュ大統領とスピーチライターたちは日本占領を先例として引用し続けた（日本は人種、文化、宗教からみて非西洋的なので、イラクの占領と再建の先例としてはドイツよりも魅力的にみえた）。この引用と幻想は、ブッシュ政権が終わるまで続いた。

私は占領期の日本を主に研究してきたので、イラクの悲劇が続くにつれて、「戦争と占領」が必然的に本書の第三のテーマとなっていった。「イラクの自由作戦」を策定した米国人のあいだでは、「占領 occupation」という言葉は「例のo O-word」と呼ばれ、口にしてはいけないことになっていた。この作戦は「自由」をもたらすものとされていたからである。二〇〇三年四月、バグダッドにアメリカ主導の連合国暫定当局 Coalition Provisional Authority（CPA）が設置されて、「占領」という現実が遅まきながら公式に認められたとき、すでにイラクは主権を喪失し、米国はすでに威信の大半を失っていた。連合国暫定当局は二〇〇四年六月に廃止されたが、事実上の占領は続いた。イラクでの暴力とテロは増加し、占領当局の統治は不自然な形をしたバグダッドの防備地帯（グリーン・ゾーン）にほぼ限定され続けた。二〇〇万人以上のイラク人が国外に逃れ、それを上回る人々が国内で避難を余儀なくされた。二〇〇九年にブッシュが退任する頃までには、暴力は下火になっていたが、人々の生活は苦しく、不安定なままであった。アメリカの侵略開始以来、イラク人の死者は最低でも数万人、実際には数十万人にのぼったとみられ（その大部分は一般市民）、米軍の死者は四〇〇〇人を超えた。

これとは対照的に、日本でもドイツでも、占領期間中に殺害された連合国軍人は、一人もいなかった。敗戦後の数年間、人々の生活は苦しかったが、外国軍に対する暴力行為で死んだ日本人も皆無だった。日本は一九四五年八月から一九五二年四月まで、六年以上の軍事占領を乗り切り、戦争の傷から急速に回復し、活力をとりもどしたが、イラクではそういう幸運は起こらなかった。すると問題は、「なぜ?」である。この問題に答えるには、政策立案者たちが費やす以上の時間と注意力をもって、歴史を真剣に見直す必要がある。第Ⅲ部の比較的長い三つの章は、この問題に焦点をあてている。

そこでは、まず一九四〇年代の日本占領と、二一世紀初頭のイラク占領を対比して、重要な相違点をとりだしていく。イラクと日本が多くの点で決定的に違っていることは言うまでもない(二〇〇二年以降、自分に都合のいい情報ばかり集めた連中はこのことを忘れていたらしいが)。そして海外での「国づくり」の準備を整えていた第二次世界大戦直後のアメリカと、イラク戦争を選んだ今日のアメリカが、国民も政府も、そして政治体としても、いかに異なっているかについても、少々説明を加えた。

ともにアメリカの占領下にあった日本とイラクを、成功例と失敗例としてたんに対比するだけではなく、両者がいかに違っているかを明らかにすることも、ある程度の紙数を必要とした。イラクでの惨事が展開するにつれて、たんに事実を対比するだけではなく、「ある種の収斂(しゅうれん) convergences of a sort」というべきものが、戦争と占領の研究を複雑にしていることに、私は気づかされた。日本に君臨したアメリカ人支配者たちは、イラクで惨害を招いたのと同種の偏見や政策をみずから実行したにもかかわらず、とがめられることがなかった。そこはイラク占領と日本占領の類似点である。たとえば、日本でのアメリカ人は、日本語や日本文化にそれほど通じていなかったし、自己中心的で傲慢でもあった。日本人を裁く戦争犯罪の法廷でも、日本改良のための細部の改革の実施においても、アメリカ人はときに法をまげることがあった。そもそも、こうした行為はハーグ協定〔陸戦に関する国際法規。一八九九年調印〕のような国際法に根拠をもたなかった。別の面では、イギリス、フランス、オランダ、中国は、合衆国の黙認のもと、海外にいた日本兵の一部を戦後も帰国させず、長期にわたり使役した。インドシナやインドネシアでは、日本軍の部隊を国内紛争に参加させたし、中国では国共両派とも、残留日本軍を内戦に動員した。ブッシュ政権がイラクで行ったこととかなり似て、当時の連合国は、「敵」と呼ばれる者が自分の手中にあることを奇貨として、そうした違法行為をそそのかし、おそらくは合理化し、あるいはたんに戦時規則を侮ったのである。

「ある種の収斂」と呼ぶべきことは、もっと特殊な占領政策においても起こっている。もっとも目立つ例をあげると、イラクでは軍を解体し、バース党員をいっせいに追放したが、ある意味でこれと同じことは、日本でも行われた。連合軍の占領下には約二〇万人が公職から追放されたし、非軍事化政策によって帝国陸海軍は根こそぎ排除された。真実は細部に宿るというが、私にとってこうした事実の細部を調べることは、合衆国、日本、イラク、そして広くは社会工学 social engineering というものについて、新しい考え方を持つことにつながっていった。

第二次世界大戦後の日本占領やドイツ占領のような大規模な事業について使われた言葉が、「社会工学」である。本来、社会工学が有効に機能するには、いくつもの前提条件がある。本国と占領地の両方で政府が適切に機能していること、軍部は占領地域での統治をふくむ任務をきちんと処理できること、命令系統が明確で、二大政党の協力と政府諸機関のきちんとした共同が行われること、現地の復興は、原則として占領された人々自身の手で行われるべきこと——海外での占領を成功に導くためには、これらの条件が必要不可欠である。こうした前提条件を、ジョージ・W・ブッシュのアメリカはほとんど知ろうとしなかった。そこでは、社会工学は「国家建設 nation building」と名前を変えられ、しかもそれは忌み嫌われる言葉となった。

このことは、米国がいかにして、なぜ、戦闘終結後の不慮の事態にそなえた準備をまったくせず、民衆蜂起や武力抵抗に対処する能力もゼロのままイラクを侵略したのか、という問題を説明するのに役立つ。二一世紀アメリカの帝王的大統領府は、国家建設を無視し、自由市場の合理性と効率性を崇拝し、軍事的・非軍事的な計画とその実行の多くの部分を外部に発注し、サダム後のイラクを、自分が信奉する「自由市場」原理主義の、中東における手本にすることにやっきになったし、それが実現可能だと思っていた。実際にイラクに侵攻した米軍は、イラクを沈静化させ占領し続けるための訓練も装備も欠いていたばかりか、自分自身に必要な物を揃える体制さえ整えていなかったのである。今日からみれば、これだけ非常識なことがあったとは驚きである。米軍内でも、政府内でも、当時この非常識に疑問をもち、声を上げた人がいたことがわかっている。だが、グループ思考で固まった帝王的大統領制のもとでは、そうした疑問も異議も、石に水を注ぐように、ただ流れ落ちるだけであった。

二〇〇三年、米軍に占領されたイラクに民間軍事会社が入り込み、外国人傭兵が治安の大半を担うようになっても、連合国の占領当局は、民営化の徹底こそイラクの国家と経済の改造と再建のガイドラインだという態度を維持していた。これは占領当局がイラク人の自尊心とイラク住民の目前の必要と欲求に無関心であったことを示していたし、このことは結局、テロリストや反乱勢力への贈り物に等しい結果となった。短命に終わった連合国暫定当局が廃止されたあとも、民営化は混乱、無責任、大破綻に対する処方箋だとされた。それは、うわべは「合理的選択」の実行であったが、世界の大半からみれば、それゆえにこそ、アメリカは非合理と無責任の象徴だとみなされたのである。

*

こうして執筆をすすめているうちに私は、さらに何本かの糸を物語に織りこんでいる自分に気がついた。聖なる戦争。これが一本の糸である。聖性はたいていの戦争に登場するが、この戦争でも同様であった。傲慢。これがもう一本の糸として加わった。戦争の聖性と傲慢は、自画自賛からくる致命的な不遜であり、かつアメリカが、彼我の軍事力に圧倒的な格差があると思ったことからくる、特異な自信であった。そして悪という、さらにもう一本の糸。これには、いわゆる必要悪、あるいはより悪くないほうの悪という、安全そうにみえて実は危険な選択が含まれる。悪という要素は、当初私が思っていた以上に注目すべきものであった。各章のタイトルやサブタイトルのいくつかが示すように、マニ教的な白黒二元的世界観を前提にすることの誤りを検討する際にも、私は悪という問題を正面から問題にしている。そして、ダブル・スタンダード〔自分には甘く他者に厳しい判断基準〕と偽善という糸。これも繰り返し扱ったテーマとなった。消えない記憶や不満のもつ力。これも、さらにもうひとつの糸であった。悲劇。これは曖昧さとか不合理といった概念に似て、社会科学ではあまりいい役柄を与えられず、人気のない概念である。だが、私は文学研究から歴史研究に入ったので、悪と同様、悲劇という要素は戦争の文化を理解するうえで欠かせないもののように思う。

歴史の誤用、あるいは単純な無視も、本書の潜在的な主題となった。これには、いくつかのレベルがある。自分たちの戦争を宣伝するという目的に合うものなら、どんなつまらない断片でも拾い上げるが、目的に合わないものはすべて無視する――日本人もイスラム原理主義者もアメリカ人も、そういうやり方で「歴史」を引き合いに出した。だが、このように好きなものだけ選んだことよりも興味深いのは、危機に臨んで、敵や自分自身に関する都合の悪い過去をすっかり忘れさり、消し去ったことである。第二次世界大戦でアメリカが大量破壊のための兵器を開発・使用し、敵国の士気を破壊するために非戦闘員を無差別に標的にしたこと、第一次世界大戦以降の中東における欧米諸国の所業。これらに加えて、非対称的な戦争、自尊からはじまる反撃、傲慢と怠慢の結果が自分に跳ね返り、泥沼化し、測り知れない苦痛と危害をもたらすこと――。第二次世界大戦が残したこうした具体的な教訓が、すっかり消し去られたのであった。

そして最後の糸。それは言葉である。本書の分析は、戦争の言葉で満ちている。言葉の問題をとりあげたのは、なぜ彼らが戦ったのかを生々しく伝えるためであり、そういう宣伝文句がいかに簡単に人々を罠に陥れるか、戦争を始めることよりも、戦争を止めることを、言葉がいかに難しくさせるか、その様相を明るみに出すためである。だが、戦争の言葉の裏側には、平和、自由、正義と書いてあるものである。太平洋戦争では日本人がそう叫んだし、オサマ・ビン・ラディンのような聖戦の戦士たちの長広舌も同様であった。平和と自由と正義は、アメリカの愛国物語の生命線でもある。だが、平和と自由と正義は、皮肉な宣伝文句になるだけではない。平和と和解の文化を分かち合う可能性、それは戦争の文化の、はるか遠いが、向かい側にあるものでもある。

＊

こうしたテーマについての考察と執筆は、ブッシュ政権が最後の数カ月に入った頃には大部分が出来上がっていた。ところが、結論部分の草稿を書こうとしたとき、驚くような展開が持ち上がり、本書全体の構想がまた変化した。ウォール街で始まった金融メルトダウンが、世界資本主義を根底から揺るがしたのである。〈貨幣の文化〉の危機は、それ自体ひとつの衝撃であったが、この事態の背後には、「これでいいはずだ」という思い込みがあり、そうした組織的病態は、ワシントンの〈戦争の文化〉と軌を一(いつ)にしていたことも明らかになった。俗界の聖職者たち、群れ行動、自分に都合の良いデータ集め、危機予測における無能、合理性を装った希望的観測、歴史と現状に関する想像力の異様なほどの欠落、不透明性、説明責任の無視、そして単なる常識の欠落。こうした事態の「収斂点」は、一方では、一見現実的で合理的な思考をするように見える戦争屋たちが引き起こす「愚者の無駄骨 fool's errands」〔確実に失敗する企てを、それとは知らずわざわざ行うこと〕と、他方では、複雑な「道具」と飛び抜けて洗練されたコンピュータをもった金もうけ屋たちが欲しがる「愚者の黄金 fool's gold」〔黄銅のように、見かけ上黄金に見えるものを見つけて喜ぶこと〕という、二つのものの重なりあいであった。

本書『戦争の文化』は、この「愚者の無駄骨」と「愚者の黄金」を対比させ、具体的な政策の問題や、戦争あるいは戦争の文化をも超える考察によって、終結する。それはさらなる探求の始まりとなる終わりである。さらなる探求とは、人間の行為と組織の病いという、それ自体文化というべきものに関するものである。

本文中の写真について

写真を選ぶにあたっては、いくつかの点を考慮した。ひとつには、よく知られていて、アイコン的といえるような写真を選ぶようにしたことである。それらは、一目で人々の意識を形成し、何世代にもわたって、すぐにそれとわかる写真である。もうひとつは、本書の論点に合致した歴史的性格をもつ写真であり、これはそれ自体が「文脈」を内在させているものでなければならないと考えた。こうした写真は、たんに言葉で表現されたものを複製するとか強化するといったものではなく、むしろ過去と現在を理解するための、開いた窓となるべきものである。本書では、複数の写真を意図的に並べたり、時にはたんに隣に置くことで、この種の効果を増大させた場合もある。意外なものや見慣れないもの、目障りな画像も、アイコン的なものの対局にありながら、インパクトをもつ場合がある。アイコン的な画像と、鋭利で目障りな画像を重ね合わせることで、包括的 generic とも呼べるような画像カテゴリーが作れる。それは当時の人々が繰り返し経験した視覚世界であり、画像がつくる独自の彩（あや）の世界である。いずれにせよ、こうした画像を選ぶこと自体、ひとつの探求であったし、集めた画像をさらに厳選することも、また難題であった。

謝辞

この変転してやまない探求を続けるうちに、私は、自分のもっとも貴重な資源が、読み、書き、書き直す時間であることを実感した。私がもっとも負債を負うのは、そういう時間をもたらしてくれたアンドリュー・W・メロン財団と、私の勤務するマサチューセッツ工科大学(MIT)という二つの寛大な機関である。メロン財団のおかげで、私はこのプロジェクト(およびもう一つ)に集中できた。とくに同財団のハリエット・ザッカマンは、私を温かく励ましてくれた。MITは、メロン財団による助成制度を創設し、私がほぼ二〇年前にMITに赴任して以来、研究と教育のバランスをとる手助けをしてくれた。その間私は、MITの先進的な人文・芸術・社会科学研究科の歴史学部に属する幸運にあずかった。

本書の大量の注は、研究において私が負っている負債のありかを語っている。これらの注が相当長いのは、本文のやや難解な考察について、私が一種の「補足的コメント」として注を使う傾向があるからであるが、それだけではない。注は、私が他の著者や著書からどれほど学び、知識を借りたかを示すべきものでもあるからである。われわれ歴史家は、いわゆる「一次資料」を重視する。公文書、政府刊行物、公聴会速記録、回顧録、日記、同時代の民間人の発言等々。多くの人と同様に私もこれらを利用したが、本書の注によって、他の人々が行った調査に私がどれほど助けられたか、理解してもらえればと思う。

他の著者への負債は、いくつかのレベルにわたる。ひとつは、数世代続けられた第二次世界大戦についての研究の蓄積、とりわけアジア・太平洋地域で戦端が開かれるまでの経緯、真珠湾攻撃、戦略爆撃、非戦闘員を標的にし、最後は原爆使用にいたった政策決定と、戦後の日本占領に関する研究である。長く研究生活を続けてきたので、私はこうした書き物の多くに親しんでいたが、イラク戦争と比較するという新しい観点をもって、私はこれらの資料に再び目を向けた。

もちろん私は、九・一一事件と、それに続くイラクへの侵略・占領から調べ始めた。ウェブの存在は、私が一九六〇年代に歴史の研究を始めた頃には想像もできなかったような資料の入手を可能にしてくれた。公文書、報告書、演説、インタビューの記録、記事、論争といったものが、以前よりもはるかに容易に利用できるようになっている。それと同時に、本や論文といった伝統的な印刷メディアも健在である。私は、意見の主張、内部事情のレポート、そしていろいろな視角からの回顧録も利用したが、私がとくに負債を負うのは、調査と取材に従事する多くのジャーナリストたちである。本書の注で、私は彼らの名前を頻繁に記した。彼らは事態の真相に迫る鋭い問いを発し、さもなくば過去へと消えてしまうはずの応答を記録する。まさに、同時代の歴史の疲れを知らない語り部たちである。また、本書の注は、テロと反テロ、より広くはイスラムと中東危機に関する洞察に満ちた多数の分析に、私がきわめて多くを負っていることを明らかにしている。

本書『戦争の文化』は、W・W・ノートン社とニュープレス社の共同で出版される。優れた出版社である両社の、エドウィン・バーバーとアンドレ・シフリンの惜しみない助力に、私は感謝している。二人は、私のエージェントであるジョージズ・ボーシャートとともに、次々と探求を拡大しなければならないという私の感触に理解を示し、その結果、予定された期限が守れないときも我慢強く対応してくれた。

カナ・ダワーとケン・ダワーは、コンピュータを利用するさいの問題をクリアするのを助けてくれた。マーゴ・コレットは、たくさんの紙媒体とオンライン媒体を見つけ出してくれた。ペドロス・デル・ムトシアンとハミド・リーザイは、写真に登場する中東の言語の読解を助けてくれた。『戦争の文化』が印刷段階に入ってからも、様々な人々から多大な助力を受けた。原稿整理においてメアリー・バブコック、写真の著作権の処理においてエリーズ・リーダー、私の画像への関心を具体化する写真ページの制作においてクリス・ウェルチ、そしてW・W・ノートン社の強力なスタッフであるジュリア・ドラスキン、ナンシー・パームキストの協力を受けた。とくにメラニー・トートロリは、すべてを軌道に乗せてくれた。

最後になったが、私の妻・靖子の助力と忍耐に、いつもながら感謝する。今回私は、ボストンのわが家のリビングルームのかなりの部分を本と書類で埋め、居住空間を永久に召し上げてしまった。もしも私よりも大きい組織が行ったなら、これは「植民地化」である。このことについて何も言わなかった靖子の思いやりに私は永久に感心し、永久に感謝し続けるであろう。

二〇〇九年七月五日

目次

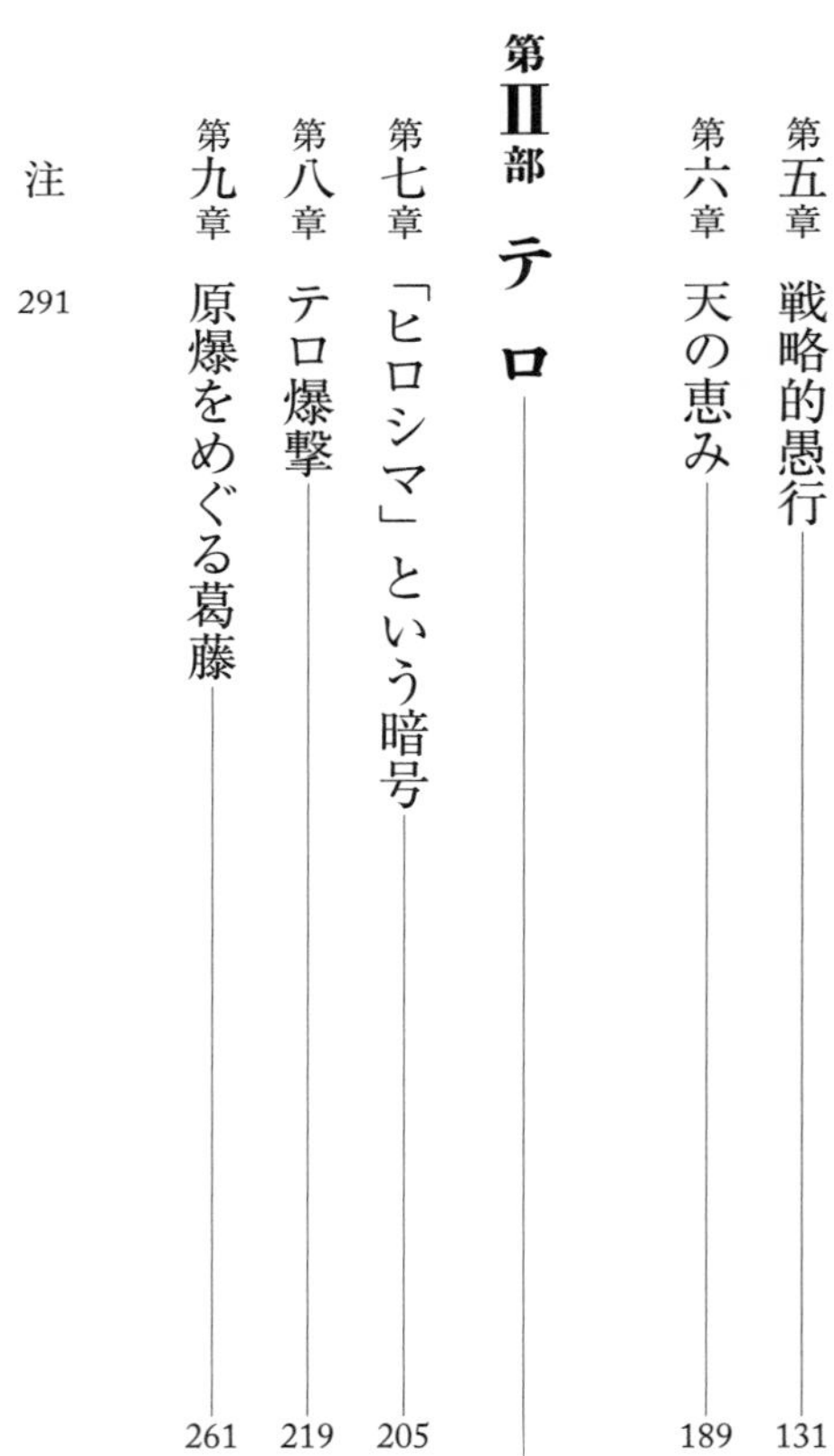

下巻 目次

上巻・図版出典一覧

1–6 Naval Historical Foundation
7 National Archives
8 Office of War Information/National Archives
9 National Archives
10 Original photo by Joe Rosenthal/Associated Press Photo
11 Original photo by Jeff Bush/Connecticut Post/Associated Press Photo
12 Rob Howard/Corbis
13 Sean Adair/Reuters/Corbis
14 Richard Drew/Associated Press Photo
15 Preston Keres/U.S. Navy
16–19 Naval Historical Foundation (from a Japanese photograph)
20 Clem Albers/National Archives
21 Dorothy Lange/National Archives
22 Russell Boyce/Reuters/Corbis
23 David A. O'Haver/U.S. Navy
24 Reuters/Corbis
25 Gerry Penny/EPA/Corbis
26 Reuters/Corbis
27 Saeed Ali Achakzai/Reuters/Corbis
28–30 Author's collection
31 Hoover Archives at Stanford University
32 Quotations excerpted from a slideshow of coversheets accompanying Richard Draper, "And He Shall Be Judged," gq.com, June 2009
33 Christopher Seneko/U.S. Navy
34 Ramzi Haidar/Getty Images
35 Andrew Parsons/Reuters/Corbis
36 Jean-Marc Bouju / Associated Press Photo
37 Kevin C. Quihuis Jr. / U.S. Marine Corps/ DefenseImagery.mil
38 Jerome Delay/Associated Press Photo
39 Ramzi Haidar/AFP/Getty Images
40 David Leeson / Dallas Morning News / Corbis
41 Elliott Erwitt/Magnum Photos
42 National Archives (from a newsreel by H. S. Wong)
43, 44 John Swope Collection/Corbis
45 Bundesarchiv / wikimedia.org / wikipedia/commons
46 Imperial War Museum
47 Dugway Proving Ground/U.S. Army
48 Koyou Ishikawa / wikimedia.org / wikipedia/commons
49 Library of Congress
50–55 Courtesy Herb Friedman, retired U.S. Army Sergeant Major/psywarrior.com
56 Reports of General MacArthur (vol. 2, part 2) /U.S. Government Printing Office
57 Associated Press Photo
58 National Archives
59 Harry S. Truman Library and Museum
60 National Archives
61–64 Courtesy Los Alamos National Lab
65 George Strock/Time & Life Pictures/ Getty Images
66 W. Eugene Smith / Time & Life Pictures/Getty Images
67 Hulton-Deutsch Collection/Corbis
68–70 Naval Historical Foundation

第Ⅰ部

開戦

第一章 屈辱

一九四一年一二月八日、アメリカ東部時間の正午過ぎ、フランクリン・ルーズベルト大統領は上下両院の合同会議で、史上名高い開戦演説を行った。冒頭、大統領はこう述べた。

昨日、一九四一年一二月七日――歴史に残る屈辱の日――アメリカ合衆国は、日本帝国の海軍および航空隊によって突然かつ意図的な攻撃を受けました。

歴史に残る屈辱の日――この言葉は、ただちに歴史に刻まれた。ほとんど知られていないことだが、この巧みなレトリックは演説の推敲過程で付け加えられたものだった。静かな日曜日を選んで、日本は攻撃を仕掛けてきた。六隻の航空母艦から飛び立った第一波の攻撃隊が真珠湾を急襲したのは、午前八時前であった。それから三時間後、ワシントン時間では午後五時頃、ルーズベルトは秘書を呼んで国民へのメッセージを口述し始めた。スピーチライターはいなかった。演説は大統領自身の言葉であり、そのタイプ原稿には、大統領による鉛筆書きの修正跡がたくさんある。最初の原稿では、書き出しは次のようになっていた。

昨日、一九四一年一二月七日、世界の歴史に残るこの日……。(1)

「屈辱」という言葉が入ったルーズベルトの実際の表現が、その後どれほど大きな影響をもつことになることだろう……。

暗号としての「真珠湾」

この演説のときから、「屈辱 infamy」といえばアメリカ人は「真珠湾」を思い出すようになり、日本の背信と欺瞞を示唆する言葉になった。それは背後からの一刺しであり、必ず報復せねばならず、けっして忘れてはならないというニュアンスを帯びた言葉であった。そして二〇〇一年九月一一日、ニューヨークとワシントンでテロ攻撃が起きたとき、コメンテーターたちが使った最初の言葉が「屈辱」であった。あと数カ月で真珠湾攻撃から六〇周年というこの日、評論家や政治家、そしてテロに驚愕したアメリカ国民が、ほとんど反射的に思い出したのが「真珠湾」であった。映画のフラッシュバックのように、過去と現在が一瞬で融合した。

あの日、私はバーモント州に滞在していた。翌日の朝刊は「屈辱！ Infamy!」という大見出しを掲げた。別の地元紙の見出しは「屈辱の日！ Day of Infamy!」であった。私の地元の『ボストン・グローブ』の見出しは、「新たな屈辱の日 New Day of Infamy」であり、数日後に届いた『ワシントン・ポスト』週刊版は、一面にルーズベルトの言葉「歴史に残る屈辱の日 A Date Which Will Live in Infamy」をそのまま掲げていた。

ジョージ・W・ブッシュ大統領は九月一一日夜、「今日、二一世紀の真珠湾が起こった」と日記に残した。リベラル派のコラムニスト、ポール・クルーグマンも、一年後にこう振り返った。「九月一

1 真珠湾の係留点で炎上する戦艦アリゾナ．真珠湾における日本軍の太平洋艦隊への奇襲で，軍関係者 2345 人と一般市民 57 人が殺され，戦艦 4 隻が沈没，他に 4 隻が被害を受けた．航空機は 188 機が破壊され，155 機が損傷した．この攻撃で死亡した乗組員 1177 人のうち 1102 人が，沈没したアリゾナを永眠の場所とした．1962 年に竣工し，毎年 100 万人以上が訪れる真珠湾攻撃の記念館は，沈没したアリゾナの船体の水上に建てられている．

一日の国民感情はかつての真珠湾にあたるものであり、九月一一日に始まったわれわれの闘いは、かつての第二次世界大戦にあたると考えてもおかしくない」[2]。

クルーグマンは、テロを引き起こした敵に対する道義的怒りと強い報復願望が、真珠湾の時のように呼び覚まされたと指摘している。日米戦争では「真珠湾を忘れるな（リメンバー・パールハーバー）」が最も流布したスローガンであった（米軍内部では、もっとどぎつく、「真珠湾を忘れるな――奴らをぶっ殺し続けよう "Remember Pearl Harbor—Keep'em dying."」という言い方もあった）。開戦から三年と八カ月後、広島と長崎に原爆が投下されるまで、この叫びは止まなかった。世界貿易センタービルが破壊され、ペンタゴンが攻撃を受けた後は、全米のいたるところで「九・一一――私たちは決して忘れない "9-11—We Will Never Forget."」がスローガンとなった[3]。

標語がこのように似ているのは、単なる偶然ではない。九月一一日を忘れるなという表現は、アメリカ人のほとんどが真珠湾攻撃との類似性をすぐさま理解したがゆえに、とりわけ効果的だったからである。シカゴのケネディ高速道路上の看板には、中央に「決して忘れるな！"Never Forget!"」と書かれ、その左右に「一九四一年一二月七日」と「二〇〇一年九月一一日」という日付が書かれていた。意味するところは明白で、説明は不要であった[4]。

日本にとっては、これは気の毒なことでもあった。過去を葬るべく、戦後長い年月をかけて努力し、平和国家、米国の献身的同盟国たることを示してきたのに、一九人のイスラム主義テロリストがハイジャック攻撃をしかけたために、過去の焼け付くような記憶がよみがえってしまったのである。

「屈辱」と「真珠湾を忘れるな」がペアになったことは、過去と現在を結ぶレトリックの相互作用

2 真珠湾における対空砲火と立ちのぼる煙.

3 戦艦ウェストバージニアに向かう救命艇.

4　駆逐艦ショーの爆発.

5　ヒッカム飛行場で駐機中に攻撃されたB17爆撃機.

6-9 最強の戦時スローガンであった「リメンバー・パールハーバー」は，9.11事件後に新たな意味を持つことになった．これらのポスターが示しているように，奇襲でアメリカ人の士気を喪失させるという日本側の期待とは逆に，真珠湾攻撃はアメリカ人にとって心に焼き付く記憶となり，激しい復讐心を引き起こした．

の始まりにすぎなかった。マンハッタンとペンタゴンへの攻撃は、新たなカミカゼ攻撃にも喩（たと）えられた。しかし、日本軍がカミカゼ攻撃を採用したのは一九四四年の終わりであって、真珠湾攻撃とは無関係だったし、それは一般市民を標的にしたものでもなかった。世界貿易センターの跡地は「グラウンド・ゼロ」と名付けられたが、これは元来広島と長崎の爆心地を呼んだ言葉である。一九四五年初め、硫黄島の摺鉢山（すりばちやま）で海兵隊員が星条旗を掲げている有名な写真があるが、そのイメージに重ねるように、煙がくすぶるマンハッタンの跡地に消防士が星条旗を掲げる写真が広く流布した。敵を打ち破り、勝つ日まで戦い続けるというアメリカの英雄的決意のシンボルであった。一九四五年の兵士と二〇〇一年のニューヨーク市消防士の写真が並んで掲げられることも多かった。

　ブッシュ大統領と彼のスピーチライターたちは、機会あるごとに、新たなテロの危機をできるだけ昔の戦争の枠組みで説明しようとした。ルーズベルトが日本に開戦を宣言したように、ブッシュはすばやく「対テロ戦争」を宣言した。すると、二〇〇一年と一九四一年の大きな違いは見失われてしまった。強大な軍事力を備えた日独と違い、国境にとらわれないテロ組織は装備も貧弱で、臨機応変の「非対称」的戦術に長けていた。彼らは幽霊のように現れては消えた。だが、ブッシュにとって二〇〇一年と一九四一年のそういう違いよりも重要だったのは、ルーズベルトやトルーマンのような戦時大統領として自分を位置づけ、政治的求心力を強化するチャンスを得たことであった。[5]

　九月一一日から二カ月後、ブッシュ大統領は、第二次世界大戦のもうひとつの挑発的な比喩であるナチスのホロコーストに言及した。一一月一〇日の国連総会演説で大統領は、テロリストが「大量破壊兵器を手にしようとしており、彼らの憎しみをホロコーストに変えようとしている」と語ったのである。その後、二〇〇二年一月二九日の一般教書演説では、第二次世界大戦からの比喩が一段階上がり、イラク、イラン、北朝鮮をまとめて「悪の枢軸」と呼んだ。これは明らかに、ナチス・ドイツ、ファシスト・イタリアと帝国日本が一九四〇年九月、三国軍事同盟によって形成した「枢軸」関係を指していた。

第二次大戦の「枢軸」は正式の軍事同盟であり、日独伊とも、征服を目指す強力な国民国家であった。一方、イラクもイランも北朝鮮も、日独伊のような大国ではないし、公式にも非公式にも互いに同盟関係にはない。軍隊も戦備も領土拡張計画においても、日独伊に匹敵するほどのものはない。イラク、イラン、北朝鮮の共通点といえるのは、いずれもミサイルの開発を進め、核兵器を保有しているか近く保有する見通しがあり、それがアルカイダなどテロリストたちの手に落ちる可能性があるということだけであった。対テロ戦争を批判する者に対してブッシュ政権が一貫して浴びせた反論は、第二次世界大戦前の対枢軸国外交においてもっとも屈辱的であった、あの「宥和政策」を繰り返すつもりなのか、ということであった。[6]

真珠湾、枢軸、ホロコースト——最後の「良い戦争」(第二次世界大戦)からブッシュ政権が借用したこうした言葉は、自然な響きを持ち、否定しにくく、陶酔しやすいため、勢いづいて広がっていった。たとえば二〇〇三年五月一日、イラクに対する「先制戦争」で、米軍がサダム・フセインの寄せ集め部隊を打ち負かすと、大統領は航空母艦エイブラハム・リンカンの艦橋に「ミッション達成 Mission Accomplished」という芝居がかった垂れ幕を掲げて勝利を祝った。これは一九四五年九月二日、ダグラス・マッカーサー元帥が東京湾の戦艦ミズーリ艦上で日本の降伏を正式に受け入れた場面を再現したものであった。使った言葉も模倣の響きがあった。日本の降伏の歴史的場面でマッカーサーが宣言した言葉は、「神聖なる任務が完了した "The Holy Mission has been completed."」であった(7)。

さて、サダム・フセインとバース党の専制支配を打倒したあと、どうするのか。その構想のための歴史の利用と誤用は、もっと露骨で執拗であった。この戦争の目的は、いかに勝つかよりも、勝った後にあった。イラク侵略の前、米政府高官は戦後日本の「成功物語」をもちだした。日本と同じように、征服者は丁重に迎えられ、目覚ましい復興と民主化が続くだろうというのである。現実には、ブッシュがマッカーサーを気取った瞬間はすぐに消え去り、イラクの解放だったはずが、暴力が広がり分裂した国を長期に占領することになった。そうなってもアメリカ政府は日本の比喩を使い続けた(ドイツの占領は、日本ほど良い先例にはならなかった。ドイツは敗北後、米英仏ソによって分割占領され、その後も冷戦によって東西ドイツに分裂したからである)。たとえば、二〇〇五年八月三〇日、カリフォルニア州のノース・アイランド海軍航空基地でブッシュ大統領が行ったスピーチは、ほとんどすべて日本占領の話であった。

対日戦勝利から六〇周年のこのスピーチは、広く報道された(なお、「対日戦勝記念日」は第二次世界大戦の終わりを意味したが、これには天皇が降伏の放送を行った八月一四日(米国時間)と、正式の降伏文書調印が戦艦ミズーリ艦上で行われた九月二日という二つの日付がある)。会場には第二次世界大戦の退役軍人が招待され、大統領はイラクで戦っている米軍兵士のうち、第二次世界大戦で「日本帝国を打ち負かした強力な軍隊の一員」であった祖父を持つ米軍兵士の名前をひとりひとり読み上げた。

公の場で個人の名を挙げて共感を得るのは、ブッシュがよく使う手法である。対日戦勝記念日のこの演出はとくに見えすいたもので、ブッシュは「現在と過去の愛国的軍人」の間の「神聖な絆」を強調しようと躍起だった。同時に、このときブッシュは、フランクリン・ルーズベルトの後光にもあずかろうと腐心した。国内政策では、ブッシュ政権はルーズベルトもニューディール政策も忌み嫌ったが、この日の演説は、戦時指導者としてのルーズベルトの(そして次のトルーマン大統領の)英知と、先見の明と、決然とした態度を絶賛した。

ホワイトハウスのスピーチライターたちが、第二次世界大戦の参考書にマーカーを引きながら演説の原稿を書いた姿が目に浮かぶ。ブッシュのスピーチは、真珠湾とその後の「暗黒の日々」にひと通り触れた後、それに続く激戦と、アメリカが勝利した戦いについて細かく述べている。一九四二年半ばのミッドウェイ海戦、それから二年以上あとの「硫黄島での星条旗掲揚」(勝利が近づくにつれ消耗戦になったことを述べるため、硫黄島の名前はスピーチに何度も出てくる)。獰猛(どうもう)な敵という日本人のイメージが再び呼び出された。「自爆攻撃を命令されたカミカゼ・パイロット、最後の一人まで戦う兵士たち、そしてアジア大陸を支配するという天命を信じた司令官たち」。日本本土への「大胆不敵な最初の空襲」を率いたジミー・ドゥーリトル中佐(当時)、さらに「六〇年前のこの金曜日……東京湾の戦艦ミズーリ艦上で日本の降伏を受諾した」マッカーサー元帥もよみがえった。

すべては、二つの教訓を教えているという。ひとつは、歴史が一巡して、ふたたび始まったということである。

〈星条旗を揚げるヒーローたち　1945/2001〉

10, 11　太平洋の戦闘と世界貿易センターでの救出活動は，英雄的行動と愛国心を活写した写真を残した．ひとつはトーマス・フランクリンが撮影した，世界貿易センターの廃墟に星条旗を掲揚する３人の消防士のカラー写真（右）である．この写真は，第二次世界大戦の最も有名な別の写真（左），すなわちジョー・ローゼンソールが撮影した1945年２月23日，硫黄島の摺鉢山山頂に星条旗を立てる５人の海兵隊員のモノクロ写真（「写真史においてもっとも多く複製された写真」と解説されることもある）としばしばペアにされた．あるウェブサイトは次のように人々の心情を表現している．「時代は異なり，敵も異なるが，旗は同じだし，思いも同じだ」．

アイコン化したこれら２枚の写真は，トリミングされて郵便切手になった．存命中の人間は切手に使わないという米国郵政公社の長年の方針が，国民の要求と議会からの圧力で覆され，硫黄島の切手は1945年７月に発行された．これはアメリカの郵便史上もっとも多く売れた切手であり，販売数は優に１億枚を超えた．「英雄たち USA 2001」と記された消防士の切手は，2002年３月に発行された．

この記念日を迎えたわれわれは、再び戦争の渦中にあります。いま再び、アメリカの国土は奇襲攻撃を受け、数千の人々が冷酷に殺されました。いま再びわれわれは、アメリカが象徴するものをことごとく嫌悪する強敵に直面しています。いま再びアメリカとその同盟国は、ほぼすべての大陸に展開した軍による戦いに従事しています。今回もまた、アメリカが勝利するでしょう。自由が確保されるときまで、われわれが戦いをやめることはありません。

もうひとつの教訓は、未来に目を向けたとき、敗北した日本の実例に希望と勇気の源が見出せるということである。「アメリカと日本の専門家たちは、日本人が民主主義を受け入れるはずはないと明言していました」(たしかに、一九四五年の敗戦の時点では、これはおおむね事実であった)。しかし、「彼らは間違っていました」と大統領は続けた。アメリカ人が意欲を失わず立派に戦えば、イラクでも日本と同じように民主主義が根づくだろうというのであった⑧。

「真珠湾」のブーメラン

言葉は重要である。過去になにがあったかも重要である。自由と民主主義も重要である。しかし、「ミッション達成」から二年余り後のブッシュの対日戦勝記念日スピーチには、虚しい響きがあった。オサマ・ビン・ラディンはまだ捕まっていなかった。イラク侵略の理由として大々的に宣伝された大量破壊兵器の存在もアルカイダへの援助も、偽りであることが判明していた。占領下のイラクは、殺しあいの止まらないカオスに陥っていた。ブッシュの演説原稿を書いたホワイトハウスのライターたちは、単なる思い込みからか、あるいはひょっとすると本心からか、第二次世界大戦との比較に引き付けられていたが、その類推のほとんどは誤りであった。歴史を誤用すると、それはひび割れた鏡になる。それに気づかないとき、待っているのは悲劇である。そして実際、悲劇はやってきた。

だが、ひび割れた鏡でも、何かに似た像を映し出す。アメリカ人の大半は、同時多発テロは真珠湾攻撃に似ていると直感的に思った。そしてその類似性を認めるのは、腹立たしいことでもあった。人になにかを示唆する暗号（コード）としての「真珠湾」は、多義的であり、否定的かつ肯定的、屈辱的かつ触媒的、そして究極的には人の心を深くかき乱した。たとえば九月一一日のあと、「真珠湾」という言葉はアメリカ人の怒りと、迅速かつ完全な報復への欲望を表現しただけでなく、国家としてまったく備えがなかったことへの深いショックを思い出させた。「眠っている間に」攻撃されたという真珠湾のイメージ、そして堅固な要塞であるアメリカが、じつは敵の決然たる攻撃の前には脆（もろ）かったというぞっとするような認識が、突然よみがえったのである。

九月一一日の後も、アメリカの情報機関がなぜ事前の察知に失敗したのか、ただちに熱心な分析が行われた。そして結局、たとえば二〇〇二年の上下院合同委員会の公聴会や評価の高い二〇〇四年の九・一一調査委員会の報告は、「システムの失敗」であったという診断を下して、政府組織の改革を提案した。それは、半世紀以上前の真珠湾論争のときと同じ内容であった。官僚組織は変わるが、変わらない。調査する委員会も変わるが、変わらない。官僚組織も委員会も、予想の範囲内のことをして終わった。官僚組織というものは、調査委員会がなにを提案しようと、改革を骨抜きにし、抜け道を見つけるものである。

こうして「真珠湾」は、人間の心理、誤解、暗愚を象徴する暗号（コード）となった。「真珠湾」は、米国に想像力と良識が不足していること、アメリカが無垢で献身的で世界の「例外」だといった考えが神話にすぎないことも明らかにした。人間心理の構造的な欠陥を自覚せず、偏見や先入観をもったままでいると、敵の意図や能力を見極める視線が歪む。とくに人種、文化、宗教がからむ場合にはそうなりやすい。勢力を拡大するために、敵が人々のどんな不満を利用するかも把握できなくなる。

さて、「想像力の欠如」という概念は、日本の指導者たちが明らかに戦争を準備していたのに、ワシントンの高官とハワイの司令官たちが一九四一年一二月の急襲を予期できなかった理由を説明するのに役立つが、二〇〇一年九月一一日の場合、想像力の欠如は真珠湾よりも目に余る。世界貿易センターに対する最初のテロ攻撃が起こったのは、九・一一の八年前であった。オサマ・ビン・ラディンとイスラム主義の過激派がイスラム法による「宗教令（ファトワー）」という形で「ユダヤ教とキリスト教の同盟」に聖戦を布告し、すべての国のイスラム教徒に対して「アメリカ人とその同盟国の人間を市民であれ軍人であれ、すべて殺せ」と命じたのは、二〇〇一年より三年半以上前のことである。これは、まさに公然たる宣言であった。ワシントンの権力中枢の周辺にいた人々は、アメリカ本土に対するテロリストの脅威を国家安全保障上の重要課題にするよう訴えたが、無駄に終わった(9)。

たとえば、元上院議員二人が共同議長となって作成した『来たるべき新しい世界――二一世紀におけるアメリカの安全保障』と題する本格的な研究報告が、二〇〇一年一月に発表されている。この研究は、「国家、テロリスト、その他の不満を抱くグループが大量破壊兵器を入手し、使用するであろう。アメリカ国民がアメリカ本土で――場合によっては大量に――死ぬであろう」と予測している。後に行われた超党派の調査結果によると、この研究報告が出た一月からテロ前日の九月一〇日までの間、中央情報局（CIA）と国家安全保障会議（NSC）の対テロ対策担当者たちは、テロの脅威を警告し続けていた（ある表現によると「システムは赤信号を点滅していた」）。大統領が日々受けていたブリーフィングの中にも、ビン・ラディンに関する項目が四〇以上あったし、九・一一の計画につながる具体的な手がかりも十余り存在したが、どれも真剣にフォローされなかった。飛行機を武器として使う可能性を警告した情報も、少なくとも十数件あった。アメリカ本土への攻撃が迫っていることを示す兆候や警告は真珠湾のときもあったが、今回はそれよりもはるかに件数が多かった。[10]

ブッシュ政権のトップレベルの高官に、こうした警告を真剣に受け取る想像力のある者はいなかった。たとえば大統領の側近は、前記の『来たるべき新しい世界』研究のコーディネーターが大統領に会うことすら許可しなかった。九月一一日の夕方に予定され、中止されたコンドリーザ・ライス国家安全保障問題担当大統領補佐官の演説は、「昨日の世界についてではなく、現在と未来に存在する脅威と障害」を論じる予定であったが、その原稿にはビン・ラディンもアルカイダもイスラム過激派も登場しなかった。演説の主なテーマはミサイル防衛の推進であり、テロの問題は「ならず者国家」に触れたなかで簡単に言及されているだけだった。同時多発テロ以前、軍事戦略家の注意はアメリカの覇権に対する脅威としての中国に注がれ、国内政策においても、ジョン・アシュクロフト司法長官が掲げた一〇の優先政策のなかに、テロ対策は含まれていなかった。政権のトップレベルの怠慢と固定観念が暴露された点では、九・一一は真珠湾の失態を上回るものがあった。[11]

真珠湾からの連想は、九・一一事件を超えて広がっていった。ブッシュ政権がイラクに戦争をしかけたことにより、誰が「恥辱 infamy」を背負うのかという問題と、情報活動の失敗と想像力の欠如という実態が混じり合って、さらに複雑化したのである。「イラクの自由作戦」という名で米軍がイラクを侵攻した二〇〇三年三月一九日は、真珠湾攻撃の一二月七日やテロ攻撃の九月一一日と同じく、一方的に攻撃をしかけた侵略の日となった。当時八〇歳を超えていた米国の歴史家、アーサー・シュレジンガー・ジュニアは、アメリカのイラク侵略に心を痛め、次のような厳しい評論を発表した。「ブッシュ大統領が実行した「先制自衛策」は、帝国日本の真珠湾攻撃に驚くほど似ている。かつてルーズベルト大統領は、真珠湾の一二月七日は歴史に残る屈辱の日となるだろうと述べたし、実際今もそうである。ルーズベルトは正しかった。そして今日、〔侵略者になったという〕恥辱を背負うのは、私たちアメリカ人なのだ[12]」。

こうした見方は、イラク戦争の開戦によって愛国心が高揚し、ハイテク兵器による「衝撃と畏怖」作戦の狂態がメディアを独占していた当時にあっては、まったくの少数派であった。軍事力に頼りさえすればテロに対抗できるという考えが致命的に近視眼的なものであったとわかるのは、イラクがカオスに陥ったあとのことである。アメリカ以外の国では、いわゆるブッシュ・ドクトリンに対するシュレジンガーのような批判は例外的なものではなかったが、こうした見方は、侵攻の正当性が揺らぎ、イラクを解放するはずが、血なまぐさく、果てしない軍事占領になることが判明するにつれて、次第に賛同者が増えたものの、米国内ではやはり異端であり続けた。

「イラクの自由作戦」が戦術的には勝利でありながら戦略的には大失敗であったことが明らかにな

ると、「真珠湾」はさらに別のレベルで象徴的な意味を持つようになった。シュレジンガーのように、アメリカが自ら掲げる原則を踏みにじっているという懸念を抱く者にとっても、それは意外な意味であった。それは道義的とか法律的というより、むしろ心理的で組織運営的なレベルのもの、すなわち、政府の最高レベルにおける戦略的暗愚、別の言い方をすると、分別の欠如、身勝手な願望、グループ思考の問題である。

たいていの研究者は、帝国日本がアメリカと連合国を相手に無謀な戦争に打って出たのは、日本が集団として非合理的思考に陥ったためだと考えている。真珠湾攻撃は、一九四一年一二月に日本が東南アジアと太平洋で同時に開始したいくつもの作戦のひとつであった。そして結局、真珠湾の成功は一瞬の「任務達成」にすぎず、勝利の舞は束の間に終わった。

日本が行った開戦に関する最も辛辣な（そしておそらく最も引用される）評価は、アメリカの海軍史家サミュエル・エリオット・モリソンによるものである。彼は準公式の海戦史の中で、真珠湾攻撃について次のように書いている。

> 日本人は戦後になっても〔真珠湾攻撃は〕「戦略的に必要」だったと主張した。しかし、真珠湾攻撃は戦略的には痴愚のレベルの行為 strategic imbecility であった。軍事史上、これほど開戦者にとって致命的だった作戦はほかにない……。戦略的には愚かであり、政治的には破滅的であった。⒀

合衆国によるイラク侵攻と占領のおかげで、真珠湾に匹敵する戦略的愚行を軍事史のなかから探しだそうとしても無駄、というわけではなくなった。とはいえわれわれは、日本だけでなくアメリカも戦略的愚行を犯した事実を、どう理解すべきだろうか。帝国日本が破滅的な政策決定をした理由として、これまで欧米人があげてきた説明は、単純なものであった。歴史、文化、そしてひょっとすると民族的な原因によって、日本人は西洋人のように合理的に思考しないのだ、というのである。

この点について、典型的な日本観は、一九三二年から真珠湾まで、一〇年間駐日大使を務めたジョセフ・グルーのものである(モリソンが日本の「痴愚」的行動論で引用した権威の一人もグルーであった)。一九四二年、日米開戦にともないアメリカに送還されたあと国務省の高級幹部になったグルーは、敵国日本の思想や行動について繰り返し発言し、多くの著述を発表した。彼は開戦前、ワシントンにしばしば長文の電報を送っており、それが一九四三年に国務省から発行された分厚い書物の多くのページを埋めている。そこには、真珠湾に至る一〇年間の極秘の外交文書が多く含まれている。さらに一九四四年、グルーは、彼が発した公式声明や東京での波乱に満ちた日々の日記・日誌をもとに一般向けの本を出版し、これにはいくつも書評が書かれた。こうして、虎穴に入って内側から観察したようなグルーの日本観は、一般人にも広く知られることになった。

グルーの戯画化された日本像は、すべて同じことを言っている。たとえば、アメリカの戦時出版物に繰り返し引用された、一九四一年九月二九日付のグルーの本国宛長文電報には、次のように書かれている。

本大使〔グルー〕は、日本人の心理が、あらゆる西洋の国民の心理とは根本的に違うことを理解することの重要性を強調するものである。西洋の物差しでは、いかなる状況についても、日本人の反応を理解し行動を予測することはできない。日本はごく最近まで封建国家であったのだから、この事実は驚くに値しないであろう。

グルーはさらに、「日本人が正気かどうかは、われわれの論理基準では判断できない」とも書いている(この言葉は、戦後の真珠湾に関する議会公聴会や、その後の論者たちも引用している)[14]。こうした言葉は、いわゆる「文明的」な落差と西洋の優越という、紋切り型の議論である。〈非白人は非合理である〉というのは、欧米の帝国主義者と植民地拡張のレトリックに出てくる典型的な表現であり、西洋の物差しではけっして測れない人種であり国民であるというグルーの日本観は、英語圏で数え切れないほどのバリエーションを生んだ。たとえば、マッカーサーの情報担当秘書官だったボナー・フェラーズ准将は、日本人の心理の専門家ということになっていたが、彼自身、とくに気に入っていた真珠湾攻撃の前の報告書において、「今日の日本人とアメリカ人は、数百光年も離れた別世界の住民であるかのように、考え方が異なっている」と断言している[15]。

第二次世界大戦後、白人に対抗する敵が現れるたびに、敵を燃やし尽くす火のように、「非合理」という概念が使い回された。中国人、朝鮮人、東南アジアの人々、そしてイスラム教徒、アラブ人……。たとえば一九五五年、ドワイト・アイゼンハワー大統領は中国人について、「東洋人がわれわれ同様に論理的に考えられると思ったら、それは必ずわれわれの誤解だ」と、グルーと同じことを言っている。[16] 二〇〇三年から二〇〇四年、イラク占領の米国側責任者だったルイス・ポール・ブレマー三世は、地元で最も尊敬された指導者の一人であるシスターニ師について、同じようなことを述べている。シスターニ師は、アメリカが率いるイラク暫定統治機構が憲法制定などのドラスティックな改革を押し通す前に、普通選挙の実施を要求した人物であるが、ブレマーは回想録のなかで、「不幸なことに、イラクではいつも論理的にものごとが進むわけではなかった」「シスターニ師がわれわれ西洋人とは次元の違う論理で動いていたことは確かだ」と述べている。[17]

オリエンタルなものを非合理とみなす思考は、啓蒙主義的な理想、すなわち理性、秩序、そして文明的な振舞いが、近代西洋の思想と行動を実際に導いてきたという堅固な仮説の反映である。たしかに、近代西洋は文明的であることもある。だが、実際にはそうではないことも同じくらいある。このことは、近代の戦争と平和の歴史にもっともよく現れている。いま、それが良いか悪いかは措くとしても、近代技術(テクノロジー)や技術主義的支配が高度化するにつれて、西洋のトップレベルが願望的思考、妄想、グループ思考に陥った例は非常に多い。一九四一年の日本の作戦立案者もまさにそうであった。それから六〇年余り後、イラク侵攻を計画した米政府高官や戦争推進派も、多くの点で同様であった。真珠湾攻撃に至った日本政府の意思決定の極秘議事録を今日改めて読むと、われわれは粛然とならざるをえない。当時の日本での政策審議は、われわれが知る限り、少なくとも手続きの面ではブッシュの執務室での議論よりも行き届いていた。そこでは、政府の要人も軍人もきちんと発言し、一見合理的な討論を行っている。だが結論においては、九・一一後の米政府と同様、英知と良識が支配することはなかった。

一九四一年の日本と二〇〇三年の米国は、自ら戦争に突入する理由づけとレトリックにおいて、よく似ていた。両者とも、自国の安全保障に深い不安を抱き、同時に海外で抑圧されている人々を「解放」して、永続的平和を建設すると称した。海外の戦略物資を支配することが念頭にあったことも共通する。東京もワシントンも、緒戦の計画にばかり注意を集中して、敵の性格、資源、心理的反応を真剣に考慮しなかった。先制攻撃あるいは予防攻撃の正当性を疑問視することはタブーであり、戦争計画を現実的な観点から批判すると、敗北主義だ、国家への反逆だと非難された。こうして、日米の戦争は、コントロール不可能な、巨大な破壊力を解放し、言葉では表現できないほどの苦しみをもたらしたのである。

社会科学者ロバータ・ウォルステッターの一九六二年の著作は、真珠湾の大失態を分析した研究として古典的なものであるが、その中でウォルステッターは、日本の攻撃が迫っているとき、アメリカ政府に見られた「口では悲観的な現実を予測しながら、行動は楽観的で緊張感がないというパラドックス」に驚いている[18]。この指摘は、一般論としても通用する。長期戦略を真剣に考えずに連合国への攻撃を選択した日本の指導者の愚行。日本の攻撃を予期していたのに、日本の指導者が実際に何を考えているか、日本がどんな軍事能力を持っているかを真剣に検討しなかったルーズベルト政権の無頓着ぶり。このことは、イラク戦争に突入したブッシュ政権にもあてはまる。ブッシュ政権は、イラクが保有する軍備や、世界に広がるテロの脅威について終末論的な預言をする一方で、イラク侵攻後の事態に備えた計画については、犯罪的といってよいほど怠慢であった。もしホワイトハウスの政策立案者たちが日本人だったら、白人の評論家たちが大勢現れて、ほら、日本人は西洋人のように論理的に考えられないからこうなるのだと解説してくれたことだろう。

以上のように、九・一一事件後、真珠湾や第二次世界大戦との類似性に頼る論法が広く浸透した。そこから生まれた、おそらく最大のブーメラン効果〔自分がした類推によって自分の判断が誤ってしまう現象〕は、先の世界大戦における枢軸国同様、むき出しの軍事力さえあればテロも打ち破れると信じてしまったことである。ワシントンのトップレベルの高官のほとんどが、この考えのとりこになった。とくにブッシュ大統領がそうであり、「戦時大統領」を自称してイラクに侵攻した後も、ブッシュは反米思想や反乱の根源を見ようとせず、司令官たちに敵の死体の数を質問し続けた。小規模な非国家組織による襲撃が、強力な国民国家による攻撃と同じものとみなされた。基本的には犯罪行為であり、本来、多国間の幅広い協力で対応すべきテロ行為が、通常の軍事力で対応すべき脅威として扱われた。それは無分別で逆効果であるにとどまらず、完全な失敗を招いたのである。(19)

第二次世界大戦と「対テロ戦争」が違うものであることは、誰でもわかることである。だが同時に、「真珠湾」のように暗号(コード)となった言葉、あるいは、より一般的に歴史の利用と誤用というものは、政治行動やイデオロギーを引き起こす元になるということも覚えておく価値がある。かくて政治屋たちの世界では、「真珠湾」は、役に立つ大惨事を示唆する暗号となった。二〇〇一年九月一一日の一年以上前、のちにブッシュ政権の外交政策に影響力を発揮する保守主義者たちは、アメリカの外交軍事政策を根本的に改訂しようと活動していた。彼らは、「従来の政策を一変させる、なにか破滅的で触媒的な事件――新真珠湾 a new Pearl Harbor」を思い描いていた。そうなれば軍拡は容易になり、中東、とくにイラクに対する攻撃が可能になる。彼らはアメリカ合衆国の領土内でそうした事件が起こることを望んでいたわけではなかったが、九・一一事件は彼らの戦略目的にぴったりと合致したのである。

予言したり期待したりすると、それが実現するということはあるかもしれない。私たちはいつもそれを学んでは、また忘れる。そして、非情で機を見るに敏な者たちにとって、大惨事は天の恵みにもなる。⑳

第二章 情報活動の失敗

真珠湾の前兆

軍事的な観点からみれば、一九四一年の日本がもたらした真珠湾攻撃の脅威と、二〇〇一年のアルカイダのテロによる脅威の間には、ほとんど共通点がない。

帝国日本はひとつの国民国家であり、巨大な陸海軍をもっていた。日本は一九三三年初め、国際連盟に満洲占領を非難されると、これに反発して連盟を脱退し、国際社会で孤立を深めた。一九三七年以降、中国との全面戦争の泥沼にはまり、人口の多い広大な沿岸部は占領したものの、国民党軍と中国共産党軍による抵抗で、内陸部では身動きがとれなくなった。日本は「南進」して西側諸国の植民地(仏領インドシナ〔ベトナム〕、オランダ領東インド諸島、英領香港・マラヤ・ビルマ、そしてアメリカ領フィリピン)を奪ったが、その主たる動機は、日中戦争を続けるのに必要な戦略的物資を確保することにあり、これが真珠湾攻撃へとつながる致命的な決断となった。

もともと日本は中国侵略に際して、鉄鋼・燃料等をアメリカ合衆国からの輸入に大幅に頼っていた(アメリカにとっても、アジア貿易の主要相手国は中国ではなく日本であった)。戦争が長引き、アメリカ国内の親中国勢力からの圧力が強まるにつれ、ルーズベルト政権は他の植民地大国と連携して、徐々に対日禁輸を強化した。日本はこれを「経済的絞殺」とか「ＡＢＣＤ(アメリカ、イギリス、中国、オランダ)包囲網」と呼んで反発した。中国が日本を包囲しているというのは、こじつけの見本のようでもあるが、ＡＢＣＤのＣはCommunism(共産主義)のＣにも通じたから、まったくおかしい言い方というわけでもなかった。一九三〇年代の日本では、中国で共産主義が拡大しているという戦時プロパガンダが盛んに行われていた。欧米人が日本の拡張を「黄禍」の文脈で捉えていたのに対して、日本の理論家たちは、欧米帝国主義の「白禍」に加え、ソ連の率いる国際共産主義による「赤禍」を懸念していた。

日中戦争が全面化した後でも、共産主義と戦おうという日本の主張は、西側の外交官や政策決定者の間では相当な説得力を持っていた。たとえばグルー駐日アメリカ大使は、日本はアジアにおける反共産主義の「安定化装置」だと力説したため、対日宥和主義者ではないかと疑われて弁明したりしている。日中間で全面戦争が始まった一九三七年、中国はいまだ不安定で混乱しており、真珠湾で日米が開戦した一九四一年になっても、欧米と日本の帝国主義が一九世紀に押しつけた不平等条約と特殊利権に悩まされていた。革命的変革の予感が広がり、外国人排斥の感情が毛沢東の共産主義勢力と蔣介石の国民党を鼓舞していた。イデオロギー闘争が渦巻いてはいたが、中国のあらゆる党派が「解放」の旗の下への結集を呼びかけていた。

日本の対米関係は一九四一年までに極度に緊迫していたが、それでも真珠湾攻撃の直前まで両国はワシントンで交渉を続け、対立を解消しようとした。アメリカが最も問題にしたのは、日本の中国侵略、東南アジアにおける領土拡大という日本の野心、そして一九四〇年九月に日本が独伊と締結した三国軍事同盟であった。いっぽう日本が要求したのは、戦略物資の対日禁輸をアメリカが解除することと、重慶で抗日作戦を指揮している国民党政権への支援をアメリカが停止することであった[21]。

一一月の終わりまでには、日米とも、この交渉は失敗と判断した。陸軍長官ヘンリー・スティムソンの一一月二七日の日記は、日本との協議を打ち切ったと、コーデル・ハル国務長官が述べたと記している。「私は手を引いた」「この件は、もはやあなた〔スティムソン〕と〔海軍長官フランク・〕ノックス、つまり陸海軍の手にある」と。[22] その二日前、すでに日本海軍の機動部隊は千島列島を出発し、真珠湾に向かっていた。空母六隻を含む約六〇隻からなるこの大艦隊は航海中、厳重な無線封止を続けた。幽霊のような艦隊――アメリカの戦略専門家たちが以前から話題にし、対応策まで構想しながら、実際は誰も本気にしなかった艦隊――が、特命を帯びて出発したのである。

アメリカ政府の高官たちは、開戦が切迫していることは認識していたが、東南アジアにある西側植民地のどこかに日本が侵攻する形で戦争が始まると思っていた。想定されていたのは、とくにオランダ領東インド（インドネシア）である。シンガポールを含む英領マラヤや、アメリカ領フィリピンの可能性もあった。日本政府内では、真珠湾の攻撃計画は極秘であった。しかし、数十年かけて真珠湾攻撃を研究したゴードン・プランゲが明らかにしたように、「超極秘」というわけではなかった。攻撃の日が近づくにつれて、秘密を知る海軍機動部隊の将校は増えた。フィリピンを含む全東南アジアの制圧を目指し、複雑に同時進行する「南方作戦」に携わった陸海軍の将校たちも、次第に真珠湾攻撃の秘密を知ることになった。他方、日本の最高行政機関たる内閣に対しては、真珠湾攻撃の情報は大幅に制限された。東条英機首相（陸軍大将で陸相を兼務）は計画を知っていたが、作戦の細部は知らされなかったと後に述べている。天皇は事前に説明を受けていたが、外務省には説明されなかったから、ワシントンで国務省と交渉していた日本代表団も、真珠湾攻撃計画を知らなかった。[23]

日本は、攻撃の直前にアメリカとの国交断絶を通告するつもりであった。事前に通告しなければ日本の不名誉になると強く主張したのは、真珠湾攻撃を発案し、作戦全体を指揮した山本五十六海軍大将であった。このため、ワシントンの日本大使館は、最後通告を手交する正確な時間を厳密に指示された。だが、悲惨な終局には小さな悪戯（いたずら）が紛れこむものなのか、日本大使館の事務能力不足のため、本国からの最後通告の暗号解読、翻訳、相手方への手交が遅れた。ハル国務長官が最後通告を受けとったとき、すでに真珠湾への攻撃が進行中であった。この通告は国交断絶を告げていたが、開戦については何も述べていなかった。

実際には、この意思疎通上の不手際は、さして問題ではなかった。すでに一九四〇年八月、日本の外交電文の暗号をアメリカは解読していたからである(ただし、日本陸海軍の基本暗号は一九四一年一二月七日以前にはまだ解読できていなかった)。㉔

アメリカ政府の高官たちは、日米関係が断絶しつつあり、日本が新たな軍事作戦に乗り出す準備をしていることを知っていた。だが、正確にはどこを攻撃するのか。アメリカ政府の最上層部の誰が何を知っており、何を知っていなければならなかったのか。なぜアメリカの軍部は準備を怠り、攻撃の餌食になったのか。この問題について、その後何年も、いや何十年も、膨大な研究が行われ、文献が出版されることになった。

真珠湾を攻撃した日本の狙いは、アメリカの太平洋艦隊を活動不能にして、日本の東南アジア侵攻への反撃を妨害することにあった。真珠湾は、およそ二九の目標への攻撃が連動する、驚くほど複雑な戦争の「第一段階」の一部であった。初期動員戦力は、航空機二〇〇〇機、水上艦艇一六〇隻、潜水艦六〇隻以上であった。㉕アメリカ国民がどう反応するかといった心理的問題は、こうした戦闘計画の協議の後、ときに話題になる程度であった。他方、南方作戦の具体的検討が始まるよりもだいぶ前の一九四一年一月七日、真珠湾への大胆な攻撃を提案していた山本五十六連合艦隊司令長官は、海軍大臣にあてた書簡で次のように主張した。

　日米戦争ニ於テ我ノ第一ニ遂行セザルベカラザル要項ハ開戦劈頭ニ敵主力艦隊ヲ猛撃撃破シテ米国海軍及米国民ヲシテ救フ可カラザル程度ニ其ノ士気ヲ阻喪セシムコト是ナリ

　この発想は、はじめは山本の思いつきにすぎなかったかもしれないが、その後の作戦計画の基本となっていった。真珠湾攻撃の三週間余り前(一一月一五日)に採択された「対米英蘭蔣戦争終末促進ニ関スル腹案」には、早期の軍事的成功により「米ノ継戦意志ヲ喪失セシムルニ努ム」と述べられている。のちに海軍史家サミュエル・エリオット・モリソンが真珠湾攻撃を「戦略的愚行」と嘲笑したように、日本は自分に都合のよい希望的観測のとりこになっていたのであり、その意味では、日本の南進は始めから終わりまで「戦略的愚行」の性格を帯びていた[26]。

　山本個人は、対米開戦に反対であった。山本は海軍の歴戦のカリスマで(青年士官時代に日露戦争に参加し、日本がロシア艦隊を壊滅させた有名な対馬沖海戦で負傷している)、第一次世界大戦後にハーバード大学で学び、一九二〇年代にはワシントンの駐在武官を二回つとめた。一九三六年と一九四〇年に日本がドイツとの関係を強化しようとしたとき、アメリカとの戦争につながるという理由で山本は反対した。一九四一年一〇月の時点でも、私信の中で、開戦決定は「私個人の意見にはまったく反している」と記していた。山本は、せいぜい望めるのは、日本が南方の支配を固めるまで、アメリカ軍を半年か一年食い止めておくくらいだろう、と一度ならず述べた[27]。

しかし、帝国軍人であり天皇の忠実な臣下である山本は、外交が失敗した場合には開戦するという決定を受け入れ、戦争を成功に導くべく献身した。海軍内部には真珠湾攻撃に対して強い異論があった（とくに、昔ながらの「艦隊決戦派」の提督たちが反対した）。山本は、航空母艦からのアメリカ艦隊への先制攻撃は時間稼ぎに不可欠なばかりでなく、実現可能な作戦なのだと、上層部を説得した。真珠湾における目覚ましい戦術的成功は、山本の考えが正しかったことを証明した。一九四一年九月に海軍が行った図上演習では、六隻の空母のうち二、三隻は失うだろうというのが結論であった。攻撃に参加した乗組員や飛行士は死を覚悟し、攻撃の前夜、艦上で肉親や恋人あてに遺書を書いた。実際の攻撃では、日本側の損失は飛行機二九機、小型潜航艇五隻、戦死は六四人（飛行士五五人、潜水艦乗組員九人）にとどまった[28]。

山本の独創的な真珠湾攻撃は、戦術的には目覚ましかったかもしれない。しかしアメリカ国民の心理を考えると、致命的な失敗であった。アメリカ人の士気を弱めるどころか、「真珠湾を忘れるな――奴らをぶっ殺し続けよう」のスローガンのもと、アメリカ人を団結させてしまったのである。その後、日本海軍の艦艇は沈められ、ベテランのパイロットのほとんどは戦死し、日本陸軍は壊滅するか、太平洋の孤島で餓死した。日本本土は焼夷弾に焼かれ、最後は原爆によって焦土となった。「真珠湾を忘れるな」というスローガンはそのときようやく止んだのである。

九・一一への序曲

以上と著しい対照をなしているのが、九・一一である。戦争当時の日本は大国であり、彼らの仕掛けた戦争はオーソドックスなものであった。日本が真珠湾を攻撃対象としたのは軍事的理由からであり、そこへの攻撃がアメリカの国民心理に与える影響については、せいぜい二次的に考慮していたにすぎなかった。逆に、テロリストの計略の主目的は、心理的に影響を与えることであった。真珠湾攻撃の当時、ハワイはアメリカ本土から遠く離れたエキゾチックな領土であった。一八九八年にアメリカに併合されたものの、ハワイが州に昇格したのは、戦後の一九五九年である。太平洋艦隊が、それまで停泊地としていたカリフォルニア州サンディエゴを去り、真珠湾を母港としたのは、ようやく一九四〇年春のことであった。

たしかに、第二次世界大戦の参戦国は「大量破壊兵器」をありあまるほど使うことができた。大戦で少なくとも六〇〇〇万人が死んだことを考えれば、核兵器がなくても大量殺戮が可能であることは明らかである。とはいえ、第二次世界大戦当時の兵器は、二一世紀初頭に私たちがもっている航空機、軍艦、ミサイル、スマート兵器〔誘導装置つきの兵器〕、核兵器、化学兵器、生物兵器に比べると旧式なものであった。情報戦も同様である。暗号や暗号解読は、真珠湾以前の情報活動においても重要であったし、戦争中その重要性はいっそう高まったが、それでも、現在のレベルに比べると初歩的なものであった。今日では、高度に発達したテクノロジーのまわりに、安全保障関連の巨大組織が鬱蒼とした森のように茂っている。第二次世界大戦後、海外情報の収集と分析の強化が課題となったが、その主たる原因は真珠湾の失態にあった。一九八〇年代にアメリカ中央情報局（ＣＩＡ）の長官を務めたウィリアム・ケーシーが述べたように、一九四七年にＣＩＡが創設されたのは、「二度と真珠湾の失態を繰り返さないため」であった(29)。

帝国日本は人種的に同質性が高く、強い愛国心と大型の軍事力を有していたが、アルカイダはつかまえどころのない組織であり、国家や民族を越境して活動した。アルカイダの主要な訓練基地はアフガニスタンにあるが、彼らは国家をスポンサーにしているわけではない。彼らは海軍も陸軍も大型の火器ももっていない。アルカイダの戦士たちは、聖戦への情熱をもって志願した義勇兵であり、オサマ・ビン・ラディンは、秘密基地から衛星テレビやサイバースペースを使って、テロ工作員に対してだけでなく、アラビア語圏の全域にメッセージを送っていた。一九九六年八月、ビン・ラディンは最初のイスラムの宗教令(ファトワー)である「二つの聖地（サウジアラビアのメッカとメディナ）を占領するアメリカ人に対する聖戦宣言」を発し、一九九八年二月、他の四人のイスラム過激派指導者と合同で、「サタンの兵士、アメリカ人、そして彼らと同盟するすべての悪魔の手先」を対象にした二つ目の宗教令を発した(30)。

この宗教令は、こう非難している。「アメリカは一九九一年以来、アラビア半島の最も聖なる土地を占領している。富を略奪し、指導者に指図し、民衆を侮辱し、隣国を脅迫し、そこにある基地を使って周囲のイスラム教徒を攻撃している」。イラクでは、第一次湾岸戦争の後、アメリカ主導の経済制裁によって「一〇〇万人以上」が死んでおり、イラクは将来もアメリカによる侵略の主要目標になるだろう。アメリカは、「エルサレムを占領し、イスラム教徒を殺害し、そこから世界の関心をそらそうとしている卑しいユダヤ国家」の宗教的・経済的利益に奉仕しているのだ、と。

12 2001年9月11日　ハイジャックされた2番目の飛行機175便が，世界貿易センタービルに接近する．

この宗教令の後、ビン・ラディンはＡＢＣテレビの記者に「アメリカの未来は暗黒であろう」と述べた。さらに同年八月七日、アルカイダはケニアとタンザニアのアメリカ大使館に自爆攻撃をしかけ、二〇〇人以上を殺害した。これが、間違いなくアルカイダが関与した、アメリカに対する初めての攻撃であった。報復として、クリントン政権はビン・ラディンがいると思われたアフガニスタンの訓練キャンプを巡航ミサイルで攻撃し、ビン・ラディンの身柄確保につながる情報に五〇〇万ドルの報償金を出すと発表した。このミサイル攻撃は失敗に終わったが、その作戦は「無限の追跡 Operation Infinite Reach」と名づけられた。この名称は、非対称的紛争の時代になっても変化しなかった、超大国アメリカの傲慢ぶりを、なかなか巧みに表現している。それから二年後の二〇〇〇年一〇月、イエメンのアデンに停泊していたアメリカ海軍の駆逐艦コールが、ボートに乗った自爆犯によって大破され、一七人の乗組員が死亡した[31]。

アメリカのテロ対策専門家たちが、サウジアラビアと協力して、ビン・ラディンのネットワークの規模、形態、名称を最初に突き止めたのは、一九九六年の春、前述の最初の宗教令の直前のことであった。一九九二年から、国家安全保障会議の省庁間テロ対策安全保障グループのトップをつとめていたリチャード・クラーク〔国務省の安全保障・テロ対策の専門家〕は、彼らは自分たちの組織を「世界的神聖国家、すなわち大カリフ制の建設に不可欠の基盤」とみなしていたと書いている[32]。一九九八年の宗教令においてビン・ラディンらはアメリカを主要な敵として設定し、これに対応して、アメリカの情報当局もビン・ラディンを明確に把捉対象にしたのであった。アルカイダは引き続き派手な攻撃をアメリカの外交・軍事施設に仕掛けた。だがそれは、中国侵略から真珠湾攻撃へと進んだ日本帝国には

13　世界貿易センターのサウス・タワーが衝撃で燃え上がる．

14 リチャード・ドゥルーの写真「落ちていく男」は，タワーの猛火と，そこから逃れようとタワーから身を投げた人という二重のショックをとらえている．

15 世界貿易センターの崩壊現場にいる消防士が，さらに 10 人の救助隊員が必要だと合図を送っている．

似ていなかった。アルカイダは組織的に不安定で、内部に意見対立をかかえて分裂していた。ビン・ラディンが漠然と思い描いていた神権的帝国や、彼の指揮のもとにあった暴力的手段は、かつて日本が持っていた領土拡張の目標や戦争遂行能力とは、ほとんど共通点がなかった。ただ、九月一一日の事態があまりに衝撃的だったため、事情は一変した。ビン・ラディンの組織は、不満を抱く多くのイスラム教徒やアラブ人に嫌悪感と憧れを同時に抱かせた。真珠湾が帝国日本の終わりの始まりであったのに対して、九・一一事件はアルカイダの始まりの終わりを意味したのである。

テロリストたちが標的としたのは、世界貿易センター、ペンタゴン、そしておそらく(失敗に終わった四機目が狙っていた)ホワイトハウスあるいは連邦議事堂である。これらは、真珠湾のような通常の軍事目標ではない。死者数では、一九四一年と二〇〇一年はかなり近かった（真珠湾が約二四〇〇人、九・一一が三〇〇〇人余り）が、ローレンス・ライトが指摘したように、二〇〇一年の犠牲者の大部分は一般市民であり、彼らは六二の国籍と「世界のほとんどの民族と宗教」を含んでいた[33]。

九・一一事件は、大胆不敵さにおいて六〇年前の真珠湾攻撃と並ぶものではあるが、真珠湾のように軍事的な先制攻撃ではなかったし、時間稼ぎの作戦でもなかった。それはハワイのような周辺地域ではなく、ニューヨークとワシントンというアメリカの心臓部を襲った、前代未聞の心理戦であった。標的になったのは、アメリカの金融、軍事機構、民主政治といった国家の中核的機関であり、それはアメリカの価値の中核でもあった。ビン・ラディンは九月一一日の後のインタビューで、例のぞっとするような直接的表現で事件を説明し、それは「自衛」であり、復讐であり、不信心な西側世界の価値観を転覆させるものだと語った。

一〇月七日、アフガニスタンにあるアルカイダの訓練キャンプをねらってアメリカ軍の報復爆撃が始まったが、ビン・ラディンは、この日にあわせて放映するためにビデオを録画していた。その中で彼は次のように述べている。「アメリカが今日味わっていることは、われわれが数十年にわたって味わってきたことのほんの一部だ。われわれのウンマ〔イスラム共同体〕は八〇年以上、こうした屈辱と蔑視に耐えてきたのだ。ウンマの息子たちは殺され、血は流れ、聖域は踏みにじられた。すべて、神が命じたこととは逆のことばかりであったのに、誰もそれに耳を傾けず、応えることもなかったのだ」。それから数週間後、ビン・ラディンはアルジャジーラ〔中東の国際放送局〕の長時間インタビューに応じた（放映は二〇〇二年一月）。その中で、「アメリカに支えられた西洋文明」に対する侮蔑を、世界貿易センターの瓦礫に託してこう表現した。あの建物こそ、「自由、人権、平等を世界に説教する巨大な物質文明のタワー」だったのだと。[34]

九・一一事件は、一九四一年には想像もつかなかったほど発達した情報媒体によって伝えられ、世界に衝撃と驚愕と憤激を与えた。真珠湾のときは、艦船から黒煙が上がる写真が若干あるだけで、その場にいた人間以外、本当の攻撃を見た人はいない。真珠湾攻撃については、後にドキュメンタリー映画が制作されたが、それらはほとんど特撮である。これとは反対に、九月一一日の光景は世界のほとんどの人が本物の映像を繰り返し繰り返し見た。

真珠湾と九・一一にはこれほど大きな違いがある。だが、共通する問いがひとつあった。それは、なぜアメリカは不意をつかれたのか、ということである。日本とアルカイダの敵意とその理由は、以前から明白であった。彼らの暗号通信は解読されていた。明らかに、何か劇的なことが、すぐにも起ころうとしていた。真珠湾でも九・一一でも、唯一事前にわからなかったのは、それがどこで起こるかということだけであった。なのになぜ、いずれの場合もアメリカは惨めなほど準備不足だったのか。説得力のある説明を求めていくと、どちらも同じような事実に行きつく。官僚組織とその運営が人為的ミスを招いたこと、そして想像力の深刻な不足である。

検証——真珠湾

真珠湾攻撃に続くアメリカ人の反応は、大事件のあとによくある反応であった。事態を招いた深い原因よりも目の前の出来事に関心を集中し、責任を押し付ける対象を探し出し、多少の論争をし、公的調査を開始して、予想の範囲内の結論を導き出し、組織改革を提案したのである。

一九四一年一二月から一九四六年七月、情報活動の失態の責任を明らかにするために、アメリカ政府は九つもの調査を行った。戦争中の七つと戦争直後のひとつは、軍部みずから、あるいは軍部との密接な協力によるものであった。そしてもうひとつの、もっとも網羅的な調査は日本降伏後、連邦上下両院が主催したもので、公聴会を伴った。公聴会は一九四五年一一月一五日から一九四六年七月一五日まで行われ、およそ一〇〇万語におよぶ速記録は四〇分冊に分けて出版された。最終報告書は五〇〇ページを優に越え、そこには八人の委員による多数意見と、二人の委員による少数意見が含まれている。以後、これらは真珠湾攻撃を論評する際の基本資料となった[35]。

九つの調査のうち、最初と最後のものは、とくに個人責任を厳しく追及している。最初の調査で、真珠湾の海軍司令官であったハズバンド・キンメル大将、同じく陸軍司令官であったウォルター・ショート中将は、一九四二年一月、ともに「職務怠慢」にあたるとされた。重い認定であったため、ワシントンにいた個人や組織のミスへの注目が一時的にそらされた（フィリピンにいたマッカーサー将軍は、真珠湾攻撃から九時間たった時点でも飛行機を滑走路に放置したままにし、日本軍の攻撃を受けたが、なぜか批判を免れ、太平洋でアメリカ軍の指揮をとり続けた[36]）。キンメルとショートに対する評定は、戦後の多数意見報告書で「職務怠慢ではなく判断の誤り」へと和らげられたが、すでに二人の軍歴と信望は台無しになっていた。

最後の調査である議会による戦後の公聴会は、野党であった共和党にとって、民主党との戦時協力関係を解消する格好の機会となった。日本降伏の四カ月前、一九四五年四月に死去したルーズベルト大統領と彼の「戦時内閣」には、真珠湾攻撃について重い責任があると共和党は主張した。こうした議論は、その後も拡大して今日まで続いている。戦後初期、ナチス・ドイツに対抗しイギリスを応援するために、ルーズベルトは日本との戦争を欲していたと主張する、膨大な量の本や論文が書かれた。「修正主義」あるいは「裏口からの参戦 the "backdoor to war"」説と呼ばれるこの議論によれば、日本を「裏口」から戦争に引き入れるために、大統領はわざと日本を挑発し、日本の暫定協定の申し出を無視したのだという。一九八二年には人気作家のジョン・トーランドが『屈辱!』と名づけた本を著し、ベストセラーとなった。このタイトルは、ルーズベルトの開戦演説の冒頭の言葉を反転させ、大統領自身に向けたものである。トーランドは修正主義の議論をさらに推し進め、アメリカは明らかに真珠湾への攻撃を示す情報を入手しながら、それを放置していたと主張した。トーランドによれば、日本よりも、一九四一年のアメリカの振る舞いこそ恥ずべきものであった[37]。

「裏口からの参戦」論は、賛否の分かれる複雑な議論であり、参照すべきものではある。だが、この種の陰謀論に説得力はない。共和・民主の党派争いがあったにもかかわらず、議会の公聴会報告も、真珠湾攻撃を招いたもっと大きな原因は組織の構造や運営にあり、個々の失態もその枠の中で起こったと認定している。

「裏口からの参戦」論は、ロバータ・ウォルステッターやゴードン・プランゲといった学者たちによって細部が補強されてきた。プランゲは、日米双方の資料に基づき超人的な調査を行ったが、数十年にわたるプランゲの調査を、彼の助力者はこう要約している(プランゲ自身は、自分の包括的な研究が出版される前、一九八〇年に亡くなった)。「真珠湾攻撃には悪の張本人もいなければ、罪を一身に背負うべき者もいない。だが大統領以下、直接関わりを持った者は、誰も非難を免れることはできない。彼らは全員、ミスを犯したのだ」。他方、ウォルステッターはシステム分析に焦点を絞った、よりドライなアプローチをとっているが、そこでも真珠湾のミスは、情報の収集、分析、伝達の仕組み全体の欠陥によって起こったというのが結論であった。[38]

奔流のように集まり、錯綜する信号（シグナル）をいかに整序して理解するか。その難しさを説明するためにウォルステッターが用いたキーコンセプトのひとつは、「ノイズ」である（一九六二年の彼女の有名な著書の、ある章のタイトルは「ハワイにおけるノイズ」、別の章のタイトルは「本土におけるシグナルとノイズ」である）。ウォルステッターは、意味曖昧なシグナルが作り出す不協和音を、ある人の表現を借りて、「ざわざわと膨れ上がる混迷」と呼んだ。今日の流行語でいえば、「チャター chatter」（ざわざわと聞こえるおしゃべり）がこれに当たるであろう。たとえば、二〇〇一年、国家安全保障問題担当大統領補佐官だったコンドリーザ・ライスは、九・一一の襲撃の前兆を見逃した原因のひとつは諜報システムに「大量のチャター」があったことだと説明した。たしかに、われわれは言葉に呑み込まれてつまずく。信号を大量に傍受すればするほど、情報量に圧倒されるのである。[39]

しかし、終わった試合を論評するときのように、後からふりかえれば「ノイズ」は除去でき、もっとも大事なシグナルがどれであったか、わかるものだ――「ノイズ」論は、そう指摘する。当時は、真珠湾に至る数週間の間、ルーズベルト以下アメリカ政府の「ほとんど全員」が「大西洋と欧州の戦闘地域」の状況にかかりきりになっていたし、九・一一前のブッシュ政権も、ミサイル防衛、中国、ロシア、欧州、東欧といった優先課題に忙殺されていた。それが当時の「ノイズ」であった。[40]真珠湾の責任は誰にあるかという熱い議論では、そうした「ノイズ」が取り除かれたうえで、発掘された当時の解読メッセージが後知恵的に議論された。なぜ当時の関係者はもっと精力的に、そうしたメッセージをチェックしなかったのか？　それらがなんの前兆か、明らかだったのではないか？（実際には、明らかではないほうが普通だが）

しかし、なぜアメリカ政府が情報分析に失敗したのかと考えてみると、たんに「ノイズ」が大量だったというだけでなく、それを超えた問題がある。一九四一年の世界は不透明で、急速に変化していた。分析対象である敵はなかなか政策を決断できず、動揺し、急な変更もしたから、必然的にそのシグナルは前後矛盾し、了解困難となった。もっと問題だったのは、一九四一年の時点で、これらの情報を処理していた官僚システムが硬直化しタコツボ化していただけでなく、縄張り争いに満ちていたことである。たとえば一九四六年の議会公聴会を総括した多数意見報告書は、「監督上、行政上、組織上の欠陥」、および軍部における「責任が分裂していることによる落とし穴」が存在したことを指摘し、「一九四一年、軍の指揮権の統一をめぐって議論があったが、陸海軍はそれぞれ用心深く自分の特権に固執し、双方とも自分の利益を守るために譲歩を拒んだ」と述べている。(41)

他方、少数意見報告書は、ルーズベルト大統領とその側近に最大の責任があったとしているが、それでも多数意見報告書と同様、結論部分で次のように述べている。「ワシントン当局は、傍受した無線の翻訳や、情報の評価、ハワイの司令部への適切な指示を、迅速かつ着実に行わなかった。この怠慢のかなりの部分は、ワシントンの官僚たちの仕事の遅さ、情報管理のミス、非協力、意欲不足、混乱、過失による」。当時は機能不全 dysfunction という用語はまだ使われていなかったが、多数意見報告書や少数意見報告書の指摘は、ほとんどそのまま九月一一日の大惨事にも適用できる。少数意見報告書はこう述べている。「真珠湾の悲劇は、法律や権限の問題ではなく、必要なことをせず、託された責任を果たさなかった人間の怠慢にある。一九四一年一二月七日の真珠湾に至った一連の出来事に関して政府当局者と政府の部局が見せた判断、運営、協力、行動上の欠陥は、どんな法律を作っても取り除けなかったと考えられる(42)」。

その後の真珠湾攻撃の検証も、組織の混乱という見方を支持している。ウォルステッターの結論はこうである。「どれかひとつの人物や機関が、すべてのシグナルを手にできた瞬間は一度もなかった」し、ワシントンとハワイのコミュニケーションは「原始的」なものにすぎなかった。アメリカが対日交渉を打ち切ろうとしていた一一月下旬の決定的な時期、頻繁に——かつ重大なことだが——ハル国務長官は、「陸軍にも海軍にも相談せずに」行動していた。では陸軍と海軍の関係はといえば、ワシントンでもハワイでも「丁重で友好的だが無内容なコミュニケーション」しか存在しなかったし、そのうえ情報の分析や意思の伝達を妨げるこの種の断絶は、陸海軍の間だけでなく、陸海軍それぞれの内部にもみられたのであった(43)。

さらに、情報が秘密であること自体が、日本でもアメリカでも問題を生んだ。日本側では、真珠湾攻撃は極秘の作戦であり、軍の最上層や政府首脳でも知っていたのはごく少数で、外務省はまったく知らされていなかった。一九四〇年の時点でアメリカが解読した日本の重要暗号は「パープル」(日本の暗号にアメリカがつけたコードネーム)と呼ばれた外交暗号だけだったので、アメリカが傍受できた日本軍の計画に関する情報は外務省経由の、せいぜい間接的なものであった。アメリカが傍受した外交通信には、東京からワシントン、ハワイ、ベルリンその他にいる日本の外交官にあてた〔軍事関係の〕訓令も含まれていたが、そうした訓令を送った外務省の役人たちでさえ、その内容が十分理解できていないという事態が生まれたのである。

もっと厄介な問題は、秘密の傍受内容を取り扱うこと自体からくるものであった。すなわち機密情報を共有すると、アメリカが日本の外交電報を解読しているという最大の秘密が漏れる恐れがあった。解読された傍受内容がアメリカ政府内に分散し、それに応じて政府が行動すればするほど、暗号(パープル)が解読されたことに日本側が気づき、暗号を変更する可能性が高くなる。アメリカの暗号解読・翻訳の作戦名は「手品(マジック)」であったが、「手品(マジック)」がもたらす報酬は、気軽に他人に分け与えるわけにはいかなかったのである。一九四六年の議会公聴会の多数派意見書は、珍しく皮肉を込めた調子で、こう書いている。「暗号解読の作戦自体が高度の秘密であったために、解読した電信に含まれていた情報よりも、解読したという事実のほうが重視された」。ウォルステッターも同様に、次のように観察している。「我が方が暗号を解読したという秘密を守るために、「手品(マジック)」の情報を読むことや議論することが制限された。その結果、この種のシグナルはほとんど聞き取れないほど限定されてしまった」。最高機密の世界では、秘密であること自体が逃れられない罠を作ってしまう。(44)

検証――九・一一事件

真珠湾攻撃への備えがなかったことについての、以上のような事後検証は、「九・一一調査委員会報告」(二〇〇四年七月公表)に示された情報活動の失態の分析の原型となった。物事において、最も扱いにくいのは細部であるという。真珠湾でも九・一一事件でも、じつに興味深い細部が明らかにされたが、改革案の提言となると、九・一一事件についての診断は、人的怠慢を伴うシステムの機能不全、すなわち真珠湾関係の文献と同じ一般的な論評に終わった。

二〇〇四年の調査委員会報告は、一五の主要な情報機関――ＣＩＡ、ＦＢＩ、アメリカ国家安全保障局（ＮＳＡ）、国防総省といった巨獣たち（ビヒモス）――を一覧表で示し、組織間および組織内での争いを厳しく糾弾している。タコツボ化した官僚機構がもつ問題点にもひととおり触れている。いわく、「仕事のダブり」「軍人と文民のあいだの誤解」「縦割り」「縄張り争い」「情報をめぐる協同作業における構造的障壁」「情報分析作業の分断」――そして真珠湾と同様、九・一一の情報活動の失態の一因は、秘密独占の文化にあるとされた。たとえば、ＮＳＡは「情報源と情報取得手段をほとんど異常なまでに秘匿した」と糾弾された。しかし、この問題も、ＮＳＡに限らず政府のシステム全体の次のような問題点に起因していた。「自分で集めた情報は自分たちのものであると考える組織文化」「本当に情報が必要な人かどうかを必ず確認して秘密を保護する文化」「過剰な秘密指定と機構別の情報のタコツボ化」「個人もシステムも情報の共有を警戒していること」「安全保障関係機関の人事と安全対策において、情報を他と共有するよりも、情報を保護するほうが評価される環境」。

想像できることであるが、九・一一調査委員会の調査自体、秘密をめぐる駆け引きに妨害された。一九四五年から一九四六年の議会による調査と同様、ホワイトハウスと他の役所による官僚的な妨害によって、重要な資料へのアクセスが拒否された。また、政府の最高レベルにおける情報の取り扱いについては、個人の職務怠慢や説明責任を追及しないという取り決めが結ばれたため、調査は限定されたものになった。しかも調査委員会は、最初から全会一致の「超党派」の報告にすると決めていた。政治的にはそうするしかなかったのかもしれないが、これでは誰にとっても無害な結論が約束されたようなものであった㊺。

この超党派の報告書は、トップレベルの誰が、なぜ怠慢だったのかは追及しなかったが、それでもその内容は唖然とするものであった。鋭い分析官であるトマス・パワーズの要約によれば、委員会は次のような事実を突き止めた。九月一一日の前、九カ月間に、情報機関の職員は「ブッシュ政権に対して、オサマ・ビン・ラディンによる脅威について四〇回も警告していた。しかし、それは政権が聞きたいことではなかったし、実際、政権は聞いていなかった㊻」。

二〇〇四年頃から、熱心に取材したジャーナリストや怒りに駆られた中堅官僚たちが実情を暴露していったことによって、政権の最高レベルの怠慢ぶりには注意散漫と統一性のなさが伴っていたことが浮き彫りになった。二〇〇一年一月、ブッシュ政権が発足した直後に、NSAのテロ対策部門の担当官リチャード・クラークは、就任したばかりの政権幹部（そこにはディック・チェイニー副大統領、コンドリーザ・ライス国家安全保障問題担当大統領補佐官、コリン・パウエル国務長官が含まれていた）に、こう伝えた。アルカイダはアメリカに宣戦布告しており、アメリカ国内には潜伏中の彼らの工作組織があるし、いまにも大規模な攻撃をしかけようとしている――。

大統領就任式から一週間もたたない一月二五日、クラークはこの懸念を正式の書簡にし、閣僚レベルの会議を緊急に開くよう求めた。しかし、国家安全保障会議がこれを議題とする会議を開いたのはようやく四月に入ってからであり、それも閣僚より格下の副長官レベルの会議であった。この会議で、国防副長官ポール・ウォルフォウィッツは、この脅威に緊急性はないと述べた(クラークによれば、このときウォルフォウィッツはビン・ラディンを「アフガニスタンにいるこのチビのテロリスト this little terrorist in Afghanistan」と呼んだ)。クラークが一月二五日に要請した「閣僚レベルの会議」が開かれたのは九月四日であり、九・一一事件のちょうど一週間前であった。だが、結果は「ほとんどやらなかったも同然」であり、クラークは失望した(47)。

ほかにも、ホワイトハウスの関心をアルカイダの脅威に向けようと努力した例があったが、実を結ばなかった。七月一〇日、ジョージ・テネットCIA長官と、対テロ対策のCIA責任者コーファー・ブラックが、国家安全保障会議のライス補佐官と「定例外」の会議を持った。アルカイダの「軍事行動開始時間(ゼロ・アワー)」が近づいていることを示唆する傍受通信が急増したためであったが、会議を終えたテネット長官らは、真剣に取り合ってもらえなかったという印象を受けた。八月六日、ブッシュ大統領はテキサスの牧場での休暇中に、CIAから、後に有名になる日報を受け取った。その見出しは「ビン・ラディンがアメリカ国内での攻撃を決意"Bin Laden Determined to Strike in the U.S.A."」であった。だがまたもや、この情報は他の「おしゃべり(チャター)」にかき消されて、トップレベルの高官たちの関心を呼ばなかった(48)。

真珠湾攻撃の前にも、政府の上層部の機能不全、注意散漫、目に余る怠慢が複合的に発生していた。しかしそれでも、ブッシュ政権の油断ぶりほどではなかった。ルーズベルト大統領とその側近たちは、少なくとも傍受した通信の内容など、日本の戦争準備を示唆する情報には注意を払っていた。二〇〇一年と違って、一九四一年にはアメリカ合衆国への攻撃が迫っているという明白なシグナルはなかった。真珠湾攻撃の前の数週間、あるいは数カ月のあいだに、危機感を抱いた情報担当官たちが話を聞いてほしいと願い出たこともなかったし、彼らが大統領本人にはっきりと警告したこともなかった。しかし結局のところ、歴史の記録に刻み込まれたのは、アメリカの情報活動が真珠湾と九・一一という二度の破滅的失態を犯したという事実であった。

九・一一調査委員会の報告書「最終章」は、真珠湾と九・一一の共通点を次のように記している。

「政府が不意打ちを受けると、統一性がなく、官僚的な対応を取りがちである。責任放棄も発生する。もともと責任自体がきちんと規定されず、曖昧に委任されているので、何も行動がとれなくなるのである」――これは四〇年以上前、真珠湾について語られた言葉である。将来、もしアメリカに対する新たな攻撃があり、それについて新たな委員会が報告書を書くことになったとき、再びこの引用が今ほど適切と思われないことを、われわれは願う。[49]

皮肉なことに、この引用は、調査委員会の報告が出版された二〇〇四年七月には再び適切になっていた。アメリカは自らつくりだしたイラク戦争という悲劇に陥っていたのである。中東におけるアメリカへの反発とテロリズムの性格と根源について、アメリカは九・一一事件からほとんど何も学んでいなかった。この鈍感さが生んだ必然的結果として、イラクの事態はアメリカを再び「不意打ち」した。これによってアメリカは、二〇〇一年九月の時点では想像もできなかったことを実現してしまった。世界がアメリカに寄せてきた支持を、一挙に損ない、血塗られたビン・ラディンを、巨人ゴリアテに挑んだダビデのような英雄的存在にしてしまった。しかもイラクを混沌と虐殺の世界にしたことで、世界中のイスラム教徒の怒りを燃え上がらせ、驚くほどの無能ぶりによって、アメリカの力を支えてきた無敵の軍事力、「無限の追及」力という神話を、みずから打ち砕いてしまったのである。

こうした呆然とさせるような結果は、そもそも九・一一事件を招いた情報活動の失態ぶりが是正されるどころか、悪化したことを示している。縄張り争い、権限の縦割り、秘密主義への固執、あるいは単なる個人の傲慢さや無責任さなどは、問題の一部にすぎず、必ずしも本質的なものではない。二〇〇三年三月、イラクを解放するどころか解体させてしまった情報活動の破綻が示していることは、九・一一事件や真珠湾のときと同様の、想像力の途方もない欠如であった。

第二章 想像力の欠如

一九四一年の真珠湾攻撃をめぐる対日諜報活動の失敗をめぐっては、公文書、証言、論評が山ほどある。だが一九四五年から一九四六年にかけて開催された議会公聴会に際して、キンメル海軍大将が打ち明けた言葉ほど、多くを語るものはない。

「黄色いチビ野郎ども」

パールハーバーにいた司令官たちは、真珠湾攻撃の一〇日前の一一月二七日にワシントンから「戦争警報」を受けとっていた。にもかかわらず、日本の航空機の第一波が襲ったとき、ショート中将指揮下の空軍機は一カ所に集まって駐機していた。銃弾のほとんどは仕舞いこまれており、ヒッカムなど主要な飛行場では、対空砲を配備していなかった。キンメル大将の太平洋艦隊は(偶然、演習に出ていた航空母艦を除いて)湾内にのんびり停泊していた。パールハーバーが襲撃された後の最初の査問では、これは許しがたい過失とみなされ、キンメル大将とショート中将は「職務怠慢」として告発されたが、この罪状はのちに議会の査問委員会で「判断の重大な誤り」へと格下げされた。ショート中将(一九四九年、六九歳で死去)も、キンメル大将(一九六八年、八六歳で死去)も、「手品(マジック)」と呼ばれた暗号解読作戦(この作戦の内容は、査問の当時まだ極秘とされていた)によって収集された情報をワシントンがすべて伝えてきたわけではなかったし、現実の攻撃に備えるべしという明確な指示を受けたこともない、と主張した。対日開戦後、この二人の将校は公聴会で弁明する機会を与えられた。ショート中将はタイプ打ちで六一ページの声明を公聴会で読みあげ、キンメルも一〇八ページにおよぶ声明文を準備した。しかし、なぜ思いもよらない攻撃を受けたのか、という問いに、キンメルがもっとも示唆に富み、かつ説得力のある説明をしたのは、公聴会の昼食の休憩時に、弁護士エドワード・モーガンと交わした会話においてであった。モーガンはこの公聴会の多数意見の報告書を起草した人物であるが、会話から何年か後にモーガンが語った話によれば、それは次のようなやりとりであった。

モーガン　どうして一一月二七日に「戦争警報」を受けとった後もパールハーバーに艦隊を残しておいたんです？

キンメル　よろしい、モーガン、その質問に答えよう。あそこは日本からあんなに遠い。あの黄色い野郎ども those yellow sons-of-bitches が、あんな攻撃をやってのけるとは思いもしなかったからだ。㊿

このようなあけすけな物言いが公聴会の速記録に記されることはなかった。だが、多数意見の報告書には、次の主張が盛りこまれた。「情報の重要性について、もっと強い想像力ともっと鋭い注意力があったなら、……パールハーバーが日本の攻撃地点になりそうだと、誰かが結論したはずである」。この問題は、歴史を精査するとき繰り返し浮上する。たとえばゴードン・プランゲは、これを「心理的不用意」と表現し、ロバータ・ウォルステッターは「敵の行動について、予想を裏づける兆候にばかり注目しがちであるという人間の傾向」と呼んでいる。(51)

日本海軍の山本五十六司令官も、真珠湾攻撃の直後にしたためた二通の私信のなかで、アメリカ人の提督たちに似た、あからさまな表現を残している。一二月一九日、山本は、仲間の海軍司令官への手紙に、敵の過信と怠慢という幸運があったから、我々の奇襲は成功したと書いている[52]。

その二日後、アメリカの過信とはなにを意味するのか、友人の子息に宛てた手紙のなかで、山本はもっとはっきりと書いている。全文は次のとおりである。

たかむら・よしき様

拝復　開戦劈頭において敵を撃破しえた理由は、敵が無防備であり、かつ我らを軽んじていたからです。彼らは「油断大敵」「小敵とみて侮るなかれ」の大切さを、戦争だけではなく日々の事柄においても肝に銘じるべきでしょう。

学業に励み、心身を鍛錬ください。

敬具

山本五十六[53]

ハワイ奇襲がアメリカ人の士気を挫(くじ)くと期待していた山本五十六は、ひどい読み違いをしていた。しかしアメリカ人も、日本人の心理をおそろしく読み誤り、過小評価していたのである。日本が「侮蔑」され、「小敵」と軽んじられているという山本の認識ほど、キンメルの「あの黄色い野郎ども」

というあけすけな表現とぴったり符合するものがあるだろうか？

理性的に考えれば、互いをそのように認識することはありえないはずであった。アメリカが日本を潜在的な敵と認識するようになったのは、一九世紀から二〇世紀への変わり目にさかのぼる。それはちょうど、日本が一八九四―九五年の日清戦争と一九〇四―〇五年の日露戦争で、中国と帝政ロシアをたて続けに破って世界を驚かせ、数少ない帝国主義強国のひとつとして、西洋・白人・キリスト教の拡張主義諸国に仲間入りをした頃である。ニューヨークやロンドンの資本家は日露戦争で日本を支援し、欧米の観察者の多くは、日本人を勇猛な「太平洋のヤンキー（あるいは太平洋の英国人（ブリット））」と呼んだが、それは心底からの支援や称賛とは言いがたかった。日本と、その瞠目すべき「西欧化」に対する支援や称賛の裏側には、「黄禍」への恐怖があった。これまで西洋が独占してきた科学技術や兵器を、アジア人が手にすることへの警戒心である。[54]

一八九〇年代から真珠湾攻撃前夜まで、ハースト系の新聞のようなアメリカの有力メディアは、日本はアメリカ合衆国の直接の脅威であると執拗に論じていた。一九四五年九月、日本が正式に降伏すると、『ビジネス・ウィーク』誌の見開き二ページの広告は、「わがハースト紙は五〇年以上にわたり、日本には警戒すべしと、アメリカに警告してきた」と宣伝し、その例を自慢げに紹介した。一九〇五年の「驚くべき予言的マンガ」も再掲載してあった。日本兵がひとり、太陽を背にして朝鮮半島に立ち、その影が太平洋上に伸びて、アメリカ西海岸にまで達している絵柄である。他にも、一八九〇年代に「ハースト紙は、太平洋地域における合衆国の目的と利害にとって日本が「黄禍」であることを最初に指摘した」こと、一八九八年には「太平洋で強まりつつある日本の力への対抗手段として、合衆国はハワイ諸島を併合すべきだと強く促した」こと、一九一二年には「カリフォルニア南部を植民地化しようとする日本の企てについて注意を喚起した」ことなどを列挙しており、一九四一年には「ハースト紙は、パールハーバーに爆弾が落ちる寸前まで、海軍予算の増額と太平洋における海軍増強を要求し、警鐘を鳴らし続けた」と、誇らしげに述べた。55

こうしてみると、アメリカには有り余るほどの想像力と「心理的用意」があったようにみえる。事実、アメリカ合衆国は日本の台頭を考慮した戦略方針をとっていた。ハワイを一八九八年に併合し、一九〇五年以降、アメリカ海軍の戦略担当者たちは、日本を太平洋における主要な仮想敵国とみなした（むろん、日本のほかに仮想敵国になりうる国などなかったが）。第一次世界大戦の前に海軍が導入した有事計画には色別のコード名がつけられており、対日戦争計画のコード名は、「オレンジ」であった。ある推計によると、以後数十年間にわたって、海軍士官学校では「オレンジ」計画を少なくとも一二七回見直し、改良を加えた。56

東南アジアと南太平洋に進出しようとする日本の意図が明白になると、「抑止力」をよりはっきりと見せるために、一九四〇年五月、合衆国の太平洋艦隊は本土西海岸からハワイに移された。さらに真珠湾攻撃の数カ月前には、日本に見せつけるため、最新鋭の「空飛ぶ要塞」すなわちB17爆撃機がフィリピンの米軍に投入された。この米軍増強は、慎重なやり方で日本にリークされた。一九四一年一〇月、スティムソン陸軍長官は、この爆撃機の脅威が日本にシンガポール奪取を諦めさせ、「運がよければ、日本人を震えあがらせて枢軸関係から脱退させるかもしれない」と述べている。一九四一年、ハワイ駐留の陸軍と海軍は、日本との緊張がとみに高まったとして、三回（六月、七月、一〇月）

にわたって警戒態勢に入った[57]。

このような不信と警戒の歴史を引用するまでもなく、真珠湾攻撃に先立つ数年間における日本の軍艦、戦闘機、地上部隊の大増強をみるだけでも、日本が手強い敵になることは明らかだったと、今では思われるかもしれない。しかし当時のアメリカはそうは感じなかった。そのため、日本から不意打ちを受けたとき、アメリカは衝撃を受けただけでなく、日本軍の力量に強烈な不気味さを感じたのである。

だが、少なくとも、以上のことはまったくの予想外ではなかったはずであった。日本は一九三〇年代初めから「総力戦」遂行に向けて行動していた。「総力戦」の必要性は、第一次世界大戦の教訓であり、どこの国でも軍事戦略家たちは、次の大戦の際、いかにして国家の資源を総動員するかを考えていた[58]。一九三一年の満洲獲得によって国際社会から孤立した日本は、総力戦に向けた計画を加速させ、一九三二年以降、陸軍が日本政府内で優位に立つようになっていた。真珠湾攻撃の時点で、日本はすでに四年以上も中国と交戦していた。日中の紛争に終わりが見えなかったのは、軍部の力不足と行き過ぎた戦線拡張のせいとみられたが、その一方で、中国との戦争は日本軍に戦闘経験を積ませ、軍事技術の進歩を大いに促進してもいた。

以上の展開は、なんら秘密であったわけではない。しかしそれぞれの分野のエキスパートたちでさえ、このような展開をはっきりとは認識していなかった――少なくとも全体を把握してはいなかった。後から考えれば、アメリカを不意打ちした日本の軍事能力は、相当驚くべきものであった。日本の魚雷はアメリカのそれより進んでいた（真珠湾攻撃の直前に日本が開発した、航空機から発射されるフイン付きの魚雷は、浅い水深で進むことができたため、真珠湾攻撃の破壊力は高まった）。日本の音波探知機（ソナー）も、性能が低いとアメリカは信じていたが、実際は当時米軍が使用していた探知機より四、五倍も強力であった。一九四〇年八月に中国での戦闘に導入された高速の三菱「零戦」は、当時のアメリカのどの戦闘機よりも実戦力があった。にもかかわらず、アメリカはその航続距離、スピード、操縦性を過小評価していた。

こうした例は、まだある。下院公聴会での証言によれば、当時は日本のほうが「硝煙火薬、弾頭爆薬、光学装置などの重要な分野で良質な資材」を有していた。日本の軍用機の一九四一年一二月までの月別生産高は、アメリカが推計していた量の二倍以上もあった。日本の操縦士は集中的に訓練を受け、中国での戦闘で経験を積んでおり、世界でもとびきりのレベルにあった。アメリカ空軍史の公式記述によれば、「合衆国に対する戦闘行為を開始した〔日本の〕空母戦闘機群の操縦士は、平均して八〇〇時間以上の」飛行経験を有し、日本軍の「第一線の兵力」を構成しており、「太平洋地域の支配的地位にあった[59]」。

プランゲが強調したところによると、一九四一年一二月七日の時点で、「海軍航空戦力において、日本はほかのどの国をもはるかに凌駕していた」。イギリスの軍事史家H・P・ウィルモットは、「一九四一年一二月において、日本帝国海軍は、どの艦種においても、アメリカの太平洋艦隊、アジア艦隊より数において明らかに優っていた」し、決定的に重要だった航空母艦は、「日本が狙っていた標的国よりも優位にあった」。戦略上のテクニックにおいても、日本軍は開戦時の段階で「どの国にも引けをとらなかった」。ウィルモットは、一九三〇年代に日本が開発した一式陸上攻撃機（アメリカ側は「ベティ」と通称)は、「航続距離においてもスピードにおいても、世界で稼働していたどの中型爆撃機よりも優れていた」と指摘している。ほかにも、夜間射撃における並外れた技術と巡洋艦からの魚雷発射技術において、日本海軍が戦争初期に保持していた優位性に注目すべきだと指摘する資料もある。真珠湾襲撃が明らかにしたように、非常に大胆で複雑な作戦——とくに航空母艦が関与した作戦——を計画し準備する日本の海軍将校の能力は、アメリカの想像を超えていた。実際日本海軍は、計画の隅々まで思慮をめぐらし、これを着実に実行したのであった。(60)

アメリカのこの想像力の欠如を、どう説明すべきだろうか?

人種差別的な意識があったから油断したのだというのは、答えの一部になるだろう。しかし、それは一部にすぎない。日本人は単に「くそ野郎ども sons-of-bitches」だっただけではなく、「チビ little」であり、「黄色 yellow」であった。アメリカ英語では little yellow men は当時ありふれたフレーズで、ほとんどまとまった一語に聞こえるほどであった。黄色 yellow であることは異質であるだけでなく、(「黄禍」のように)どこか脅威を感じさせた。他方、チビ little という形容詞は、ひたすら侮蔑的である。単に「背丈の低い民族」というだけでなく、little という表現は、欧米の白人世界で尊重される能力や成果が本質的に低レベルであることを暗示していた。

このような侮蔑の念は、アメリカ人に特有というわけではなかった。「白人の責務 white man's burden」といった物言いに含まれたうぬぼれや、西洋のアジアへの拡張につきまとっていた、白人優越主義からくる嘲笑的悪意には、必ず侮蔑の念が潜んでいた。真珠湾攻撃の後、イギリスの堅固な前哨基地といわれたシンガポールに日本が攻め寄せて奪取したとき、イギリス人もアメリカ人と同じ

16 真珠湾攻撃に参加した6隻の航空母艦のひとつ「翔鶴」から離陸する雷撃機と，それを見送る乗組員たち．

17 真珠湾に向けて離陸する攻撃機を見送る将校．壁には，全力で任務を遂行せよとの訓示がチョークで書かれている．

18　空母から出撃準備中の日本の戦闘機．

19　真珠湾に停泊中の米戦艦群に最初の魚雷が命中．日本側撮影．

ように仰天した(そして人種差別的罵詈雑言をあびせた)。客観的事実が偏見を凌駕すると、人はそれは例外にすぎないと思い直しもする。(61)

とはいえ、こうした人種偏見的な要因だけで、真珠湾攻撃を予測できなかった原因は説明しつくせるものではない。東京から世界を見るとはどういうことか、アメリカ人には想像できなかったのである。日本人の視点からみれば、地球全体が激動し、深刻な危機のなかにあり、日本は絶望的な状況にあった。日本の大義は正しいが、事態は極度の困難に陥っていた。必要とあらば、いかなるリスクでも冒すほかに、もはや道はないのであった。(62)

理性、無謀、リスク

一九四一年の春以降に日本のトップレベルで行われた極秘の政策会議――軍事外交方針について天皇の承認を受ける「御前会議」をふくめて――は、そこに表れた思考法が日本独特というより、ごく普遍的であったという意味で、なかなか示唆に富む。日本の指導者たちにとって、満洲をふくむ中国が日本経済の生命線であるとか、中国での戦争は国の生き残りのために絶対に必要なばかりか、道にかなっているという前提に、疑問をさしはさむ余地はなかった。中国に侵攻し占領するなかで、日本はすでに何十万という兵士の生命を犠牲にしていた。真珠湾攻撃の前の交渉でアメリカが要求した中国大陸からの軍事的撤退など、論外であった。さらに、東南アジアの戦略物資を手に入れなければ、中国における軍事的手詰まり状態が打破できないのは明らかだとみられていた。時間切れは迫っていた。ある重要会議で企画院総裁が、「我が帝国の国力は日に日に衰えている」、「大東亜共栄圏」の創設が「わが国の安全と維持」とアジアの繁栄のみならず、究極的には「世界平和」をもたらすのだと説明したが、それに反論する者は、一人もいなかった[63]。

こうした考え方は、単なるプロパガンダではなかった。それはこの男たちが心底から信じていたことであり、彼らの議論や決定を導いていた前提であり、感情であった。だからこそ、この政策決定に携わった者たちは最終的に、アメリカ合衆国との関係を断ち、「南進」するほかに選択の余地はないと衆議一決したのである。一九四一年一一月初めの重要会議で東条首相は、アメリカの要求に屈するのは「国家の自殺」であり、「これ以上座視したら、二、三年後には、われわれは三流国になり下がるだろう」と述べた[64]。

連合国を相手に戦い、アジアにおける日本の地位を確立するという運命的な決断を裏打ちしたのが、分別があり合理的とも見えたいくつかの予測であった。すなわち、ヨーロッパでドイツが勝利するであろうこと。アメリカが大西洋側と太平洋側で二正面作戦を実行するのは困難であろうこと。アメリカ国内で孤立主義的世論が強まっていること。太平洋地域で戦争が長期化すれば、戦争への異議がアメリカ国内でさらに高まるだろうこと。そして、アメリカ合衆国指導部にも、ジョセフ・グルーに代表されるような、中国の「カオスと共産主義」に対抗する「安定勢力」としての日本の役割を期待する見方があること。こうした理由に加えて、アメリカでは次のような主張もあった――たしかに、日本はアメリカのような工業力が欠けている。だが日本は巨大な陸軍と海軍を有し、空軍を含めたその軍事力は中国での戦闘で熟練をとげており、アメリカ人がどんなに闘志をかきたてようとも、天皇の忠臣たる兵士・水兵たちの団結心には到底かなわないだろうと（マッカーサー将軍は、敗戦日本に到着後数カ月たった頃、あるイギリス外交官との雑談のなかで、フィリピンで遭遇した日本軍のような兵士がもらえるなら、「私の眼玉だってくれてやる」と語った)。これらを考慮すると、戦争開始後、いずれかの時点でアメリカ合衆国との交渉が妥結し、アジアの平和の維持のために双方が協力するかたちで戦争が終わるだろうと日本が期待したとしても、あながち不合理ではなかった⑥⑤。

歴史に「もし」をもちこんでみると、戦争を企てた日本人たちの楽観的態度が理解しやすくなる。真珠湾以後、日本が三年半以上にわたって戦争を続けられたのは、アメリカ合衆国が欧州戦を優先したことに、かなりの程度負っていた。ゆえに日本にもう少し運があり、戦略的にも抜け目がなかったなら、日本はさらに長く戦争を維持できたかもしれない。たとえば、もし(一)日本が戦争への危うい坂道を下っているときにドイツがソ連を攻撃せず、ヨーロッパ戦線で英米軍に対する抵抗力をドイツが温存できていたら、(二)真珠湾攻撃時に米航空母艦がたまたま外洋を航行中ではなくて、パールハーバーに停泊中だったら、(三)真珠湾攻撃隊が第三波をくりだして、修理施設や重要な燃料施設を襲撃し、破壊していたら、(四)日本が一九四二年に軍事暗号を変更していて、そのためにパールハーバー以後、アメリカの暗号解読能力が阻害されていたら(実際には、アメリカによる日本の暗号解読は、ミッドウェイなどの重要海戦はもちろん、米潜水艦による日本の戦艦や商船の大量破壊に決定的に重要な役割を果たした)、(五)日本の海軍司令官たちが、ミッドウェイやソロモンといった重要な海戦でもう少し慎重だったら……いったいどうなっていただろう?(究極の反事実的仮定は、もし日本が、真珠湾とフィリピン〔どちらもアメリカ領〕を一九四一年一二月の攻撃から除外していたらどうなったか、である。復讐を前面に押し立ててアメリカ国民を団結させた「リメンバー・パールハーバー」の憤怒はなかったことになり、孤立派の反対を押し切ってまで宣戦布告をすべきか否かの決断を、ルーズベルト政権は強いられたであろう）

歴史では、「もし……だったら」という仮想はほぼ無限に続けられるものだが、軍事史ではそれがとくに多いかもしれない（西洋世界でいえば、ソ連攻撃というヒトラーの失策がなかったら……というのは、大きな戦略的「もし」の例である）。とはいえ、日本が死に物狂いになっているということと、だからといって極限のリスクまで進んで冒すかどうかとのあいだには、軍事戦略的には多少の距離があった。もちろん、真珠湾襲撃がアメリカ人の心理に与える影響を誤算し、アメリカ人の士気阻喪につながるだろうと日本が期待したのは、合理的ではなかった。しかし、アメリカにしても、日本が中国から全面撤退できないことを知っており、西欧列強が戦略物資の禁輸を解除しないかぎり、日本は東南アジアに進出するほかないことを知っていたにもかかわらず、日本がアメリカを直接攻撃する可能性を無視したことは、アメリカ指導層の重大な過失であった。

政治家と同じく、軍人は歴史の都合のいいところだけを利用したり、過去の苦難や栄光の象徴や古いレトリックを好んで使ったりする。一九四五年九月、東京湾のミズーリ艦上でマッカーサーが日本の降伏を受諾した日、朝の国旗掲揚で使われたのは一九四一年一二月七日にワシントンの議事堂に掲げられていた星条旗であった。その日、艦の壁に飾られて儀式を見下ろしていたのは、一八五三年にペリー提督が砲艦外交によって日本に鎖国の放棄を強要したとき、その旗艦にはためいていた星三一個の星条旗であった。一九四一年一二月七日の奇襲攻撃では、日本も似たような象徴を使った。攻撃隊がパールハーバーに近づいたとき、旗艦赤城はZ旗を掲揚した。それは三五年余り前の一九〇五年、日露戦争の勝敗を決した対馬沖の海戦で、司令官・東郷平八郎によって戦艦三笠のマストに掲げられ、「皇国の興廃此の一戦に在り、各員一層奮励努力せよ」のメッセージを発した旗であった。この対馬海戦では、バルチック海からはるばるやってきたロシアの巨大艦隊を東郷の最新鋭艦隊が打ち破り、日本は大国としてのしあがる道を開いたのであった。

真珠湾奇襲の少し前、あらかじめ天皇が隊員にむけて準備していた詔書〔天皇の意志を明示した公文書〕が、日本の連合艦隊司令長官によって読みあげられた――「惟フニ聯合艦隊ノ責務ハ極メテ重大ニシテ事ノ成敗ハ真ニ国家興廃ノ繫ル所タリ」。日本の最高統治者たる天皇は、連合艦隊が訓練を重ねてきた任務を完遂し、「敵軍ヲ剿滅シテ威武ヲ中外ニ宣揚」するものと信じていた[66]。一方にとっての屈辱は、他方にとっての輝かしい成果である。日本帝国は、そのどちらをとるか、命運をかけていた。

敵を助けてそそのかす

九・一一事件では、アルカイダはいかなる軍事組織も用いなかった。アメリカと外交交渉もしていなかった。そもそも国家ではないから、アメリカと交渉できるはずもなかった。オサマ・ビン・ラディンの野望は一九八八年のアルカイダ誕生以来、年を追うごとに肥大化していた。そしてアメリカの情報専門家たちも、アルカイダの「大イスラム帝国」構想には注目していた。だが、ビン・ラディンは一九三一年の満洲奪取以後の日本に比べられるようなアウタルキー――公式に確立した、自足的な勢力圏の軍事的・経済的支配――を追求していたわけではなかった[67]。

しかしここでも、パールハーバーと九・一一は、いくつかの点で対比してみる価値がある。日米開戦の前には、一九三一年の満洲奪取を端緒とする、緊張のいや増す一〇年間があった。イスラム主義テロリストの場合、アメリカ合衆国内での最初の攻撃は一九九三年のことで、このときは駐車中のワンボックスカーが爆発して、世界貿易センターにかなりの被害をおよぼした。これがアルカイダとつながっていたと認定されるまでには何年もかかった。一九九五年七月に公表された国家情報に関する予測は、将来合衆国内でテロ攻撃があるだろうと述べてはいた。だが、九・一一調査委員会によると、アルカイダの存在がはっきりと確認されたのは、ようやく一九九九年頃のことであった。それは国家安全保障会議のメンバーであったリチャード・クラークがアルカイダを「発見」したときから三年もたっていた。これはアルカイダが組織されてから一一年後、世界貿易センターが最初の攻撃を受けてから六年後、そして、九・一一攻撃の二年前である(68)。

一九四一年の攻撃も二〇〇一年の攻撃も、準備は入念に行われた。真珠湾攻撃は、前年一九四〇年の終わり、一二月頃に山本五十六海軍大将が発案し、最初の作戦計画は源田実中佐と大西瀧治郎少将によって翌年三月に作成された(大西少将は、一九四四年の後半、神風攻撃を推進した中心人物である)。四月には実戦準備に入り、航空機による魚雷攻撃訓練が五月と六月に始まった。ハワイ攻撃を含む「南進」作戦全体の机上演習は、九月一一日に東京で始まり、一〇日間に及んだ。

日本のハワイ作戦は、一九四一年一〇月半ばに(海軍)軍令部総長が基本的に承認し、天皇は一〇月二〇日から二五日にかけての、どこかの時点で説明を受けた。一〇月、艦隊は「本稽古」的な演習を開始し、作戦は一一月初めには軍令部によって最終的な承認が下された。一一月一七日、攻撃隊に選ばれた艦船が千島列島(日露戦争以降日本の支配下にあった)の択捉島・単冠湾に向けて出発し、そこから一一月二五日(日本時間では一一月二六日)、艦隊はハワイに向けて出航した。他方、アルカイダがどのように九・一一事件を準備したかについては情報が少なく、九・一一調査委員会は、九月一一日の攻撃は、「何年にもわたる計画の産物」だったと述べているだけである。(69)

やや挑発的に言えば、これら二つのアメリカへの奇襲は、事前にアメリカとの間にあい通じるもの、あるいは曖昧な交信のようなものがあった。日米間では、それはいくつかの形をとった。一九三七年の日本による中国侵攻と占領は、アメリカ国内に中国への同情と日本への非難を喚起したが、一九四〇年半ばになると、様々な方面から、日本を宥めるべきだという圧力が生じるようになった。「フォートレス〔砦〕・アメリカ」とか「アメリカ・ファースト」と呼ばれた活動に関わった孤立主義集団と、平和や反戦を標榜する団体は、アメリカ合衆国が国外の紛争から距離を置き、日本を刺激して敵対行為に至らないよう望んでいた。一九四一年一〇月の時点になってもまだ、「戦争の回避」を目的とするある非公式な会(極東関係を専門とする著名な学者も数名参加していた)が、日本と「うまく取引する」よう政府に要請したことがある。とくに一九三九年にドイツが電撃戦を開始して以降、政府レベルでも一般世論レベルでも、関心はアジアよりもヨーロッパに集中していた。欧州戦への関心が、アジアでの紛争への関与に反対する世論を強くしたのである。(70)

当然、日本の指導層はこのような対日感情に注目していたし、一般社会よりもアメリカ政府の関係者のあいだで融和的感情が顕著であることも知っていた。グルー駐日大使のように、日本は中国やソ連の率いる国際共産主義に対抗する砦になるという議論に、慎重ながらも同調する米政府高官もいた。

グルーは一九四〇年代半ばからしだいに日本の行動に批判的になったが、一九四一年九月の時点では、まだ「建設的な和解」をしきりと提唱していた[71]。

同様に、アメリカのビジネス界の状況も、日本にとって希望がもてる面があった。一九三七年のアメリカの対日輸出額は中国への輸出額の五倍以上であり、一九四〇年でもおよそ三倍であった。アメリカからの対日輸出の大きな部分を占めていたのは、航空燃料、原油、精油、くず鉄、鉄鋼といった戦略物資で、すべてが日本の軍備にとって不可欠なものであった。アメリカのビジネス界の雰囲気は、一九四〇年九月に『フォーチュン』誌に掲載された調査結果がよく示している。アメリカの大企業トップ七五〇社の経営者を含むおよそ「一万五〇〇〇人のビジネスマン」に意見を訊いたこの調査で、回答者の四〇パーセントが日本を「宥める」べきだとし、三五パーセントが「事の成り行きに任せる」を選んでいる[72]。

一九四〇年半ば、フランスがナチスの手に落ち、日本はフランス領インドシナの北半分に兵力を進め、九月、日独伊の枢軸三国が同盟を締結するに至って、アメリカはようやく対日輸出規制に本気になった。アメリカの懸念には植民地主義的関心が含まれていた。すなわち、東南アジアを失えば、イギリスが死活的に重要な資源を奪われることになるという怖れである。こうして、その後展開したのは、典型的な悪循環のシナリオであった。アメリカ政府が日本の武力侵略を阻止しようと経済的締めつけを強めれば強めるほど、日本の指導者たちは、わが帝国は絶体絶命の危機に瀕しているから、もはや武力による「南進」のほかに道はないと確信したのである。

イスラム・テロリズムの台頭には、日米関係と比較できるような経済的側面はない。しかし、九・

一一事件には、日米の場合に似た支援と宥和の前史があった。冷戦最後の一〇年間にアメリカ合衆国の戦略担当者たちは、ソビエト連邦の足元を横断し、中東から東に延びる反共の「イスラムの弧」ができる可能性に期待をかけていた。このような思いからアメリカは、パキスタンおよびサウジアラビアと密かに共同して、急進的ムジャーヒディーン（ジハードに参加する戦士）を募り、訓練し、武装させて、一九七九年から一九八九年にかけて、アフガニスタンで対ソ戦を展開させた。さらに一九八六年、ロナルド・レーガン大統領はホワイトハウスでムジャーヒディーンのリーダーと並んで写真に収まった。敬虔なカトリック信者であったCIA長官ウィリアム・ケーシーは、ウズベク語を使う聖戦の戦士たちのためのクルアーンの翻訳に資金援助をした。さらに驚くべきことに、キリスト教徒と急進的イスラム主義者は一神論において共通するがゆえに同族であると信じたワシントンは、狂信的な反ソ主義者たちに武器を供与した。スティーヴ・コルによれば、その武器のなかには「対空ミサイル、長距離狙撃ライフル、暗視ゴーグル、プラスチック爆弾遅延時限装置、電子迎撃装置」があった。さらに、この密かな支援のなかには、日本製のピックアップ・トラック、中国製およびエジプト製のロケット、対戦車ミサイル、および二〇〇〇本ないし二五〇〇本の熱追尾式スティンガー・ミサイルがあった。アメリカによる物的援助は（ビン・ラディンのような）アラブの志願兵ではなく、主としてアフガニスタンのレジスタンス軍向けであったが、アメリカ政府はむしろアラブ志願兵のほうを好意的に見ていた(73)。

二〇〇七年に暗殺されたパキスタンの政治指導者ベナジル・ブット〔イスラム圏最初の女性首相〕は、死の数日前に書きあげた著作のなかで、アメリカの現実的政治（リアルポリティーク）の近視眼ぶりを詳しく論じている。ブットによれば、アメリカはソ連を敵とするアフガニスタン戦争に秘密裡に関与したが（そのさい、ブットの国内の政敵はアメリカと緊密に協力した）、それによってパキスタンは犠牲を余儀なくされたのであり、それは目先を追うだけの西側の中東政策の一例であった。しかも、アメリカとヨーロッパ列強には「ダブル・スタンダード」を実行してきた長い歴史がある。すなわち、自由と発展を標榜しながら、実際の行動では独裁者たちを支援し、かつアフガニスタンでは過激なイスラム原理主義者たちをも支援した。何十年もかけて、西側は「気づかないうちに怪物フランケンシュタインを創りだした」とブットは結論づけている。ただ、この言葉は手厳しいが、少なからず不正直でもある。なぜなら、ブット自身、パキスタン首相を務めていたとき、一九八九年のソ連撤退後にアフガニスタンで起きた内乱に危機感をもち、一九九三年から一九九六年にかけて、のちにビン・ラディンに隠れ家を提供したタリバン過激派に対して、財政支援、援助物資、軍事顧問などをこっそり提供していたからである⑺⑷。

怪物には複数の創造主がいるものだ。しかし、だからといってアメリカが果たした役割が小さくなるわけではない。日本軍の陸海の兵士たちが中国戦線で熟練度を上げ、戦略物資の貿易を通してアメリカの支援を得たのと同じように、ムジャーヒディーンたち——かつてアメリカの代理兵士であり、ワシントンや米メディアでは「自由の戦士」と理想化されていた——も新たな使命に向けて準備を整え、鍛えぬかれた戦士としてアフガニスタンに現れたのであった。そして彼らに明確な使命を与えたのが、一九八八年にアフガニスタンで誕生したアルカイダであった。

「このアフガニスタンのテロ野郎」

アフガンのムスリム戦士たちは、ソビエト連邦に対して「不釣り合いな」勝利をおさめた。そのためイスラム過激派は、これならアメリカの軍事力にも勝てると信じるようになった。ビン・ラディンは、九・一一事件の三年以上前、テレビのインタビューで、軽武装の聖戦の兵士たちのアフガニスタンでの勝利が、「超大国なるものの神話を完膚なきまでに打ち砕いた」と豪語した(このインタビューは九・一一の九日後にアルジャジーラで再放映された)。これとは対照的に、アメリカの政策担当者たちはアフガニスタンでの経緯からほとんどなにも教訓を学んでいなかった。ソ連が崩壊すると、アメリカ政府の上層部はアフガニスタンに関心を持たなくなった。イスラム主義の反乱やテロの有効性を目撃したにもかかわらず、こうした反乱に対処するための軍事思想を米軍が真剣に発展させることもなかった。(75)

一九八九年、ソ連が屈辱にまみれた部隊をアフガニスタンから撤退させ、それを受けてワシントン当局がアフガニスタンを警戒のレーダーからはずしたときも、さらに、二〇〇一年にアメリカがアフガニスタンに侵攻し、タリバンを大敗させたときも、うち続く反乱を鎮圧するための戦略は真剣に検討されなかった。二〇〇六年頃から、イラクにおける反乱鎮圧戦略が遅ればせながら注目されるようになったが、アフガニスタンに関するかぎり、この無関心ぶりはブッシュ政権が終わるまでほぼ変わらなかった。その頃タリバンは急速に勢いを増し、再びビン・ラディンを助けてかくまうようになっていた。二〇〇九年初めにワシントンでオバマ新政権が発足したとき、駐ＮＡＴＯロシア大使がソ連撤退後の二〇年を振り返り、ソ連の撤退はアフガニスタンから抜け出せないアメリカの軍事活動が参考にすべき事例になるとして、こう指摘した。「アメリカはわれわれの犯した過ちをことごとく繰り返している。その上、彼らは新たな過ちを山のように積み上げている[76]」。

なぜ、アメリカの軍首脳部も政治指導者も、アルカイダやイスラム主義者を重大な脅威として真剣に受けとめなかったのか？　その原因の一部は、かつて日本の軍事能力を真剣にとらえなかったのと同じく、人種的傲慢と文化的蔑視にあるだろう。たとえば、一九九一年の湾岸戦争当時、在サウジアラビア大使だったチャールズ・フリーマンは、ソ連がアフガニスタンから撤退した後、ジハードの集団が台頭した事実に注意を向けさせようとしたが、ＣＩＡの首脳を含めて、米政府の誰もそれに関心を示さなかったといい、次のように回想している。「ワシントンの一部には、なぜわれわれがあんなところに出かけて、頭にタオルを巻いた連中と話をしなくちゃならないんだ、という態度があった[77]」。

一九九九年に解任されるまでＣＩＡの「ビン・ラディン・ユニット」を率いたマイケル・ショイヤーも同じような経験を語っているが、その口調はさらに辛辣である。ワシントンのトップや政策担当者たちは「えらくのぼせあがって、アメリカは無敵だと思っている。アメリカ以外の世界が、アメリカのようになりたいと思っていないなどとは、思いもよらない。二一世紀にアメリカ帝国を作ることがわれわれの使命だというのだ。とくに、不潔で、無学で、民主化されていない、白人でもない、髭も剃らない人間たち、反フェミニストのムスリム大衆に対しては、アメリカ帝国をつくることがわれわれの義務でもある、と」。これを「傲慢(それとも人種差別？)」と言わずして何と呼ぶのか、とショイヤーは続ける。「いくつもの言語を話し、長衣を着こんで、もじゃもじゃの顎鬚(あごひげ)をひけらかして、アフガンの砂漠や山で焚き火を囲んでしゃがみこんでいるアラブ人たちが、アメリカ合衆国の重大な脅威となりうる」などとは、こうしたエリートには想像もできなかったというのである[78]。

これは、日本人を「黄色いチビ男ども little yellow men」と呼んだのと同様の思考が、今度は中東を対象にしていたということである。政府と軍部の計画立案担当者たちは、一九四一年と同じく、敵をみくびり、自らの独善性の根深さも、相手方が巨大なリスクを引き受ける覚悟を固めていることも、理解できなかった。もっとも破滅的だったのは、複雑かつ想像力に富む侵略行為をやってのける知恵と実力を、敵がもっていると考えなかったことである。九・一一事件の五カ月前、ウォルフォウィッツ国防副長官が、ビン・ラディンを「このアフガニスタンのチビのテロリスト this little terrorist in Afghanistan」と一蹴したとき、同僚のなかに反論する者はいなかった。

九・一一で露呈された想像力の欠如。それを診断する用語は、パールハーバーの驚きを描写するために長く使われてきた用語と本質的に同じである。システムの崩壊、リーダーたちの怠慢、「心理的無防備」、「偏見と先入見」、「相手の意志や能力についてのひどい過小評価」。こうしてみると、まるで病理学の症例の教科書を見ているようである。ロバータ・ウォルステッターの言葉を借用すれば、九・一一事件の前、アメリカの(ごくわずかな例外を除いた)アナリストや政策決定者たちは、「敵の大胆さや才覚を予想する」ことができなかった。若い学生に宛てた山本五十六大将の手紙の表現を使うなら、ブッシュ政権の政策担当者たちは、「小敵と見て侮る」という傲慢さによって破滅したのである。キンメル海軍大将の端的な表現をもじって言えば、命令を下す地位にある者の誰も、あのムスリムのチビ野郎どもがこんなに派手な攻撃を、自国からこんなに遠い所でやってのけるとは、思いもよらなかったのである。

人は、自分が属する集団の視点からものを見る。だから二一世紀のテロリストたちは、アメリカからみればいくつもの意味で「チビ男ども little men」なのであった。人種的に、民族的に、文化的に、宗教的に異質だから「チビ」であり、六〇年前の日本と違って、さらにはソビエト連邦や中国や、さらにはイラク、イラン、北朝鮮とも違って、テロリストたちは国民国家ではなかったから「チビ」であった。リチャード・クラークは、ブッシュ政権がアルカイダの脅威を無視し、その結果九・一一への反応も誤ったことを批判したが、彼の言葉のなかでも大統領の側近にいたアドバイザーたちの事件直後の反応――まさかという感情――を語る部分は、際立っている。

一二日の朝、国防省はすでに、犯人はアルカイダではないだろうと思い始めていた。CIAはアルカイダが犯人だと断定していたが、ラムズフェルド〔当時国防長官〕の下にいたポール・ウォルフォウィッツは、納得していなかった。彼が言うには、国家の支援なしにテロ集団が独自に実行したにしては、作戦があまりに高度に洗練されていて複雑だ――背後にイラクがいるに違いない。

クラークは続けて、同じ九月一二日に、ブッシュ大統領が情報のエキスパートを「数人つかまえた」と記述している。そのなかにはクラーク自身も入っていた。「いいかい、君たち」と大統領は言った。「いろいろ忙しいと思うが、できるだけ早く、なにもかも、あらゆることを見直してもらいたい。サダムがあれをやったのか、確かめてくれ。どんな形にせよ、奴が関わっていないか確かめるんだ」[79]。

イラク侵攻後に知られるようになった彼らのこうした反応は、本心からのものだったとも解釈できるし、九・一一の蛮行を利用して、かねてから望んでいた対イラク戦争を始めようとしていたことを示すものと見ることもできる。おそらく、両方だったのであろう。九・一一調査委員会は、九・一一の攻撃によって露呈したアメリカの「四つの欠如」のひとつとして、「想像力 imagination」を挙げている（ほかは「政策」「能力」「管理」の三つ）。委員会は、これを是正する方法として「想像力を制度化すること」まで推奨している。巨大な官僚組織がこの提言を重く受けとめ、各種委員会を組織し、フローチャートを作り、ついには超極秘の国家想像力局ＮＩＡ(National Imagination Agency)を設置する――われわれは、そういう姿まで思い描けるかもしれない[80]。

＊

予期せぬ大惨事によって、「チビども」が恐るべき敵であることがわかったとき、どういう変化が起こるか。九・一一調査委員会は、そのことについて短くコメントしている。

アルカイダとその仲間は世界中に存在し、適応力と回復力があり、高度な組織をほとんど必要とせず、どんなこともできるものと一般に考えられている。アメリカ国民は、アルカイダが全能で無敵の怪物ヒュドラ（九つの頭をもった海蛇）であるかのようなイメージを持たされているのである。このイメージは、アメリカ政府の秩序維持力に対する国民の信頼を低下させている。

ここで九・一一調査委員会が描きだしているのは、ある反テロ担当の高官が「スーパーマン・シナリオ」と呼んだものである。「ムスリムのチビ野郎ども」がショッキングな成功を遂げ、突如として、それまで夢にも思わなかったパワーと能力を得たので、全地球は宣戦布告を急がねば、というのである。だが、何に対しての宣戦布告か？　それはテロという戦術に対してだ。そして、アルカイダが、あるいは別のテロリストたちが、大量破壊兵器を手に入れるかもしれないという最悪のシナリオに対しての宣戦布告だ——。こうした誇大な幻想を鎮めようとする著作が、テロ関係の出版物のひとつのジャンルにまでなった。ある反テロ専門家がアルカイダについて語ったように、「その組織も、その強みも弱みも理解できず、わたしたちはテロリストがブギーマン〔子どもをおどすためのお化け〕だというイメージを広げてしまった」。別の著者は、「あいつらは背丈が一〇フィート〔約三メートル〕もあるのか？」と問いかけ、これに答えることが必要だと真剣に考察した。結論は、「いや、あいつらにそんな背丈はない」であった[81]。

パールハーバーの後にも、似たような混乱が生じた。アメリカ人にとって、日本人は一夜にしてチビ野郎からスーパーマンに姿を変えた。一九四三年から一九四四年に入って、戦況が明らかに日本に不利になるまでは、アメリカの漫画に描かれた日本人は怪物のように大きな姿に描かれることが多かった。後の九・一一調査委員会に似て、対日戦当時、冷静な論評をした者たちは、日本人の資質や能力を誇張しすぎるとアメリカの士気が挫かれる危険があると警告した。二〇〇一年の九・一一の後、アルカイダの怪獣の幻影に負けてはいけないと主張したい者にとって、五〇年以上前、一九四二年三月の『ニューヨーク・タイムズ・マガジン』日曜版に載った記事は、良い見本になりそうであった。その記事のタイトルはこうである。「日本人がスーパーマンだって？　それはやっぱり幻想だ[82]」。

第四章

無垢、邪悪、忘却

無垢

一九四二年、ハリウッドの巨匠・ジョン・フォード監督はモノクロのドキュメンタリー映画を制作した。『一二月七日 December 7th』と題するこの作品は、当初は八二分の長さだったが、劇場公開前に三四分にカットされ、一九四三年度アカデミー賞の短編ベストドキュメンタリー賞を獲得した。

カット前の『一二月七日』は、めったにないほど生々しく露骨である。映画の幕開けはハワイの快適そうなバンガロー風の家。サムは典型的なアメリカ市民で、空想家で理想家肌の、おっとりした男。彼は自分の良心の化身であるCという名の人物を相手に議論している。C〔conscience（良心）の頭文字〕は、ああ、惜しいなあと言いながらいつも首を横に振るような、シニカルなタイプである。時は一九四一年一二月六日。サムはハワイの美しさ、平穏さ、豊かな経済（パイナップルやサトウキビの栽培、取り引き等々）、住民の民族的多様性の素晴らしさについて、延々としゃべる。ありとあらゆる民族——その多くがアジア系——を代表する若い女性がカメラに向かって、笑顔で自分の民族名を（ときに舌足らずの英語で）告げる。

Cは、彼らはアメリカ人だというが、ここは住民の三七パーセントが日系だ、そこに気がつかないなんて、君はセンチメンタルな愚か者だね、とサムに告げる。彼らのしぐさはアメリカナイズされているし、合衆国に忠誠を誓っているようにも見える。ボーイスカウト、ガールスカウト、米国民の忠誠の誓いを暗唱する子どもたちが画面に現われ、真面目なコミュニティリーダーが完璧な英語で愛国心を讃えて演説している。そういう場面が続いたあと、Cは言う。だが、この連中は日本語学校を経営し、神道という「宗教まがいの」異端の教えを信仰し、祖先と日本の天皇への崇拝を義務だと思っているのだ。「もしこれがアメリカだというなら、えらく異国風のアメリカだぜ」。

Cが穏やかに、筋道立ててしゃべっているあいだ、ジョン・フォードのカメラはハワイに住む様々な日系人にフォーカスする。海軍将校クラブの庭師、小舟で漁をする漁師、タクシー運転手、床屋の若い女、寂しがりの白人水兵とダンスホールでおしゃべりをしているきれいな娘、妙に米軍施設に近いところで暮らしている、一見ふつうの家族――みんなスパイなのだ。身なりを整えた家族が居間のラジオに集まって、日本語放送に耳を傾けている。日本の表意文字で書かれた商店の看板がちらっと画面をよぎる。背景の音楽に、耳障りな銅鑼の音が侵入してくる。

執拗に言いたてるCに、サムが応じる――たしかに、フィリピンやシンガポールで何か起きるかもしれない。でも、ここでは何も起きないさ。それにここは「人種の坩堝(るつぼ)」だし……。カメラが、のどかな海岸風景をなでるように映しだし、「アロハオエ」の歌声が聞こえてくると、サムはうとうとと眠りにおち、世界が戦争になっている夢をみる。目が覚めると、時はすでに一二月七日、日曜日の早朝である。

フォードが描いた奇襲攻撃の場面は本物のように見えるが、ほぼすべて、後で制作した画像である。九・一一事件と違って、パールハーバーの奇襲場面については、本物の映写は残っていないからである。港に錨をおろした太平洋艦隊、ヒッカム飛行場に整列した飛行機、野球ボールで遊ぶ水兵たち、海辺のヤシの木の下で、兵士たちを前に野外ミサをしている白髪の神父。神父は、愛する人に忘れずクリスマスの贈物をしましょうと諭す。するとその直後、日本軍の戦闘機の第一波が姿を現わす――どこからともなく、「まるでイナゴの群れのように」近づいてくる機体のブーンという唸り音が執拗に続く。そこにナレーターの劇的な声が重なる――「地獄の扉が開いた。人間のつくった地獄、いや、日本製の地獄だ」。

『一二月七日』の奇襲攻撃の場面は、当時としてはめったにない出来栄えで、今日でも見ていられないほど痛々しい。短いバージョンのほうを見ても、まるでフォードが混沌と虐殺に魅入られて、カメラを止めるのを忘れたかのような観がある。敵機はあちこちから押しよせ、襲来は永遠に続くかのようである。アメリカ兵たちは不意を突かれ、持ち場に駆けもどろうとするところを、繰り返し銃撃される。カメラは飛行場から飛行場へ、軍艦から軍艦へと動きまわる。飛行場も軍艦も爆破され、炎をあげて焼けおちる。ナレーターはルーズベルトの有名なフレーズ「屈辱の日 a date which will live in infamy」を何度も繰り返し、痛ましい声で、死者は二三四三人であったと告げる。

ここで場面は墓地に変わる。襲撃で亡くなった七人の男たちの肖像がゆっくりと映しだされ、故郷の物言わぬ遺族たちの短い映像が続く――父母、妻、そして、死んだ男が見ることのなかった生まれたばかりの赤ん坊(男の誕生日に生まれ、男と同じ名前をつけられている)。死んだ男たちは出身地も職業も様々で、アメリカ社会の多様性を反映しているのだが、アジア系は一人もいない。全員の声を同じナレーターが語り、その訳を説明する――「われわれはみな同じ。われわれはみなアメリカ人」。

ラッパが鳴り、カメラが空を背景にしたヤシの木を映すと、日本の煽動家がかん高い声で「我が国の大勝利」を得々と言いたてる場面に変わる。ナレーターが、ミスター・トージョー、君は間違っているのだと告げると、一連の短いカットがくりだされる。はつらつとした音楽を背景に、パールハーバーで船の引き揚げや修理が盛んに行われている。砂浜には有刺鉄線の束が置かれ、グロテスクなガスマスクをつけた学童たちが防空演習をしている。戦争に備えるハワイだ。「剣をとる者は剣にて滅ぶ」という聖書の言葉が流れる。最後に、なだらかに起伏する斜面に無数の白い十字架が並んでいる墓地のなかを軍服姿の男が二人、熱心に語りあいながら歩いている。ひとりは一二月七日に死んだ水兵、もうひとりは第一次世界大戦で戦死した兵士。ふたりとも幽霊だ。兵士のほうが言う――これは前にも見た光景だ。誰も学ぶということをしない。戦争は無数にあったし、これからもあるだろう――。すると若い水兵が、いや、今度は違うんだ、と言い返す。ふたりの会話は、野球の比喩をつかって展開する。たくさんの連合国の旗が画面いっぱいにひるがえり、勝利を表わすV字の編隊を組んで飛ぶアメリカの戦闘機が現れると、この戦争は「平和」という名のワールドシリーズのペナントを勝ち取って終わるだろうというナレーションが流れて、映画は終わる。

パールハーバーへの反応のなかでも、『一二月七日』のノーカット版くらい、どぎつく、悲嘆を表に出し、感情をかきたて、人種差別的で、理想主義的で、楽観的で、しかも矛盾に満ちたものはまずないだろう。ジョン・フォードは、「外国系」アメリカ人が「破壊工作」をすると思い込んだ。「日系アメリカ人という内なる脅威」というフォードの強迫観念は、パールハーバーのキンメル海軍大将とショート陸軍中将が、現実の日本の脅威を見逃したことと完璧に対応している。だが、それは事の一面にすぎない。たぶん『一二月七日』は、当時の人種差別的風潮をどの情報源よりも強力に伝えている。この一九四二年には、アメリカ合衆国本土(ハワイは含まれない)西海岸に住むおよそ一一万人の日系アメリカ人が収容所に監禁された(連邦議会と大統領府がこの事実を公式に謝罪したのは、ようやく一九八八年になってからであった)。日系人の強制収容もフォードの『一二月七日』の制作も、日系人コミュニティによる破壊工作は存在しなかったことが明らかになった後に行われた[83]。

九・一一では、かつてパールハーバーの奇襲後に日系アメリカ人に恥ずべき処遇をしてしまったことを思い出すべきだとする記事が掲載され、ブッシュ大統領はムスリムやアラブの代表者とともに公の場に姿を現わして、敵はイスラムのテロリストであり、イスラム系のコミュニティでもなければ、中東在住の人々や中東出身の人々全員でもないことを強調した。この点では、健全な教訓がパールハーバーの体験からひきだされたといえる。そのためか、日系アメリカ人への集団的虐待に匹敵するような、イスラム教徒やアラブ系住民に対する排斥も起こらなかった。

しかし、一九八八年に日系人への謝罪で認定されたはずの、より大きな教訓は無視されたばかりか、不当なまでに脇に押しやられた。九・一一の後には、「破壊工作(サボタージュ)」の代わりに「テロリズム」という言葉が、まさに民主社会の土台への侵害を正当化するために使われた。市民的自由、人権、憲法に定められた三権の相互抑制機能、人身保護の原則、法の支配――こうしたものすべてが、次の攻撃を恐れた政府によって、隠然あるいは公然と侵害された。「テロとの戦い」に関連した法令と、「本土防衛」のための規制、修正主義的法律解釈(拷問の許容を含む)による人権とデモクラシーの蹂躙ぶりは、ルーズベルトが日系アメリカ人の公民権停止を発動させた、かの悪名高い「大統領令九〇六六号」よりもっと無差別で悪質と批判されてもおかしくなかった[84]。

20 家族の所持品とともに，日系アメリカ人の少女が収容手続きをする集会所に向かうバスを待っている．カリフォルニア州，1942年4月．

＊

『一二月七日』のロングバージョンがもっていた人種差別な表現は、最終的には編集でカットされたが、殺傷の再現シーンは残った。それから半世紀以上が過ぎ、今では暴力が大小の画面を席巻するようになったが、『一二月七日』の地獄絵は今でも注目を引く。勇敢なアメリカ人が日本機を一、二機撃ち落とす場面も挿入されてはいるが、全体に、罪なき人々が殺戮されたという圧倒的な印象が伝わってくる。

『一二月七日』の殺傷シーンは、九・一一の後にわれわれが目にしたどの映像よりも生々しい。世界貿易センターが破壊され、炎から逃れようと高層ビルから跳び降りる男や女の、心臓の凍りつくような写真は、メディアに短期間登場しただけで忽然と消えたし、

21 日系アメリカ人「移転キャンプ」(強制収容所)の砂嵐．カリフォルニア州マンザナー，1942年7月．

崩壊物に埋もれた遺体もめったに映し出されることはなかった。ところが、『一二月七日』のフォードは、じつに写実的に、虐殺される罪なき子羊——ほとんどが名もなき水兵や兵士——を描いている。九・一一後と違って、フォードが犠牲になった兵たちをあれほど長々と表現できたのは、おそらくどの兵も無名だったからであろう。

映画『一二月七日』が、はっきりと後の九・一一事件の前触れ的表現になっているのは、アメリカへの襲撃がアメリカ人の憤怒を引き起こす場面である(奇襲がアメリカ人の「戦意を挫く」という日本の浅はかな期待とは逆であった)。映画の末尾の数分間も、ある種の前例となっている。それは犠牲者のための葬儀シーンを映すだけでなく、本物の人間たちを紹介することで、より親密感のある、効果的な場面となっているのである。犠牲者の写真、名前、アメリカのどの地域の出身か、遺族の無声の映像――。このシーンは、深い感銘を与える。たんに死亡者の数や軍人たちが銃撃される演出シーンと違って、犠牲者ひとりひとりの人格を再現しているからである。パールハーバーの当時は黒人差別法があり、軍隊にも人種差別が厳然と存在した時代であった。そういう時代に、「われらアメリカ人」的なシーンを連続して見せることによって、アメリカは「人種の坩堝」だという神話がまるで現実であるかのように謳われている。これは第二次世界大戦中、ハリウッド映画のお気に入りのテーマとなり、映画史家が「多民族プラトーン〔小隊〕」と呼ぶタイプの作品によくみられた[85]。

九・一一事件の後、多くの報道機関が『一二月七日』に似た方法でテロの犠牲者に賛辞を捧げた。たとえば『ニューヨーク・タイムズ』は、世界貿易センターの犠牲者たちの肖像写真に短い経歴をつけて掲載した。当然、これは何週間も続くシリーズになった。誰もが、明るく晴れた朝、いつものように仕事をしていた人々だった。誰もが希望をもって生きていた。希望はそれぞれ違っていたが、誰もが――『一二月七日』のなかの犠牲者たちと同じく――ひとつの声で語っていた。

このように現実の人々が描写されると、われわれは心がつぶれるような思いがする。そして、一九四一年も二〇〇一年も、その具体的状況――清らかな日曜日の朝のハワイ、活力のある街、世界貿易の中枢としてのマンハッタン――によって、汚れのない者が犠牲になったという感覚がいっそう強くなる。九・一一の場合、国の心臓部の非軍事都市が攻撃されたので、自分たちは侵犯されたのだという感覚はハワイよりも強いものがあった。

こうして、「パールハーバー」と同じく「九・一一」は、罪なきアメリカを生々しく象徴する記号となったのである。

邪悪

九月一一日、国務副長官リチャード・アーミテージは、ワシントンを訪れていたパキスタンの軍統合情報局長と面会した。アーミテージは局長に、「今日、歴史が始まる」と告げ、のちに全国放送のテレビ番組で同じ言葉を繰り返した。これがワシントンの権力集団の決まり文句となった。プロローグとなる過去など存在しない。あの飛行機が世界貿易センターを破壊し、ペンタゴンに突っ込んだとき、すべては始まったのだ。元国防省高官で、ネオコンの外交政策集団で強い影響力をふるったリチャード・パールが、後にこの見方を直接、大統領執務室にもちこんだ。あるインタビューでパールは、「九・一一は大統領の思考に深い影響を与えた。世界は九・一一をもって始まった。理性でわかる歴史などないのだ」と語った[86]。

ブッシュ政権は、自身の政治的目的から第二次世界大戦を分析したが、近代における西洋と中東の相互交流には、一顧だにしなかった。この点で、修辞上のリーダーになったのはブッシュ大統領本人である。九月二〇日、彼は連邦議会での演説で、加害者はひたすら邪悪であり、なんの警告もなんの理由もそれらしい大義も説明も、なにもないままわが国は攻撃されたのだと述べた。ホワイトハウスのスピーチライターのひとり(デイヴィッド・フラム)は、のちにこの演説を褒めちぎり、こう力説した――この演説は「そこで言われたことだけでなく、言われなかったことのゆえに素晴らしかった。あのテロ攻撃はアメリカ合衆国が自ら招いたものだという主張を、この演説は実質的に否定した――

というより、そんな主張には目もくれなかったのだ」[87]。

この演説のなかで、のちにもっとも頻繁に引用されたフレーズは、「彼らはわれわれの自由を憎んでいる"They hate our freedoms."」であった。このフレーズも呪文のように繰り返され、アルカイダのみならずテロリスト全般について使われるようになった。われわれは泣き言を言わないとか、合衆国の政策や実績を深刻に見直したりしないという大統領の言葉は、アメリカ国内では政治的明快さと精神的強靭さの証しとして賞賛された。このような、白か黒かを完全に分けてしまう発想が、後に続く「テロとの戦い」へと具体化していく。いまや、あれは悪だとかアメリカの自由への憎しみだといったレトリックだけで十分であり、敵を理解する必要などなくなったのである。

これがブッシュ政権の世界観の、ぶれることのない中心軸となった。九・一一から三日後の「国民の祈りと追悼の日」に、大統領はこう宣言した。「歴史に対するわれわれの責任は明確である。これらの攻撃に応答し、世界から悪を取り除くことだ」。それから二日後の九月一六日、ブッシュはジャーナリストたちとのやりとりのなかでこのテロとの戦いを「十字軍（クルセード）」と呼び、国際的な抗議を招いた。イスラム教徒やアラブ人にとって、この言葉は彼らの土地を侵略し破壊した中世のキリスト教徒を想起させたからである。しかも、ジャーナリストたちとの台本なしのこのやりとりのなかで大統領は、「十字軍」という前に「邪悪な（イーヴル）」という言葉も使った。「この世界には邪悪な者たちがいる……あそこには今も邪悪な連中が潜んでいる」ことを、九月一一日は警告していると言ったのである[88]。

アルカイダが反動的で残忍な組織であることに、疑問の余地はなかった。九・一一は、この組織の根本教義を書いたいくつかの小冊子（著者は「ファドル博士」のペンネームで知られるサイイド・イ

22 よく知られたポスター．9.11 事件から 1 週間後，マンハッタンの金融街で撮影．

マーム・アルシャリーフ）の論理的な帰結であった。それによると、彼らの極端な原理主義に従わない者は、たとえイスラム教徒であっても無差別に殺すべきだというのであった。そのため、急進的イスラム主義者にまともな大義などないという理解も広まった。こうして、中東のほぼ全域であがっていた反西欧論を真面目に理解しようという態度は阻まれた。「あの人殺したちの怒りは、われわれの行為が招いたものではない」（のちのブッシュ大統領の演説）という主張は、すでに九・一一の前から、まるで聖書の福音（ゴスペル）のように保守集団の内部で流布していた。たとえば、一九九八年八月、アルカイダによるケニアおよびタンザニアのアメリカ大使館爆撃事件の後、レーガン政権時代に国務省の反テロ担当大使だったルイス・ポール・ブレマー三世は、その三年後の九月二〇日のブッシュの大統領演説の

23 アルカイダによる攻撃から18カ月後の2003年4月15日，愛国的な絵を背景に，第五艦隊の兵に演説する司令官ティモシー・K. キーティング米海軍中将〔絵の下に「われわれは9.11を忘れない」という文字が見える〕. 第五艦隊は，テロとのグローバルな戦争のひとつとしてのイラク侵略(「イラクの自由作戦」)に動員された.

草稿になったといってもおかしくないような調子で、テレビ番組でこう主張した。「現実問題として、ビン・ラディンのような人間を政治的に満足させるためにわれわれができることは、何もありません。ビン・ラディンがわれわれに抱く、いわゆる失望の根本原因なるものに取り組んでもなんの意味もないのです。彼のテロの根本的理由は、われわれという存在そのものにあります。彼はアメリカが気に入らない。彼はわれわれの社会が気に入らない。彼はわれわれが代表しているものが気に入らない。彼はわれわれの価値観が気に入らない。合衆国が存在しなくなること以外に、彼が満足する方法はないのです⑻」。

九・一一後、民間の有力な政権サポーターたちが、この「われわれの自由を憎んでいる」説を広めた。たとえば、軍事史家のヴィクター・デイヴィス・ハンソンは、九・一一から九日後に議論に参加し、「目前の邪悪」との戦いによって根絶すべき「戦争神話」を列挙した。なかでも、アメリカがかき立てたアラブ世界の憎しみにも、もっともなところがあるという議論ほど「真実からかけ離れているものはない」と述べた。事実は逆だ、アメリカに対して根本から敵対している過激派は、「中世世界の永遠の静止状態に固執」しているのであって、アルカイダが行った九・一一の残虐行為は、「飢えや搾取からきたのではなく、憎しみと嫉妬に駆り立てられた殺人」なのだと。「テロリストたちがわれわれを憎んでいるのは、われわれの行為のゆえではなく、われわれがわれわれだからだ」というハンソンの結論は、根拠に乏しかったとはいえ明快であった。そして彼の処方箋も同じくらい明快だった。「戦争がなにかを解決したことはない」と考えてはいけない。それどころか、「二〇世紀の三大惨禍、すなわちナチズム、日本軍国主義、ソビエト共産主義は、戦争と粘り強い軍事的抵抗によって打ち破られた」ではないか。ハンソンは、「戦争は我らの父」というヘラクレイトスの言葉を引用し、だから現在あるこの悪を根絶するためには、アメリカ合衆国は高いモラルを掲げ、必要とあらば「単独で行動する」用意がなければならないと主張した(90)。

このように、アメリカの単独軍事行動を高らかに呼びかける声は、イラクという国民国家へと「邪悪」が移転する先触れとなった。二〇〇二年一月の大統領一般教書演説の主眼は、そこにあった。この演説でブッシュ大統領は、テロの脅威をイラク、イラン、北朝鮮からなる「悪の枢軸」に結びつけた。その数カ月後、陸軍士官学校の卒業式で、先制攻撃を唱える「ブッシュ・ドクトリン」が初めて公式に語られ、これによって「悪との闘い」はアメリカ合衆国の最優先政策となった。大統領は、

〈ビン・ラディンを支持する人々〉

24 パキスタンのカラチ，2001年10月7日．

25, 26 左：ロンドン，2001年9月18日．右：インドネシアのジャカルタ，2001年9月21日．左のアラビア語で書かれた垂れ幕には「アッラーのほかに神なし．ムハンマドはアッラーの使者」とある．

27 9.11から3周年の日，パキスタン国境近くのチャマンで，ビン・ラディンのポスターに見入るアフガニスタンの少年．

「守るべき国も国民ももたない、得体の知れないテロリスト・ネットワーク」や「判断力を欠いた、大量破壊兵器をもつ独裁者たち」がいるこの世界では、「抑止と封じ込めという冷戦の思想」はもはや頼りにならないと宣言した。九・一一を経た今、世界が直面している脅威は、黙示録的なレトリックでしか表現できない。

正義と残虐、罪なき者と罪を犯した者。そこには中間などありえません。われわれは善と悪との戦いのなかにいるのです。アメリカは、悪を悪と明言します。

この戦いにあっては、安全で公正で平和な世界を実現するために、合衆国は「座して待つのではなく、敵を探し出して戦いを仕掛ける」ほかに選択肢はないとされた。

このブッシュ・ドクトリンは、アメリカの武装と軍国主義的政策を、かつてないレベルまで押し上げた。アメリカ合衆国は、外交が行き詰まれば武力の行使も躊躇しない。国際合意がアメリカの足枷になるときは、合意を拒否するか脱退する。必要な場合はいつでも一方的に行動し、敵とみなしたものに対しては先制的軍事行動をとる。たとえ非交戦国の領土であっても、極秘の「特殊部隊」による隠密作戦をいっそう強化する。バンカー・バスター爆弾や小型核爆弾を戦術的に使用するだけでなく、核兵器の先制的使用の可能性も探る。軍事基地ネットワークを世界中で再編し拡大する(この時点で、海外基地は七〇〇を上回っていた)。宇宙における軍事的覇権を拡大し、維持する。ネオコンのイデオロギー的中核をなす特異な「デモクラシー」構想――経済の極端なまでの自由化と、外国資本、とくにアメリカ資本に大きく門戸を開いた市場経済――を海外でも最大限に実現する。ジェームズ・キャロルがいみじくも言ったように、これらこそ、ブッシュ政権が「聖なる暴力」の十字軍を開始した目的であった[91]。

以上が、二〇〇三年三月のイラク侵攻への序奏であった。

忘却

アメリカに対する苦言は受けつけない。それどころか、苦言が存在することとさえ認めない。大統領執務室(オーバル・オフィス)のこの神学は、まるで石が水をはじくように、現実を受け入れなくなっていた。九・一一から三年後――つまりイラク侵攻開始から一八カ月後――ペンタゴンが編成した特別調査団は、「悪」という観念を政治化するのはやめるべきであり、イスラム教徒はわれわれの自由を憎んでいるのではなく、われわれの政策を憎んでいることを強調すべきだと報告した。テロリストのネットワークが「イスラム内で変容しながら拡散しており、二〇世紀における寛容と全体主義の対立は継続中」であることは事実であるが、「アメリカ合衆国は、思想をめぐるグローバルな格闘の最中にあるが、西側一般とイスラムが戦争をしているのではない。このことをわれわれは理解しなければならない」と強調した。同時に、九・一一後のアフガニスタンとイラクへの米軍の侵攻が、怒り、不安定、被害を生み、それが反抗を引き起こしている事実を列挙し、次のように指摘した。「圧倒的多数の人々は、イスラエルに有利でパレスチナの権利に不利な、一方的支援と見えるものに反対の声を上げており、イスラム教徒が専制国家とみなしている国家――とりわけエジプト、サウジアラビア、ヨルダン、パキスタン、湾岸諸国へのアメリカの支援が長期にわたっており、増強さえされていることに抗議している」[92]。

それから数カ月たった二〇〇五年一月、ペンタゴンの国防科学委員会に提出された特別調査団の報告書の「補足文書」は、ブッシュ政権の戦争計画者の狭量と独善を、いっそう手厳しく批判している。「率直に言って、彼ら〔ブッシュ政権〕は敵の政治的・宗教的本質をまったく理解していなかった」。しかも彼らは、自分自身や自国さえも理解していない。すなわち、

敵の動機を理解する唯一の方法は、敵の文化をかたちづくった歴史的・宗教的枠組みをきちんと理解することである。イラクで戦争を起こし、戦後の骨組みをつくろうとしたアメリカ人が、イラク人の性格や態度を形成した枠組みを明確に理解していなかったことは明らかである。アメリカ人とそのリーダーたちは、もっと謙虚になり、自らについて、歴史のなかの自らの位置について、よりよく理解したほうがよい。おそらく他のどの国民にも増して、アメリカ人は周囲の国々の歴史のみならず自らの過去に関しても、絶えざる記憶喪失の症状を呈している[93]。

ベナジル・ブットも、二〇〇八年発行の最後の著作で、歴史における記憶喪失を論じている。アメリカ合衆国、イギリス、フランスをはじめとする強国は、他国には説教するが自分は実行せず、みずからの偽善を直視しようともしなかった。ブットは、イスラム原理主義やテロを激しく糾弾すると同時に、イスラム原理主義もテロも、西洋自身の行動と不可分であったとも指摘している。西洋の偽善

的な行動は、第二次世界大戦前の植民地主義時代にさかのぼり、その後四十余年にわたる冷戦期にいっそう強まった。「欧米の美辞麗句と実際の行動の間にあった暗い影が、イスラム教徒に失望と狂信の種をまいた。欧米の二枚舌（ダブル・スタンダード）が過激な思想と狂信に油を注いだのであり、これがムスリム世界において欧米への敬意が急激に失墜した原因の、少なくとも一部である」とブットは書いている(94)。

中東に「フランケンシュタインの怪物」が生まれるのを手助けしたのはアメリカ自身だとブットが非難したのは、こうした考えが彼女にあったからである。欧米が唱える「自由」への賛歌と、場当たり的な力の政策（パワー・ポリティクス）によって権威主義体制とイスラム狂信派を支援してきた現実とのあいだには裂け目があるが、それは九・一一後、ワシントンを覆った「歴史は今日始まる"History begins today."」という観念のスモッグで見えにくくなってしまった。しかし世界の他の場所では、このような現代史の読み方は忘れられてはいなかった。この裂け目は中東に限られたものでもなかったし、グローバル・テロの新時代に限られたものでもなかった。

*

世界を恐怖に陥（おとし）れる「フランケンシュタインの怪物」は、時間を超え、場所を変えて出没する。中東をたたきのめした外部からの力は、一九世紀に始まり二〇世紀に急速に強まったが、その力は帝国日本のイデオローグや支配者たちが反抗しようとした力でもあった。広大な「新イスラム帝国」の夢と同じく、日本の「大東亜共栄圏」の宣伝も、欧米列強が信奉し実践したものに対抗することによって、真実味をもった。〔大東亜共栄圏という〕二〇世紀半ばの日本の汎アジア主義は、核となる宗教こそ欠いていたが、西洋の軍事戦略的・文化的侵略に対抗しつつ西洋の知識を組み入れていた点でも〔新イスラム帝国という〕汎イスラム主義に似ていた[95]。

真珠湾攻撃を前にした日本が、アメリカやヨーロッパ列強の二枚舌を宣伝の標的にしたのは当然であった。ルーズベルトは「四つの自由(言論・宗教の自由、貧困・恐怖からの自由)」を称揚し、一九四一年八月、チャーチル首相と大西洋憲章(「すべての人の、いかなる形態の政府のもとで暮らすかを選択する権利」を尊重)を発表したが、日本がこれを見え透いた偽善だと指摘するのは容易なことであった。オランダ領東インド、米統治下のフィリピン、香港、マレーシア、ビルマなどのイギリスの植民地。そして不平等条約や租界の存在に苦しめられている中国。天皇の戦士たちは、これらの地域を「白禍」から「解放しつつある」のだ。もちろん、独善的な使命感にかられた当時の日本人も、のちのイスラム原理主義者も、自分自身の偽善を省みることはなかった。

西洋が生みだし、西洋が広めた事象と、それに対して汎アジア主義者や汎イスラム主義者たちが対抗した思想と運動を、われわれは「〜主義(イズム)」の名をつけて呼ぶことが多い。近代の場合でいうと、資本主義(キャピタリズム)、帝国主義(インペリアリズム)、植民地主義(コロニアリズム)といった具合である。第一次世界大戦で連合国側が勝利し、自由主義(リベラリズム)とか国際主義(インターナショナリズム)というレトリックが導入されたが、不平等な旧世界秩序はそのまま、あるいは新たな装いをまとって生き延びた。それと同時にボルシェビズムが登場すると、ほかの「主義」が嵐のように続いた。共産主義と反共産主義、反帝国主義と反植民地主義、それに触発されたナショナリズム、軍事技術の発展と軍備競争を追い風にした軍国主義(ミリタリズム)、一九二〇年代末の世界不況への対応としての経済保護主義(プロテクショニズム)、そして、スターリニズム、ナチズム、ファシズム、天皇を中心とした日本特

〈日本のアジア新秩序を称える〉

28–31 大きな手が描かれた左上のポスターは，「科学日本の総進軍」と銘打った展覧会用で，軍事技術の革新を宣伝している．1943 年に出た「アジアの興隆 RISE OF ASIA」と題する鮮やかなカラー刷りのちらしは，英米の圧政者からアジアを解放し，「ABCD(アメリカ，イギリス，中国，オランダ)包囲網」の鎖を打破する日本を描いている．1943 年，日本占領下のフィリピン向けに制作された「英米を打ち砕け CRUSH ANGLO-AMERICANS!」と題するポスターは，日本の「新秩序」という宣伝文句と，英米への猛烈な敵意を合体させた図柄．複数の国旗をあしらった右下のポスターは，日本の「大東亜共栄圏」の始まりとなった 1941 年 12 月の真珠湾攻撃 2 周年を祝したもの．

有の国家社会主義（ナショナル・ソーシャリズム）といった全体主義（トータリタリアニズム）。白人による人種差別主義（レイシズム）が世界に広まると、それに対抗する反白人の差別主義が強まり、非西洋世界における人種、部族、宗派が序列化される傾向も強まった。反西洋主義（アンチ・ウェスタニズム）は、近代の大衆社会に息苦しさと低俗性をかぎとったヨーロッパ的思考自身が生んだ思想でもあった。

帝国日本の指導者たちが戦争（それがいかに無謀な選択だったとしても）を選んだ背景にあったのは、武士道精神とか、日本が「つい最近まで封建時代だった」（ジョゼフ・グルーがしばしば用いた表現）といったことよりも、このように多くの「～主義（イズム）」が簇生（そうせい）する世界環境であった。イスラム原理主義とテロも、現代世界の大釜が沸点に達したようなものであって、「中世世界の永遠の停滞」からでてきた突飛な変わり者といったものではなかった。相手の言い分を一切受けつけないことが道徳的に明快であることだと明言した人々は、帝国日本とイスラム原理主義を世界環境のあり方から理解することは邪悪な行為を免責することだと主張する。しかし、事実はそうではない。世界環境を理解することは、敵と自分自身をもっと理解するということである。国境が容易に超えられ、力の不均衡も大きいこの世界では、過去の遺産や事態の因果関係を洞察することは容易ではない。だが、事態が根の深い紛争や不満として現れたとき、その複雑性を理解しようとしない政策決定者は、自ら悲惨を招き入れることになる。

＊

現在の世界を理解するために、過去の事実のどれを見ればよいか。それはすぐにはわからないことが多い。たとえば、一八九五年から一九〇五年にかけて、アメリカ合衆国が日本とともに太平洋地域で勢力を拡張したことは、意外に目に入りにくい事実のひとつである。一九世紀から二〇世紀への変わり目に、アメリカ帝国主義はハワイとフィリピンを手に入れて一気に拡張し、これが四〇年後、日本の真珠湾攻撃の前提となった。アメリカは米西戦争後の一九〇一年、政治犯収容所のある（スペイン領キューバの）グアンタナモと、九・一一後に議論を呼んだ水責めという拷問方法（これはフィリピン征服の際、スペインとアメリカが行った手法であった）を手に入れた。さらに、ブッシュ政権が繰り返した拡張主義的な決まり文句が登場したのも米西戦争の頃である。九・一一では、アメリカは潔白だとか、道徳的に優れているとか、「我らの自由」といったレトリックが対テロ戦争やイラク侵略の正当化に使われたが、それは一世紀前にアメリカがスペインとの戦争でフィリピンを奪取したとき、一八九七年から一九〇二年まで続いた地元住民の抵抗を武力で押しつぶす際に常套句化した表現であった[96]。

こうした常套句のいくつかは、その後、より当たり障りのない表現に変わったが、典型的な表現や趣旨は変わっていない。いわく、「慈善的併合」（ウィリアム・マッキンレー大統領）、「白人の責任」（アメリカによるフィリピン併合を支持した詩人ラドヤード・キプリング）、「文明化という使命」、キリスト教徒の「褐色の兄弟」に対する義務（フィリピンの初代文民総督で、後にアメリカ大統領になったウィリアム・ハワード・タフトがフィリピン人エリートに向かって言った言葉として有名）。一八九八年五月一日、アメリカがマニラ湾でスペイン艦隊を破ったと聞いたアルバート・ベヴァリッジ上院議員は、星条旗にくるまれた軍神マルス、富の邪神マモン、そして神という華麗な（そして不朽の)イメージを、こう表現した。

われわれはアメリカの製品の販売拠点を世界中につくるのだ。われわれの商船は、太平洋を覆いつくす。われわれは、われわれの偉大さに見合った海軍をつくりあげる。その拠点の周辺には、われわれの旗がひるがえり、自治を行い、われわれと交易する、素晴らしい植民地が育つだろう。交易の翼に乗り、われわれの旗を先頭に、アメリカの社会組織が広がる。そしてアメリカの法、アメリカの秩序、アメリカの文明、アメリカの旗が、野蛮で暗愚だった地域に根を下ろし、神の代理として、かの地を美しく、輝かしいものにするのだ。

別の上院議員は、「神の摂理を信ずる者ならば、フィリピン諸島の住人に自由の原則に基づく政府を与えることが――それがいかに多くの困難を伴おうとも――神が我が政府にお与えになった厳粛な義務であることがわかるだろう」と述べて、アメリカのフィリピン獲得を支持した。宗教団体の出版物はフィリピンの征服を「正義の戦争」と呼んで肯定し、陸軍長官エリフ・ルートは、「幸福、平和、繁栄」を促進する植民地行政を樹立すると述べた。フィリピンは「デモクラシーの見本」になるだろうと。(97)

こうした過去の人間たちが、ジョージ・W・ブッシュのゴーストライターたちの、そのまたゴーストたちだった。イラク侵攻への準備段階やその後何年ものあいだ、大統領のゴーストライターや大統領を支持する人たちが、フィリピン征服の時代の言葉に新しいものをつけ加えた例はほとんどなかった。「慈善的併合」は「慈善的グローバル覇権」に変わり、「白人の責任」は人種差別の外観をはぎとられて、たんにアメリカの「責任」となった。「帝国」は「軽めの帝国 empire lite」(lite は、低カロリーという意味の light を簡略化したつづり)となった。しかし、そこにもアメリカにしかない善、使命、明白な運命といった、神がかり的なニュアンスは残っていた(98)。

世界に関する知識において、ジョージ・ブッシュ大統領は、マッキンレー大統領と同類であった。マッキンレーはフィリピンが世界地図のどこにあるかよく知らなかったが、それでもフィリピンを「自由と法、平和と進歩」のためにアメリカ合衆国が併合すると宣言することはできた。ブッシュ大統領は、私は戦時大統領たるべく神に導かれていると、頻繁に口にした。これに似て、マッキンレー大統領の場合は次のような有名な話がある(信憑性は少々怪しいが)。ある日彼は、ホワイトハウスを訪れたメソジスト派教会の代表団の前で「ひざまずき、光と導きをお与え下さいと全能の神に祈った」。すると神は、「かの人々〔フィリピン人〕を受け容れるほかに、いま汝らがなすべきことはない。フィリピン人を教育し、彼らを高め、開化し、キリストの僕(しもべ)とするのだ。神の恩寵により、彼らの力とともに最前を尽くせ。キリストの死は彼らのためでもあったのだから」とマッキンレーに語ったのである(スペイン支配のもとで、多くのフィリピン人がすでにキリスト教に改宗していたことに、マッキンレー大統領は気づかなかった。これはブッシュ大統領が、スンニ派とシーア派の反目はおろか、イスラム全般について知識がなく、知ろうともしないでイラクとの戦争を急いだことに似ている)。フィリピン総督に任命されたタフトは、フィリピン人をアメリカ化するのがアメリカ合衆国の「神聖な義務」だという考えに、神のお言葉がなくてもおそらく同意見であった(99)。

しかし、エミリオ・アギナルド率いる多くのフィリピン人は、合衆国への併合によって「高め」られようとはしなかった。ゲリラによる執拗な抵抗が続いたが、米軍は「フィリピン反乱」(地元抵抗勢力は独立闘争と呼んだ)を叩きつぶした。[100] 戦闘は残酷であった。一九〇二年四月に刊行された公式報告書には、「兵や多くの将校は、ほぼ例外なく地元民に面と向かって「黒んぼ(ニガー)」と呼ぶ。地元民も「ニガー」がどういう意味か理解し始めている」とある(この種の人種差別は、九・一一前後には、アラブ人を「砂のニガー」「砂漠のニガー」「砂のモンキー」などと愚弄する形で現れた)。ある米軍将校は、フィリピンの一〇歳以上の住民は武器が使える潜在的な敵だから、「殺して燃やして」、一帯を人っ子ひとりいない荒野に変えろと部下に命令した。これは人々の憤りを買ったが、そこに参加していた者の一部は、そういう行為に一種の野蛮なプライドを抱いていた。

海軍司令官イェィツ・スターリングは、米軍に入隊して間もない一八九九年、フィリピンのある田舎の川辺で戦闘したときのことを自慢げに回想している。「われわれはいい仕事をした。戦闘を終えたとき、あたりにはほとんど何も残っていなかった。われわれは村々を焼き払った。両岸から二マイル〔三キロ余り〕までの家はすべて破壊した。家畜も殺した。牛、豚、鶏……。そして農耕用の水牛……。無慈悲なことにも思えた。しかし、詰まるところそれは戦争だったし、戦争は残忍なものなのだ[101]」。

米軍も独立派も残虐行為を行ったが、米軍による「中国式水責め」は、アメリカ国内で批判された。マッキンレーの次に大統領となったセオドア・ルーズベルトは、軍隊による拷問という非人道的行為は容認しがたいと力説した。だが彼は私的な書簡のなかでは、この「古くからあるフィリピン式の軽い拷問」によって「深刻な被害を受けた者は誰もいない」と記した。私的な会話でも、このような拷問はアジア的な――この場合は「中国式」あるいは「フィリピン式」の――ものだと語ることがよくあった。ルーズベルトは、アメリカによるスペイン統治時代の尋問でも水責めは普通に行われたという事実を無視していた。[102]

フィリピン征服戦争の場合、一世紀後のテロとの戦いと同様、アメリカ合衆国軍への批判に反論する論法には、二通りあった。まず、そのような行為は稀であり、異常なものであるとして退ける論法である。当時のルート陸軍長官の発言によると、「フィリピンにおける戦争は、戦争の文明的ルールにきちんと則り、捕虜や非戦闘員には注意深い配慮をほどこし、自制と人間性を発揮し、いかなる戦闘でも、われわれは敵と互角、あるいは決して劣ることなく、名誉とアメリカ国民の名にふさわしいかたちで、アメリカ軍によって遂行された」のであった。なるほど、政府の一員として、彼はほかに何を言うべきだっただろう？　だが同時にルート長官は、「非文明的人種の野蛮な残虐性」に対抗するためには非道な行為も不可避であり、ありえないことではないとも述べていた。エドマンド・モリスが簡にして要を得た記述を残しているが、ルーズベルト大統領は、戦時に捕虜虐待の「散発的な事例」が発生するのは不可避なことだと米軍のある将官に語り、一八九〇年のウーンデッド・ニーの戦いで、「君自身、君の指揮下の部隊が武器をもたないインディアンと、その女や子どもも殺した」のだから、そのあたりのことはよくわかるだろう、と語った。タフト・フィリピン総督は、一九〇九年、ルーズベルトの後継として大統領に就任する人物であるが、彼は公的には「アメリカの道徳的使命」を語り、「褐色の兄弟たち」を思いやっていると述べていた。だが私的な場では、教育を受けたフィリピン人でも「悪魔のように野心的で恥知らず」であり、フィリピン人が「アングロ・サクソン的な自由が何たるかを理解するだけでも、五〇年か一〇〇年の訓練が必要だろう」と語った[103]。

フィリピンでの戦争では、最終的に米国軍人が五〇〇〇人以上、フィリピン人兵士が二万人、そしてフィリピンの民間人が少なくとも二〇万人余り死んだ。双方による残虐行為のほか、戦争に起因する飢饉を考慮すると、民間人死者は一〇〇万人にのぼったとする説もある。その後アメリカ合衆国が国外で行った戦争がみなそうであったように、控えめな推計でさえ、アメリカ軍の死者数と敵側の軍人・民間人の死者数との比率は驚くほど不均衡である。たとえば、ブッシュ政権が終了した時点で、イラクでの米軍人の死者は総計四〇〇〇人超であった。他方、米軍の侵略による直接・間接の「暴力による」イラク人死者数は、おそらく数十万人にのぼる[104]。

血塗られたフィリピン征服戦争、あるいはそれに続く数十年――中央アメリカとカリブ地域に軍事介入した三〇年間を含めて――海外におけるアメリカの活動が無垢で博愛的であることを、アメリカ世論の主流が疑うことはなかった[105]。イラク侵攻から七カ月後、二〇〇三年一〇月にフィリピンを訪れたブッシュ大統領は、得意の「歴史の教訓」を繰り返した。「団結した米軍兵士たちは、かつてフィリピンを日本の植民地支配から解放しました。われわれは団結し、かつてこの島々を侵略と占領から救ったのです」。例としてあがったのは、やはり第二次世界大戦（「バターン、コレヒドール、レイテ、ルソン」）であった。大統領が言いたかったのは、疑り深い連中が言いそうなこととは逆に、イラクのような非西洋国が民主主義制度を受容できることは、第二次世界大戦後のフィリピンのデモクラシーが証明しているのだということであった。『ニューヨーク・タイムズ』はこれを「ブッシュ、イラク再建のモデルとしてフィリピンを引きあいに」という見出しで報じた(106)。

＊

二〇世紀初めの帝国主義からパールハーバーまで、さらに九・一一やイラク戦争まで、ただ一本の因果関係ですべて説明できるなどと考えるのは馬鹿げている。それは、世界に悪は存在しないと言ったり、西側勢力の拡張と支配において、現地との建設的な相互作用が存在したことを無視したりするのと同じ間違いである。しかし、過去の因果の濃密な織物、西洋の支配が創りだした遺産、今も力をもつ歴史の記憶を無視することも、同じように馬鹿げている。ブッシュ政権のように、他者の怒りや意見を軽視し、敵の性格や能力を知らず、敵がなぜ、いかにして新たな戦闘員を惹きつけるのかも認識せず、歴史の都合の良いところだけをつまみ食いして「悪との戦争」を開始すれば、その結果は悲劇的にならざるをえない。これでは、なぜ非西洋人は西洋との接触や影響を受容しかつ拒絶するのか、なぜ人道的介入うんぬんの掛け声が、古い帝国主義の歌のリフレインとみなされるのかが、理解不可能であった。

長年、中東を取材したジャーナリストのロバート・フィスク〔ベイルート在住の中東問題専門家〕は、『文明のための偉大な戦争』（第一次世界大戦時の言葉から引いた、皮肉のきいたタイトル）という自著の長い序文のなかで、この事情をうまく表現している。「端綱（はづな）〔馬の口につけて人が引っ張る綱〕をつけられた軍馬のように」人の倫理が拘束されてしまうと、結果は死と破壊である。傲慢な独善が支配するとものが見えなくなるという、フィスクの嘆きの言葉である。つまりアメリカだけでなくビン・ラデインも、「物質主義の邪悪な力」に対抗して、「信仰の力」で引っ張るのだと決まり文句を繰り返すことによって、マニ教的に白黒をはっきりと二分する端綱で軍馬を引き回したのであった(107)。

高慢ぶりではアメリカが目立っていたが、アメリカが用いたレトリックの前例は、いくつもあげることができる。古くはシェイクスピアの『ジュリアス・シーザー』に出てくるブルータスのセリフに、「皆で叫ぼうではないか！　平和、自由、解放！」というのがある。イングランドやヨーロッパ列強は、強権支配という内実を「文明化の使命」という外套で包むのが常であった。一七九八年、アレキサンドリアを占領したナポレオンは、自分は「諸君の権利を抑圧者の手から取り戻すために」来たのだとエジプト人に言った。それから一世紀余り後、第一次世界大戦でオスマン・トルコが敗れたおかげでイラクを占領し、石油の支配権を獲得したイギリスの責任者(サー・スタンレー・モード少将)も、「わが軍は征服者でも敵対者でもなく、解放者として貴国の都市や国土に入るのだ」と保証した。軍事力による権力支配をきれいなレトリックで飾りたてるやり方は、冷戦期にも続いた。米ソの対立が中東に及んだとき、ワシントンは独裁政権や強権的な政治制度を援助しようとしたが、そこにはイラクのサダム・フセインのバース党も含まれていた(アメリカのフセイン援助は一九八〇年代の終わりまで続いた)(108)。

ビン・ラディンの演説や著述は、九・一一の前も後も、第一次世界大戦後のヨーロッパによる略奪や占領だけでなく、中世の十字軍にも言及しており、不信心なキリスト教徒、ユダヤ教徒を盛んに糾弾している。だが、ビン・ラディンのプロパガンダの中心は、当初から一貫して現在の問題である。パレスチナ人の窮状、一九九〇年から一九九一年の第一次湾岸戦争以後、サウジアラビアの聖地に米軍基地がおかれていること、中東のエネルギー資源を欧米がコントロールし、サウジアラビア、エジプトなどの腐敗した強権的政府を援助していること、などである。欧米の「ダブル・スタンダード」は、ビン・ラディンの主張に頻繁に出てくるテーマであり、ベナジル・ブットのように折り紙つきの親欧米論者で、イスラム原理主義やテロにははっきりと反対した人々でさえ、欧米の「ダブル・スタンダード」を繰り返し問題にしていた。こうした認識、こうした怒りを無視してきたことが、九・一一の前後だけでなく、「イラクの自由作戦」が惨憺たる失敗に終わってからも、何年にもわたってテロリストを有利にしたのである。[109]

このような独善的態度がいかに根深く、いかに神学的であったか。それはいくら強調しても強調しすぎることはない。そうした態度が大統領執務室に充満し、「善と悪の闘い」というブッシュ・ドクトリンの前提を疑うべからざる真理にまつりあげ、九・一一からサダム・フセインが体現する「悪の枢軸」へ、という「悪の移転」を推し進めたのである。ブッシュ政権は、これはキリスト教徒によるイスラムに対する十字軍ではないと説明したが、イラク侵攻が展開されている最中の二〇〇三年三月および四月のドナルド・ラムズフェルド国防長官の極秘報告書には、聖書からの引用が効果的に使われていた。たとえば、三月三一日付のホワイトハウス宛て「世界最新情報」の表紙には、血のように赤い空を背景にした戦車のシルエット写真の上に、エフェソ人への手紙から引いた一節があった――「悪魔の術に向いて立ち得んために、神の武具をもて鎧うべし」。四月三日付の表紙には、米軍の部隊、装甲車両、ジェット戦闘機の三枚のカラー写真が並び、「我、汝に命ぜしにあらずや　心を強くしかつ勇め汝の凡て往く処にて汝の神、倶にいませば、懼るる勿れ戦慄く勿れ」というヨシュア記からの引用が添えられていた。四月八日には、二本の剣が交差するバグダッドの巨大なアーチの下を進む軍の車両の写真とともに、「汝ら門をひらきて忠信を守るただしき国民(くにびと)をいれよ」というイザヤ書の言葉が、その日の聖書の言葉として書いてあった。(110)

アメリカが率いたイラク占領軍の粗野で侮辱的な行動は、この聖戦的二分法にもとづいたものであった。侵攻の前後には、イラクの民衆はアメリカにたてつく悪い少数派と、アメリカを歓迎する良い多数派とに分かれていると、十把一絡(じっぱひとから)げに考えられていた。侵攻後、反占領意識が予想以上に広まっていることがわかると、イラク占領軍の態度はマニ教的に、白と黒のどちらかしか認めないものとなった。アメリカ軍は「殺せ、さもなくば捕らえよ」の方針のもと、人家の扉を蹴やぶって、イラク人のいわゆるＭＡＭｓ(military-age males 兵として活動できる年齢の男子)を無差別に標的とした。銃撃戦で死んだイラク人は、たいてい自動的に「アルカイダ」と認定された。多くの場合、人々は恣意的かつ不当に投獄され、そうした「容疑者」は、ある時点で二万六〇〇〇人にのぼった。こうした行動のすべてが、一枚岩の邪悪な敵に対する適切で「速動的(キネティック)」なアプローチだとされた。多くのイラク人や、イラク近隣のイスラム教徒やアラブ人が、サダム・フセイン政権はたしかにひどいものだったけれど、それを外国が軍隊で破壊するのは許せないと感じており、しかも「殺せ、さもなくば捕らえよ」という占領軍の行動に怒りを募らせていたが、それは真剣に考慮すべき状況とはみなされなかった。アメリカ国内でナショナリズムがあおられ——実際にはナショナリズムとは言わず、つねに「愛国心(パトリオティズム)」と呼ばれたが——熱狂に達していたとき、他者がもつナショナリズム、あるいは集団としてのアイデンティティや誇りは、視野の外におかれたのである。(111)

「イラクの自由作戦」開始時，ブッシュ大統領に提出された極秘報告書の表紙に使われた聖書からの引用文

3月17日	「われ誰をつかわさん　誰かわれらのために往くべきか」「われ此にあり　我をつかわし給え」	イザヤ書6:8
3月19日	「我あけぼのの翼をかりて海のはてに住むとも　かしこにて尚汝の手われをみちびき　汝のみぎの手われをたもちたまわん」	詩篇139:9-10
3月20日	「その矢は鋭く　その弓はことごとく張り　その馬のひづめは石のごとく　その車の輪は疾風のごとし」	イザヤ書5:28
3月31日	「この故に神の武具を執れ　汝ら悪しき日に遭いて仇に立ちむかい　凡ての事を成就して立ち得んがためなり」	エフェソ人への手紙6:13
4月1日	「汝の作為を主に託せよ　さらば汝の謀るところ必ず成るべし」	箴言16:3
4月3日	「我，汝に命ぜしにあらずや　心を強くしかつ勇め汝の凡て往く処にて汝の神，倶にいませば，懼るる勿れ戦慄く勿れ」	ヨシュア記1:9
4月7日	「善を行いて愚なる人の無知の言を止むるは　神の御意なればなり」	ペテロの第一の手紙2:15
4月8日	「汝ら門をひらきて忠信を守るただしき国民をいれよ」	イザヤ書26:3
4月9日	「その時に人の手の指あらわれて燭台と相対する王の宮の塗壁に物書けり　王その物書ける手の末を見たり……その書ける文字は是のごとし　メネ，メネ，テケル，ウパルシン　その言の解明は是のごとし　メネは神，汝の治世を数えてこれをその終に至らせしを謂うなり　テケルは汝が秤りにて秤られて汝の重の足らざることの顕れたるを謂うなり　ペレスは汝の国の分かたれて……」	ダニエル書5:5-28

32　イラク侵攻は2003年3月19日に開始され，アメリカ軍の最初の部隊がバグダッドに入ったのは4月9日であった．この「イラクの自由作戦」の初期，大統領は国防長官から定期的に「世界最新情報」を受けとったが，その表紙にはカラー写真と組み合わされた聖書からの引用が掲載されていた．4月9日までの「世界最新情報」には，上のような引用句がみられる．

このように、「敵かそうでないか」だけを頭ごなしに判断する態度で見ると、アメリカの敵とされた対象は、多様性も複雑性も自律性も、独自の歴史も歴史意識も、もっともな恐怖や怒りも、相手を自制させたりこちらが建設的に対応する可能性も、すべてが否定されることになった。同じことは、潜在的同盟国についても言えた。二〇〇一年一一月六日の記者会見でブッシュ大統領が、「テロとの戦いにおいては、君はわれわれの味方なのかそれとも敵なのか、二つにひとつだ」と述べたことはよく知られている。これはその数週間前のビン・ラディンの挑戦的な発言によく似ていた。二〇〇一年一〇月二〇日、アルジャジーラ放送での長時間インタビューでビン・ラディンは、「ブッシュ支持の言葉をひと言でも発する者は、実際にブッシュに手を貸さなくても、ブッシュになんの便宜も与えなくても、それは裏切り者以外の何者でもない」と語っている。ビン・ラディンの背筋の凍るような論理によれば、九・一一事件は「恐怖のバランス」をとるための、ほんの一歩にすぎなかった。[112]

犠牲に値する悪

欧米のダブル・スタンダードに対するビン・ラディンの非難は、それ自体正義を装った偽善であり、彼の唱える非難の内容も、じつはダブル・スタンダードであった。たとえば彼は、一九九六年前後から日本への原爆投下を「テロ行為」と呼び、アメリカの非人間性を示す事例として頻繁に引き合いに出した。アメリカは原爆で「女、子ども、老人」を犠牲にしたのだと。ところが彼は、アメリカには「ヒロシマ」をと訴えてなんの痛痒も感じなかった。九・一一の前にアルカイダがつくりあげた「聖戦（ジハード）」の解釈は、イスラムの「背教徒」を含め、とにかく誰を殺してもかまわないというところまでエスカレートしていた。

九・一一事件の後、西洋を敵とする聖戦がいっそうエスカレートしたが、その頃でさえ、アルカイダのテロの犠牲になったのは、ほとんどがイスラム教徒であった。アメリカによるイラク占領に触発されてイスラム教徒どうしの大量殺戮がおきたときには、九・一一事件に喝采したイスラム主義者たちでさえ、ビン・ラディンに反省を求めた。たとえば、九・一一から六年がたった頃、ビン・ラディンが尊敬してやまないサウジアラビアのある聖職者は、こう問いかけた。「我が兄弟オサマよ、いったいどれほどの血が流されただろう？　アルカイダの名のもとに、いったい何人の罪なき人びと、子ども、老人、女たちが殺されたのか？　何十万人、何百万人の犠牲者を背に負って、おまえは全能の神に喜んでお目にかかれるのか？[113]」

欧米に対して、ビン・ラディンは背筋が凍るような「恐怖のバランス」の神学をあからさまに語った。九・一一の襲撃からしばらくたった頃、ビン・ラディンはアルジャジーラ放送でこう述べた。「他者がわれわれを遇するように、われわれは他者を遇する。奴らがわれわれの女たちや罪なき民を殺すのをやめるまで、われわれは奴らの女たちや罪なき民を殺す」。アメリカやイスラエルがしているのは「浅はかなテロ」だが、われわれがするのは「良きテロ」である。アメリカ人やユダヤ人を殺すことは、聖戦における「最重要の義務、最高の緊急事である」。ビン・ラディンは九・一一の襲撃を、「正真正銘の逆襲」と呼んだこともある。二〇〇四年一〇月、アメリカ大統領選挙当日の直前に公表されたビデオテープで、彼は一九八二年のアメリカによるベイルート破壊を目にしたときの衝撃を回想して、「アメリカは第三艦隊を差し向けて、イスラエル人によるレバノン侵略を援護した……

人々は恐怖に逃げまどい、多数の民が爆撃され、殺害され、傷つけられた」と言い、「破壊されたレバノンの塔（高層建築）」を見たとき、こう考えたと述べている。「アメリカの塔（高層建築）を破壊して、迫害者を実物で罰するのだ。アメリカに自ら招いた災いを味わわせ、われわれの女や子どもを殺させないようにしよう。その日私は、罪のない女や子どもたちをアメリカは意図的政策として迫害し殺害していると確信した。そのとき、アメリカのいう「自由と民主主義」とは、実際にはただのテロなのだ、アメリカに対する抵抗運動が「テロリズム」や「反動」というレッテルを貼られるのと同じことなのだと考えた」[114]。

ビン・ラディンは、イラクのサダム・フセインを「盗人、背教者」と呼び、あからさまに軽蔑していた。だがその一方で、ビン・ラディンの議論のなかでイラクという国は一定の位置を占めていた。それはブッシュ政権よりも先に「悪」という概念を都合よく使ったものであった。すなわち、一九九六年頃からビン・ラディンは、アメリカなどによる「浅はかなテロ」をとりあげるとき、短期間だった湾岸戦争とその後に科せられた経済制裁によって、イラクの乳幼児の死亡率が急激に上昇していると指摘し続けた。イラクでの乳幼児の死亡率の上昇は、すでに世界的な関心と批判を呼んでいた人道的悲劇であったから、ビン・ラディンの発言は、人々の関心を集める巧みなプロパガンダであった[115]。

＊

一九九〇年八月、イラクによるクウェート侵攻に始まり、一九九一年二月まで続いた湾岸戦争の最終段階で行われた「砂漠の嵐作戦」では、米軍の爆撃機、巡航ミサイル、レーザー誘導爆弾を使った四三日にわたる連日の爆撃が、イラクの非軍事インフラを破壊した。それは何十年も前に、米英軍がドイツや日本を相手に展開した空爆と同様であった。爆撃はイラクの約七〇〇地点におよび、発電所、電話局、ダム、揚水場、浄水施設・排水処理場、さらに鉄道、幹線道路、橋、港湾を含む交通網、石油・石油化学の施設、そして金属、繊維、医薬品など、あらゆる工場が破壊された。

ペンタゴンの分析によると、浄水供給、廃水処理、病院運営などに不可欠なイラクの発電能力は、一九二〇年のレベルまで低下した。一九九一年三月発行の国連の報告書は、爆撃の結果を「ほとんど終末的」と表現した。この国は「近代的生活を支える手段のほとんどが破壊あるいは弱体化され」、「産業革命前の時代にまで追いやられたが、他方で、エネルギーとテクノロジーの集約的利用に依存するポスト産業革命後の不自由さは、すべて残った」のであった。戦争終結から二年たった時点でのアラブ通貨基金の推計によると、破壊されたイラクのインフラの総額は、およそ二五〇〇億ドルであった(116)。

「砂漠の嵐作戦」の公式スポークスマンたちは、米軍の射撃は高精度なので、以前の戦争とは異なり、非戦闘員の死傷者は最低限に抑えられていると説明した。しかしこれは誤魔化しであった。彼らは爆撃による直接の死者数だけをとりあげ、より大きな目的、すなわち軍事・民生共用のインフラを破壊し、軍事戦略家が「戦略的麻痺」「システム麻痺」と呼ぶ状態に陥れるという狙いを隠していた。また、戦闘終了後の長期にわたる経済作戦については沈黙していた。それは、イラク社会の力をいっそう奪い、それによって「非戦闘員の士気」をそぎ、サダム・フセインに対する「長期的制圧力」を確立することが目的であった。たとえば、爆撃作戦の直前に作成された米軍の長大な内部文書には、次のように明記されている。イラクは水質が悪いので、水道処理施設を破壊して水の浄化に必要な装置や薬品へのアクセスを断ち切れば、「住民の大半が清潔な飲料水にこと欠くこととなる。その結果、伝染病あるいは疾病が増加し、浄水を必要とする諸産業――石油化学、肥料、石油精製、エレクトロニクス、製薬、食品加工、繊維、コンクリート製造、火力発電など――は、操業不能となりうる[117]」。

フセインのクウェート侵略については、イラク人も一定の責任を負っているのだから、イラク人が苦しむのも当然だと、アメリカ軍スポークスマンが口を滑らせたこともある。湾岸戦争のブリーフィングで、米空軍のある高官は、「罪のない人々といいますが、その意味は多少曖昧なところがあります。そういう人々も、たしかにあそこに住んでいるわけで、自国で起きていることは、彼らもある程度まではコントロールできるはずです」と言った。九・一一の五、六年前、ビン・ラディンがアメリカに対する聖戦を説明して、同じような主張をしたことがある。アメリカ国民はパレスチナ、レバノン、イラクなどでアメリカ国家が犯した犯罪の責任を逃れることはできない。「なぜなら、彼らがこの政府を選んだのだ。政府が犯罪を犯していることを知っていながら、彼らは投票したのだ[118]」。

＊

第四一代大統領ジョージ・H・W・ブッシュの政権下で発生した湾岸戦争は、それから一三年後に息子のジョージ・W・ブッシュが選択した戦争の前置きのようなものであった。父ブッシュの時代の湾岸戦争当時と、その後に起きたことのほとんどは、九・一一のあとの「歴史は今日始まる」式の忘却によって忘れられてしまったから、ここで改めて思いかえしてみる価値があろう。一九九一年の湾岸戦争では、アメリカは、バグダッド侵攻やフセイン政権の転覆を慎重に避けた。一〇年余り後のイラク戦争ではそうしたことはほとんど考慮されなかった。湾岸戦争後のイラクへの経済制裁が悲惨な結果を生んだことも、イラク戦争では顧みられなかった。湾岸戦争後の経済制裁によって、イラクで乳幼児死亡率が急激に上昇したため、アメリカ側とイラクのどちらが潔白でどちらが邪悪かという問題が、またもや注目を集めた。予想通り、フセインは経済封鎖を、「イラクの外からやってくる悪の通り道」がまたひとつ増えたと糾弾した。ワシントンとロンドンも予想どおり、すべての苦難の原因は、独裁者が制裁に屈服せず、すべての大量破壊兵器の製造も放棄せず、査察官に確認させることを拒否したせいだ、と主張した。ビン・ラディンも、経済封鎖の破滅的な影響を、アメリカとその同盟国による「テロ」のもうひとつの好例だと述べた[119]。

一九九一年の湾岸戦争では、アメリカ首脳部はフセイン政権を武力で転覆することは回避した。湾岸戦争のとき統合参謀本部議長であったコリン・パウエルは、バグダッド侵攻に反対した。彼によると、それは「自分が始めた戦争を、どう終わらせるかろくに考えていなかった日本人」に関する本に影響されたからであった。「砂漠の嵐作戦」を指揮したノーマン・シュワルツコフ将軍は、バグダッドを侵攻しないという決断が正しかったことを、別の歴史的文脈から述べている。すなわち、ベトナム戦争の苦い教訓として、国際世論・国内世論という法廷における「正当性」という問題がある、と。もし自分が指揮する部隊がバグダッドに入っていたら、「われわれは今もあそこにいたと思う。天然アスファルトの穴に落ちて化石になってしまう恐竜のように、あがいてもあがいても抜けだせず、われわれは占領軍として、イラク全土の管理コストを一〇〇パーセント支払っていたことだろう」。ブッシュ大統領(父)も、戦略顧問だったブレント・スコウクロフトとともに当時を回想して、似たことを一九九八年に述べている。「サダムを排除しようとすれば、はかりしれない人的・政治的コストがかかっただろう……。イラクへの侵攻ルートをたどっていたら、アメリカは今も敵愾心(てきがいしん)に満ちた国の占領国だっただろう。その結果は、不毛なものだっただろう」[120]。

湾岸戦争当時の国防長官は、ベトナムで得た「泥沼」という大いなる教訓の言葉を用いて、この問題を的確に表現した。「アメリカの軍人たちがイラクの内戦に巻き込まれたら、それは文字どおり泥沼だっただろう。バグダッドに到達したとして、われわれは何をするというのか？　誰を政権につけるのか？　どんな政府をつくればいいのか？　……アメリカ軍が死傷者を出し、かつイラク統治の責任を引き受ける——そういうことをアメリカが望んでいるとは、私には思えない。それはまったく意味をなさない」。全国放送のテレビ番組でこう発言した国防長官とは、ディック・チェイニーである。彼は後にブッシュ大統領(子)の副大統領として、この自説を放棄し、イラクの「統治形態の変更」を武力で実現する主要な推進力となった。米軍に占領されたイラクが泥沼に陥ってから数年後、かつて一九九一年に主張したことと、その後にそれを無視したこととの整合性を訊ねられて、チェイニーはこう答えた。「私の考えは一九九一年と変わらない。だが、その後なにがあった？　九・一一があったではないか」[121]。

湾岸戦争後のイラクに対する経済封鎖による被害を無視したことは、もうひとつの忘却につながった。乳幼児の死亡率をとりあげた最初の報告のひとつが、一九九二年の『ニューイングランド・ジャーナル・オブ・メディスン』に掲載され、その結論部分は広く引用された。すなわち、「これらの数値は、湾岸戦争と経済制裁がイラクの五歳以下の子どもの死亡率を三倍に引き上げたことを強力に証明している。一九九一年一月から八月までに、四万六九〇〇人以上の子どもが死亡したと、われわれは推計している」。その後の研究や個人の調査では、経済封鎖が継続したことによって、死亡数はさらに増えた。世論の注目を集め、政治的に決定力があったのが、イギリスの医学雑誌『ランセット』一九九五年一二月号に掲載された、国連関連の二人の研究者からの書簡であった。その文面は、国連が認めた経済封鎖の「結果として、一九九〇年八月からこれまでに、五六万七〇〇〇人のイラクの子どもが死んだ」と結んでいた(122)。

これほど大きな数字――およびその原因――には様々な方面から疑問が投げかけられ、別の調査もなされて、一九九五年には投稿者自身が数字を撤回した。しかし悲劇は残った。その後の多くの調査も、一九九〇年代のイラクの五歳未満の子どもの「超過死亡数」は一九八〇年代の二倍以上であったことで一致していた。たとえば、ある有名な研究者が、一九九一年から二〇〇二年までに戦争とそれに続く制裁による死亡者数とした数字は、三四万三九〇〇から五二万九〇〇〇のあいだであった。ワシントンの政府もロンドンの政府も、これほど幅のある、しかし膨大な数字にとくに異議を申し立てなかった。むしろ、こうした数字を政治的にどう利用するかが問題であった。「イラクの自由作戦」が進行中の二〇〇三年三月二七日、キャンプ・デイヴィッドでブッシュ大統領(子)と臨んだ記者会見で、イギリス首相トニー・ブレアは、ブッシュ大統領との合意にもとづく完璧な発言をした。「過去五年間に、イラクの五歳未満の子ども四〇万人が栄養失調や疾病によって死亡した。この子どもたちは死ななくてもよかったのに、イラクの政権下にいるがゆえに死んでしまった。だからこそ、われわれは今行動しているのだ」[123]。

経済制裁をめぐる議論のなかでもっとも悪評高いのは、ブレア首相の発言の七年前、当時国連大使を務めていたマデレイン・オルブライトのテレビ・インタビューである。一九九五年一二月に明らかにされたイラクの死者数が大きな関心を集めていた一九九六年五月、インタビューを受けたオルブライトは、アメリカ合衆国の立場を次のように説明した。

インタビュアー　〔イラクへの経済制裁によって〕子どもが五〇万人死んだと聞いています。ヒロシマで死んだ子どもより多いですよね。これだけの代償を払う価値があるものでしょうか?

オルブライト国連大使　たしかに、これはとても難しい選択ですが、しかしこの代償は……これは支払う価値のある代償だと私どもは考えます。

後にオルブライトはこの不用意な発言を撤回して、質問は「ひっかけ」だったといい、すべての責任をサダム・フセインにかぶせようとした。しかしこの発言は、アメリカ国内ではオルブライトの失点にはならなかった。七カ月後、彼女は上院で国務長官への就任を承認されたのである。その指名承認の公聴会で彼女は、「国連安全保障理事会決議にイラクの政権が従わない限り、また従うまで、あの国に厳しい国連制裁を継続すべきだ」と断言した[124]。

しかしアメリカの外では、彼女に対してこれほど甘い見方ばかりではなかった。バチカンに派遣された外交団を集めた一九九八年の新年の挨拶で、法王ヨハネ・パウロ二世は「イラクで無慈悲な経済封鎖のもとに暮らすわれらの兄弟姉妹」への注意を喚起し、政治的・経済的・戦略的配慮よりも慈悲の心を、と呼びかけた。そして、「弱く罪なき人々が、自分の責任ではない過ちの代償を払うことはありえないはずです」と述べた。同じ年、アイルランド人で在イラク国連「人道調整官」だったデニス・ハリデイが辞任した。経済封鎖によって「毎月六〇〇〇人のイラクの子どもが餓死し、一般のイラク人の人権が無視され、一世代がそっくり反欧米に変えられている」状況に、いたたまれなくなったというのが辞任の理由であった。彼は「ジェノサイドの定義にあてはまるようなプログラムの運営に携わること」は望まないとも語った。ハリデイの任務を引き継いだドイツ人のハンス・フォン・スポネックも、経済封鎖は「真の意味での人間の悲劇」を創りだしていると発言し、二〇〇〇年初めに辞任した[125]。

一九九〇年代末までには、経済封鎖は多方面から批判されるようになった。人道的危機が、国際連合とその支持者に「倫理的ジレンマ」(コフィ・アナン国連事務総長の言葉)を突きつけていた。他方、経済封鎖はフセインの権力基盤を危うくするどころか、かえって強化しており、同時にイラクを破壊し、中東全域の怒りを激化させていた。九・一一事件から間もなく、アメリカ陸軍士官学校発行の雑誌に掲載された論文が、こうした倫理的・実際的な議論を要約して、経済封鎖はイラク政府の経済統制を強め、イラク全土の貧困を増大させ、イラクの専門職階層の海外移住を促進し、「中流階級と市民社会の出現を遅らせた」と指摘した[126]。

＊

自分は安全な場所にいながら、遠く離れた地域に混乱と苦難をもたらしたとき、そこで何が起きているか想像するのは難しい。相手への思いやりも倫理感も鈍化する。物理的破壊があまりに遠いところで起こると、現実性を感じにくい。太平洋戦争がたしかにそうであった。一九四五年、アメリカによる空襲で六十余りの都市が破壊しつくされたあと、敗戦日本に足を踏み入れたアメリカ人のほぼ全員が、大きな町が瓦礫と化し、何百万もの人たちが家を失った光景に衝撃を受けた。二〇〇三年春にバグダッドを占領したアメリカ人も、大量破壊兵器が見つからなかったばかりか、「システム麻痺」をめざし、湾岸戦争から一三年にわたって展開された経済制裁が、ほとんど修復不可能なまでにイラク社会を麻痺させたことを知って驚愕した。二〇〇三年五月、イラク占領政府を率いることになったルイス・ポール・ブレマーの反応もまさに同様であった。イラクに向けて出発する前、ワシントンで「大慌て」のブリーフィングを重ねたが、そのときは「この国がいかに徹底的に「破産」しているかについての実感」は得られなかった、と後に回想している。

とはいえ、イラクが「破産」した原因については、ブレマーはまったく疑問を抱いていなかった。サダム・フセインの野蛮と腐敗、「ひたすら中流階級と民間セクターを破壊した」独裁者の「歪んだ社会主義的経済理論」。「バース党が支配する経済」の下で「国家の独占企業」が幅をきかせ、物価を人為的に低く抑える「歪んだ補助金」が締めつける、何十年にもわたる拙劣な経済運営。こうしたものが経済を荒廃させたのだと彼は考えた。二〇〇三年、アメリカがイラクに侵攻したとき、イラクの子どもたちにすでに栄養失調と早死が広がっていたことは事実であった。しかしその原因がアメリカ主導の経済制裁だと主張するのは、「バース党の公式プロパガンダ」にすぎないと、ブレマーは断言した[127]。

ロバート・フィスクが、こう書いている。「イラクの自由作戦」で解放者たちがバグダッドの空っぽの大統領宮殿に入ったとき、経済制裁という事実は「一連の話から幽霊のように消えてしまった。はじめにいたのはサダム・フセイン、その次に登場したのは「自由」であった[128]」。

第五章

戦略的愚行

パールハーバーと「イラクの自由作戦」

一九四一年一二月七日〔アメリカ時間〕、日本はキンメル大将指揮下の艦隊をパールハーバーで奇襲し、ショート中将が日系アメリカ人による破壊工作に備えて滑走路に集めておいた戦闘機を襲った。それから九時間後、日本軍はフィリピンにいたマッカーサーの軍を攻撃した。マッカーサーは、その前日、日本軍はフィリピンまでやってこないと述べたばかりであった。実際には、飛行場に駐機中の米軍機は、日本軍の格好の標的となった。その直後、マッカーサーは、日本軍の何機かは白人――おそらくドイツ人――が操縦していたようだと報告した。[129]

その後、マッカーサーは出世したが、ハワイの司令官たちは免職になった。運命の女神は偶然を好むようで、それから六〇年後、ブッシュ大統領と側近たちも、アルカイダを「操縦」しているのはイラクだと考えた。九・一一事件直後、ウォルフォウィッツ国防副長官は、テロリスト集団の犯行にしては「高度すぎる」、背後に「スポンサー国家」があるに違いないと言ったのである。[130]

マッカーサーの「ドイツ人」妄想はすぐに妄想とわかったが、テロ集団がどこかの国家に支援されていると決めつけるブッシュ政権の姿勢は、その後も続いた。その根拠は、九・一一事件とイラクが結びついているという推定のほかに、フセインの権力欲への警戒、化学・生物・核兵器を生産するイラクの潜在能力への恐怖、アルカイダとイラクという二つの「悪」の混同、といったことであった。こうして、一九九〇年代初めからアメリカの保守主義者の多くが主張してきた、イラクの「体制変革」が可能になる状況が生まれた。

現実的な分析、観念的な熱狂、終末論的な幻想、たんに先が見えないことからくる混乱……そういった要素がどのようにミックスされていたにせよ、アルカイダという正体不明の非国家主体による脅威から、イラクというひとつの具体的な国家へと反撃の焦点が移行したわけであり、その結果は深刻なものとなった。ブッシュ政権は、ビン・ラディンとアルカイダをアフガニスタンで追いつめるかわりに、フセインのつくった警察国家の転覆に熱意と物資を注ぎこんだ。戦争計画に携わった政府の高官たちは、九・一一事件が自分たちの想像力の欠如の結果だと考えることもなく、外国による軍事占領が中東で何を意味するかも無視して、事態を悪化させた。そもそも列強が中東を軍事占領してきた歴史こそ、ビン・ラディンの格好の批判対象であり、中東の人びとの怨嗟を増幅させ、テロリスト志願者を生み出したものであった。そして九・一一以前から激しかった米政府内の縄張り争いや高官どうしの対立は、終わるどころかいっそう激化した。イラクとの戦争に突進した後も、ブッシュは極端に無能な指導者たちと官僚組織を率いることになった[131]。

ブッシュ政権がイラクとの戦争を選び取ったのは、そもそも超大国の高圧的な姿勢こそがイスラム世界の反感に火を付けてきたという事実を無視するところから発しているが、それだけではない。ブッシュ政権は、アフガニスタンでのソ連の敗北からビン・ラディンが学んだ教訓――超大国でさえ、「非対称的」な抵抗に対しては脆弱である――を、かたくなに認めようとしなかった。アルカイダやテロの脅威は、第二次世界大戦の重武装した敵国とはまったく違うものであった。にもかかわらず、大統領と戦争を立案した高官たちは、圧倒的な戦力と最新兵器に頼り、「効率が良い」従来型の戦争へと、いわば火に飛び込む蛾のように引きつけられていった。そのほうが計画が容易で、エキサイティングであり、自称「戦時大統領」と軍司令官たちにとって、より大きな個人的栄光が期待できたからである。

マッカーサーは、真珠湾攻撃があったにもかかわらず、飛行機を飛行場に放置して日本軍の餌食にさせたが、それと同じように、九・一一の攻撃を許すという失態の後も、大統領とその助言者たちは仕事を続けることを許された。イラクに対する開戦理由が根拠のないものだったことが証明され、イラクがカオスに陥った後も、アメリカの有権者はブッシュを大統領に再選した。しかし、マッカーサーとブッシュが似ているのは、ここまでである。フィリピンでの大敗から三年九カ月後、マッカーサーは勝利した英雄として東京湾の戦艦ミズーリの甲板に立った。第二次世界大戦は、最後まで残った枢軸国・日本の無条件降伏をもって終わった。他方、アメリカ軍がバグダッドに侵入してから五年九カ月後、ブッシュ大統領は退任した。イラク戦争を第二次世界大戦になぞらえるのをあれほど好んだブッシュとそのスピーチライターと多くの支持者たちは、「イラクの自由作戦」の後、中東を眺めて嘆息するしかなかった。イラクは未だ分裂と荒廃の中にあり、イスラムの聖なる戦士たちはアフガニスタンで勢力を盛り返しつつあった。

＊

アメリカのイラク侵攻と、日本による真珠湾攻撃や東南アジア進攻を比較するのは、一見奇妙なことのように感じられる。「イラクの自由作戦」では、アメリカは攻撃を準備しているのか、攻撃対象はどこかと訊ねる者はいなかった。アメリカはサーベルを鳴らして公然と開戦を準備していたのであり、問題はただ、いつ攻撃が始まるかだけであった。われわれが驚いたのは、戦闘後の安定化と占領のための準備がアメリカになかったこと、不測の事態への対処法や最終的な収拾策も真剣に検討されていなかったことである。しかし、この準備不足こそが、イラク戦争と日本の真珠湾攻撃との著しい類似点であった。

一九四一年一二月の日本の選択による戦争と同じく、「イラクの自由作戦」も、戦術的・軍事的には成功であり、戦略的には大失敗となった。どちらの戦争も、トップレベルの政策決定担当者たちは敵の心理や能力を見くびり、もはや自力ではコントロール不能の紛争に飛び込んだ。国家がいったん戦争に向かって動き始めると、政府の最高レベルでは政治的意志、感情、願望が理性を上回り、政府を批判する者には負け犬根性、弱腰、果ては国家への反逆といった汚名が着せられた。東京でもそうであったし、六〇年後のワシントンでも同じであった。

二つの戦争の類似点は、戦略的に失敗であったということだけではない。本当かどうか疑わしい脅威を論拠とし、国際法や国際世論、そして軍事力以外の代替策を熟慮せずに戦争を選んだ点が共通していた。イラクの状況が破綻する前、すでにアーサー・シュレジンガーをはじめとする少数の批評家たちは、日本が行った「パールハーバー」が九・一一以前とは異なる意味を持つことになったと指摘した。ブッシュ政権は、イラクとの開戦を選ぶことによって、アルカイダやイスラムのテロだけでなく、アメリカという国家にみずから「恥辱 infamy」の烙印を押してしまったと。[132]

イラク侵攻を唱えた政権の主張の根幹（大量殺戮兵器の保有、アルカイダとイラクの親密な結びつき)に根拠がなかったことはやがて判明したが、その前にアメリカがイラク戦争を選択したこと自体、アメリカが掲げてきた法や価値を掘り崩した。これはたんに道義的問題であるだけでなく、現実政治上の問題でもあった。アメリカは戦争を単独で選択したことにより、九・一一事件で世界から寄せられた支持のほとんどを雲散霧消させた。そしてアメリカの自己中心のダブル・スタンダードを非難しようと待ち構えていた者たちの思うつぼにはまり、権力や権威を支える、目に見えないオーラや正当性を弱めてしまった。

ブッシュ政権が選んだイラク戦争を擁護する者にとっては、イラク戦争と一九四一年の日本の開戦を比較することは馬鹿げたことであったし、今もとんでもないことである。彼らは次のように反論する。大日本帝国と違って――そしてこれまでのいかなる帝国や開戦国とも異なって――アメリカが戦争を選択した理由は防衛的かつ人道的であり、その意図は理想主義的、建設的であり、武力も節度をもって行使されたのだ。フセインの「恐怖の共和国」と、一九四一年に日本が攻撃した民主主義の国アメリカとは、いかなる意味でも比較できない。ブッシュ大統領と助言者たちの部屋に、天皇や日本の将軍たちの亡霊を呼び出すなど、ほとんど名誉棄損であると。(133)

たしかに、ブッシュ政権下の保守的なアメリカと大日本帝国とのあいだには、根本的な違いがたくさんある。そもそも日本は立憲君主国であって共和国ではなく、住民は「市民」ではなく「臣民」であった。裕仁は西暦で紀元前六六〇年までさかのぼる皇統の第一二四代目の天皇である(したがって一九四〇年は万世一系の天皇による統治の二六〇〇年目になる)という神話を、日本の学童はみな教えられていた。一八八九年発布の明治憲法の下では、皇位とその継承者は「神聖にして侵すべからず」とされ、一九三〇年代の初めから始まった戦争では、天皇の臣民たちは「皇道」の擁護というスローガンのもとに動員された。イラクへの先制攻撃を擁護するためにブッシュ政権が使った「自由」「デモクラシー」「自由市場と自由貿易」などの政治理念は、日本の戦時イデオローグたちが忌み嫌ったものであった。勢力圏拡大を叫ぶ日本のスローガンは、アジアの「共存共栄」であり、中国における目標は、軍閥、国民党員、共産主義者、「匪賊」(抗日ゲリラ)がいりまじる混沌とした世界に「安定」をもたらすことによって、日本と大陸との経済的ライフラインを確保することにあった。[134]

戦力、経済力、社会的余裕からみても、日米には著しい違いがある。大日本帝国が攻撃したアメリカ、そして東南アジアを植民地とするヨーロッパ列強は、軍事力において日本を大きく上回っていた。ゆえに、一九四一年に日本が戦争に踏み切ったときに覚悟したリスクは、アメリカがフセインの警察国家を攻撃するリスクよりもはるかに大きかった。経済的にも、当時の日本は豊かとはいえない国であり、日本人は聖戦のために文字どおりすべてを犠牲にすることを求められた。他方でブッシュ大統領は、九・一一事件の数週間後、フロリダのディズニー・ワールドのような「アメリカの素晴らしい観光スポット」を飛行機で訪ね、家族と人生を楽しみましょうと述べた。二〇〇六年、イラク侵攻から三年半余りたったときにも、クリスマス休暇の記者会見で大統領は、「みなさん、もっと買い物をしましょう」と呼びかけた。対称的に、戦時下の日本のスローガンは「贅沢は敵だ」であった。米軍による本土爆撃が始まると、天皇の忠臣は全員、特攻隊のように死を覚悟せよ(「一億総特攻」)と政府は戒めた。日本では、物質的に、あるいは親族・知人の死というかたちで、戦争の痛みを感じない家はなかった。[135]

しかし、日本の天皇・閣僚・軍部とブッシュ大統領およびその側近を、いかに戦争を始めたかという点において比べてみると、日米の違いは小さくなる。ナショナリズムと正義の表現は両者とも似ていたし、どちらも地政学的に大きな変化をもくろみ、既存の国際秩序、ひいてはそれに連動する国内秩序を壊そうとした⑬⑥。ブッシュ政権がひたすら戦争に突き進んでいったように、日本の指導者たちも国家の安全が脅かされているという思いにとりつかれ、同時に、アジアに安定と繁栄をもたらすという大義を疑うことはなかった。日本政府のトップレベルの極秘議事録を見ると、より安定した世界を創るという目標を真面目に信じていただけでなく、具体的な情報と一見合理的な判断が結びつけられていたし、自分たちは真っ当で理性的な人間だとも思っていた。自分たちの言葉と、国の行動や彼らの行動はしばしばくい違ったが、それで彼らが困惑することはなかったし、それを認めることもなかった。

政府の最高レベルにおける大日本帝国とアメリカ合衆国のもっとも顕著な違いは、自信の程度と意思決定の手順にあった。日本の意思決定のほうが、イラクとの戦争を急いだブッシュのケースよりも形式も手順も整っていた。ペンタゴンとホワイトハウスでは、問答無用といった形式無視の態度が横行し、大統領の「ボディランゲージ」を読みとることに、側近たちはかなりの時間を費やしたようである。戦前の日本の指導者たちは、アメリカと対戦することのリスクを深刻に考えて躊躇し、アジア、とくに中国における日本の「正当な」要求を受け入れるよう、ワシントンを説得できるかもしれないと期待した。東条首相は、一九四一年一一月初めになっても、アメリカとの話し合いがうまく進んでほしいと部下に語っていた。これとは対照的に、ブッシュと戦争計画担当者たちは、国連による関与は渋々承認したが、イラクとの外交的解決を真剣に考慮した形跡はほとんどない[137]。

日本とアメリカの、二つの非常に異なる戦争への選択を比較することは、ひび割れた鏡に囲まれた部屋に入り込むようなものであるが、その過程と志向が理性とは正反対のものであったことは、ひび割れた鏡にも明瞭に映し出されていた。経験を積み、それ相応に明敏なはずの人間たちが「グループ思考」に陥ったために、先見性がなく、独善的で、妄想的で、悲劇的な行為に走り、英知に欠ける結果をもたらしたのである。

日米が行った、選択による戦争 wars of choice は、軍事計画立案者ならば当然肝に銘じているはずの、古くからの教訓を再確認させることになった。ひとたび開戦準備が始まればあとに引けなくなること。戦争を始めるのは易しいが、終わらせるのは難しく、その分、犠牲者が増えること。人はみずからの言葉やレトリックの囚（とら）われの身となり、戦争の機構はそれ自体の力で動くということである。

天皇制と帝王的大統領制

大日本帝国における戦争の決定は、二院制議会をもつ立憲君主制の下で行われた。非公選の貴族院と、選挙で選ばれた代表からなる衆議院で構成された議会は、予算について発言権があったが、国家の戦争政策に関しては承認印を押すだけの存在であった。一九二〇年代に治安維持法が成立して以降、国家政策への批判は不敬罪同然とみなされ、政府を正面から批判した者は投獄された。真珠湾攻撃時には何百人という非転向者——そのほとんどが左翼主義者——が獄中にいた（やがて日本の共産主義者のほとんどは転向し、天皇制の「錦旗の下での革命」の支持にまわったが、これは戦後になって左ていい自己検閲を行っていた。

翼の間で苦悩に満ちた批判的論争のテーマとなった)。政府による検閲もあったが、メディアはたいてい自己検閲を行っていた。

アメリカ議会は二〇〇二年一〇月、ブッシュ大統領にイラクへの軍事力行使を許可する決議をしたが、これに相当する立法府の動きは、日本にはなかった。九・一一後のアメリカにあったような、政府の政策に対する国民の批判も、日本では少なかった。中国での戦争や、欧米の植民地への攻撃を批判した軍将校や政治家は容赦なく非難された(よく知られた例として、一九三一年の満洲事変で中心的役割を果たしながら対米戦争には反対した石原莞爾や、中国での戦争への批判が「聖戦に対する冒瀆」とみなされ、一九四〇年二月、同僚政治家たちによって衆議院から除名された斎藤隆夫がいる)。ある日本の学者は、一九三一年〔満洲事変〕以後の日本の政党は「権力者のお抱え道化師のようなもの」であったと、辛辣かつ的確に指摘している。一方、二〇〇一年から二〇〇六年にかけてのアメリカ連邦議会は、共和党が多数を占めており、ブッシュ政権の戦争政策を承認したが、それでも反対意見が完全になくなったわけではなかった(138)。

こうした違いはあったものの、日本が独裁的支配で、合衆国は民主的な「抑制と均衡」という具合に、鋭いコントラストを見せたわけではない。アメリカの連邦議会は、戦争への突進に真剣に異議を唱えなかったし、政権の虚偽が暴露されても調査しなかった。囚人に対する拷問や恣意的勾留といった国際法や国内法に反する行為が明るみに出たが、それを察知し阻止しようとする動きもなかった。現実には、国家安全保障の名のもとに行われた行政府の政策の前に、立法府は受動的かつ従順であり、主要メディアは行政府の代弁者であった。危機や海外紛争にあたっては、アメリカ人の行動も「従順な群れ」――戦争中、日本人を軽侮してもっともよく使われた言葉――という烙印がふさわしかったのである。

明治憲法の下では、天皇は立憲君主の特権に守られ、政策立案プロセスから原則的に切り離されていた。憲法は、天皇を国の元首および名目上の大元帥(最高司令官)としながらも、「天皇ハ帝国議会ノ協賛ヲ以テ立法権ヲ行フ」と定めていた。天皇は命令を発する権限をもつが、「但(ただ)シ命令ヲ以テ法律ヲ変更スルコトヲ得ス」ともされていた。実際には、統治と支配を分ける壁は穴だらけであり、天皇は戦争推進者たちの背後にいる圧倒的な権威であったが、大統領とは異なり、外交や軍事の重要政策をみずから発案して推進することはなかった。

天皇の下にあった日本の内閣は、ブッシュ政権よりも政策の失敗の責任を問われることが多かった。日本では真珠湾から一九四五年八月の敗戦までに首相が二度代わり、閣僚も多くが入れ替わった。陸軍大臣を兼任した東条英機首相は、真珠湾から三一カ月後の一九四四年七月、戦局の悪化により退陣した。後任の小磯国昭首相も、一九四五年四月初め日本がフィリピンを失い、米空軍による都市への空爆が始まると辞任させられた。ブッシュ大統領に匹敵する決定権を持つ人間は、天皇を含め、誰もいなかった。日本の天皇や首相の周りには、ブッシュの周囲にいたような影響力の大きい側近もいなかった。ジョージ・W・ブッシュの帝王的大統領制は、大日本帝国を戦争に引き込んだ軍国主義政権よりも絶対的で、不可侵で、不透明で、専断的だったのである。

真珠湾攻撃と日本の「南進」を決定した最高レベルの審議は、首相、陸相、海相、陸軍参謀総長、海軍軍令部総長、外相――すなわち文民・軍部のトップ六名からなる「大本営政府連絡会議」で行われた。「統帥権〔軍の最高指揮権〕」についての憲法の規定では、軍部は天皇にのみ責任を負うことになっていたから、陸相・海相の候補を出す、出さないによって、軍部は内閣を作ったり倒したりできた。大本営政府連絡会議での重要な決定は、各省の高官に天皇が加わり、不定期に開かれる御前会議で正式に承認された。そのとき天皇が発言することはめったになかったが、決定には天皇の正式な承認が必要とされた。一九四一年四月半ばから一二月初めまでに、政府は連絡会議を五七回、御前会議を四回開いた。これらの会議の議事録は敗戦後も残されたので、指導者たちがどのように、なぜ戦争を選んだのか、今でもかなり正確に再現できる。(139)

ブッシュ政権の場合、日本のそれに相当する極秘の記録は入手できない。おそらく、その記録のすべてが入手できることは永久にないだろう。しかしある程度までなら、日本との比較を試みることはできる。アメリカの場合、政策決定プロセスを示すフローチャートが存在し、そこには日本の大本営政府連絡会議や御前会議に似た、整然とした仕組みが書かれている。まず、政府および軍の内部での討議や提案が様々な省庁間委員会のヒエラルキーを段階的にのぼっていき、国家安全保障会議(NSC)に行きつく。国家安全保障会議に常に出席するのは、大統領、副大統領、国家安全保障担当大統領補佐官、および国務、国防、財務の各長官である。このほか、ふつうは統合参謀本部議長、中央情報局長官、首席大統領補佐官および大統領法律顧問、その他の高官も出席する。大統領の出席なしに国家安全保障会議が開かれた場合、それは閣僚級委員会と呼ばれる。この委員会のすぐ下の、閣僚レベルでない政策委員会のトップが副長官級委員会で、各省庁の副長官あるいは次官、およびそれと同等の軍高官が主たる出席者である。(140)

紙の上では、これはいかにも整然として見えるが、内部の関係者によれば、実際にはこうした組織上の手続きは大部分が壊れていた。下のレベルでは専門家の分析や提案は無視されることが多かった。上のレベルでは部局間の縄張り争いや、個人的な意見対立がこじれて手続きが滞った。ブッシュは、長時間の細かい政策論議には関心がなかった。むしろ「直感」に頼って「大局的」な判断をする大統領を自負し、現実には、チェイニー副大統領、ラムズフェルド国防長官――それと程度は落ちるが、ライス国家安全保障問題担当大統領補佐官――を中心とした一握りの助言者を頼りにしていた。リーダーは信頼できる側近に頼るものだが、この政権の運営手法は際立って専断的で異常であった。

ダグラス・ファイス(先制戦争の理論的正当化に貢献した政策担当国防次官)のようなブッシュやラムズフェルドの賛美者でさえ、「省庁間の政策決定プロセス」の「透明性の欠如」が、イラクでの大失態の原因だったと述べている。「省庁間の不一致」は九・一一事件の前から始まっており、それが「政権の当初から大統領のイラク政策を混乱させた」と。ファイスをとくに怒らせたのは、イラク侵攻後にいっそう激化した国防省と国務省の摩擦であった。ファイスの告発は、ライフルでひとつの標的を狙うというより、散弾銃を乱射するかのようである。彼の標的は、国防省内の縄張り争いにとどまらず、CIA、NSC、CENTCOM(「イラクの自由作戦」担当の中央軍司令部)、その後イラクに設立される連合国暫定当局(CPA)にまで及んでいる[14]。

ファイスの内部証言によって、九・一一調査委員会や多くの評論が指摘してきたことが事実であったことが確認された。すなわち、縄張り争い、権限の囲い込み、部局間の堅い壁など、情報共有や協力を阻むあらゆる障害が、一貫性のある政策決定をほとんど不可能にしていたのである。個人的な角逐が、九・一一事件の後も政策づくりにとって非常に有害に働いたことも、ファイスは――まるで犬が骨をしつこく噛むように――繰り返し批判している。だが、イラクに対する戦争計画においては、よくある組織的・個人的病理とは別の側面が見られた。アメリカは侵略する側であったから、イラク戦争の手順やタイムテーブルを自分で決めることができた。にもかかわらず、収集された情報がきちんと政策決定に反映されず、現実的な戦争計画を作れなかったのである。そうなったのは、たんに「省庁間の不一致」のせいではない。これらすべての背後にあったのは、大統領府の権限を理論的に強化し、その権限をほとんど問答無用で――必要なら制度を悪用してでも――行使しようとする政権の態度であった[142]。

ホワイトハウス流の表現では、こうした大統領権限の強化は「単一執行府」論と呼ばれた。もっとわかりやすく言えば、ウォーターゲート事件による一九七四年のリチャード・ニクソン大統領の辞任以来、深刻なまでに弱体化していた「帝王的大統領制 imperial presidency」を復活させ、強化しようということである。これは議会や司法の力を弱め、大統領の特権を強化するということであるから、ほかの国で行われていれば権威主義的国家、あるいは一種の独裁国家とアメリカ人が呼ぶものにあたる。政治学者のシェルドン・ウォーリンは、これを「一種の全体主義」とさえ呼んでいる。縄張り争いが合理的な政策形成を阻害したことは事実であるが、権力を掌握した副大統領たちは、「全体主義」さながらに、下位レベルの分析官や役人の意見に興味をもたず、早くからイラクとの戦争が必要だと決めつけ、聞きたいことだけ聞いた。たいへんなことになるという警告など無視したのである[143]。

ブッシュ政権の初期、トップの数人が、自分たちにローマ神話の火の神を意味する「ウルカヌス団」といううぬぼれ半分のニックネームをつけた。構成員は、チェイニー副大統領、ラムズフェルド国防長官、ライス大統領補佐官、パウエル国務長官、ウォルフォウィッツ国防副長官、アーミテージ国務副長官であったが、このグループは、侵攻後の過渡期に亡命イラク人を合衆国がサポートすべきか否かという問題をめぐって、すぐにばらばらになった。チェイニーと国防総省は、イラクを迅速に侵攻・撤退するには、「外部」にいるイラク人の活用が不可欠と見ていた。国務省は、アメリカが強制して亡命イラク人による政権をつくるのは正当性がないと主張した。軍事と外交を調整するはずのライス補佐官は、ウルカヌス団の不一致を解消しようとしなかったし、大統領の注意をその不一致にむける努力もしなかった。結局、火の神たち(ウルカヌス)は一貫した政策をまとめることができなかった。彼らの対立と不実行は、平和を追求し、テロや反政府活動の根本原因に対処するというより、帝王的大統領制が開戦にのみ固執するよう唆(そそのか)す結果を生んだのである(144)。

イラク占領の失敗が明らかになると、忠実だった内輪の者たちの多くが、日本の「軍閥」を描写するかのような激しい表現で、政権の政策決定プロセスを批判し始めた。その過程で明らかになったのは、ホワイトハウスと司法省で五人の法律家が人知れず活動し、不釣り合いな影響力をもっていたことである。彼らは「作戦会議 War Council」を自称し、行政権を強化しようと全力をあげていた。彼らの粗雑な法律解釈は、捕虜拷問を正当化する恥ずべき「拷問メモ」として、後に一般の知るところとなった。しかし、これは行政府の傲慢ぶりを示す無数の事例のひとつにすぎない。たとえば、ファイスのような当事者とジャーナリストたちが明らかにしたところでは、実際の政策は、しばしば大統領の演説草稿の作成過程で形成された。その背景にあったのは、省庁間の協議を経て決定されたことを、大統領とスピーチライターが好きなように「取捨選択」できるという考え方であった[145]。

行政府は機密情報を特権的に入手できるのだから、とくに危機的状況においては迅速な行動を妨げられてはならない――。これが帝王的大統領制のもっともらしい理由づけであった。しかし、多数の内部関係者が一致して認めているように、現実にはこの行政府の特権が恣意的に悪用された。対イラク開戦当時、ＣＩＡの中東および南アジア担当の情報分析官であったポール・ピラーは、二〇〇六年に、こう明かした。たしかにＣＩＡは大量破壊兵器の存在を誤認した。だが、ブッシュ政権はイラクに関するその他の問題についても、「戦略レベルの情報評価をわれわれ〔ＣＩＡ〕に一切求めることなく――したがって当然、そうした評価に影響されることなく――戦争に突入した」。それから一年後、ピラーはさらにこう語った。「戦争が賢明かどうかについての議論や開戦の決断は、ホワイトハウスの危機管理室で行われるのだが、そこできちんと会議が開かれたことも、政策オプションが書かれた文書が出されたことも、真剣な議論が行われたこともなかった」。「重大な決定に不可欠のはずの、いろいろな判断を求められたり、こちらからすすんで判断を述べたりする機会はほとんどなかった」。ピラーの告発には、「好みの情報だけをつまみ食いする cherry-picking」「見かけをとりつくろう sugarcoating」「情報を政治的に加工する politicization of intelligence」「自分勝手に思い違いをする policymaker self-deception」といった表現があるが、これらはすべて、ブッシュ政権の内部告発に出てくる定番表現である。イラク戦争当時、国務省の政策企画局長であったリチャード・ハースは、留保条件付きで開戦を支持した人物であるが、彼も自分の体験を後にこう述べた。「戦争の良し悪しが討論され、正式に決定が下されたひとつの会議も、一連の会議もなかった[146]」。まるで「俺を踏むんじゃないぞDon't Tread on Me」と書かれた古いアメリカの旗〔アメリカ独立戦争当時使われた、蛇がとぐろを巻いて口を開けている図柄の旗〕のガラガラ蛇のように、ブッシュ政権は戦争へと這い寄って行ったのである。

内部関係者による政権運営への批判のうち、もっとも痛烈だったのは、パウエル国務長官の首席補佐官であったロレンス・ウィルカーソン退役陸軍大佐によるものであった。二〇〇五年一〇月、ウィルカーソンは、彼が「大統領執務室（オーバル・オフィス）の陰謀団（カバル）」と呼んだ人々を、次のように糾弾した。

> 私は、国家安全保障の決定プロセスで起こる様々な逸脱、劣化、動揺、変更を見聞してきましたが、その四年余りで見たものは、それまで一度も見たことのないものでした。合衆国副大統領リチャード〔ディック〕・チェイニーと国防長官ドナルド・ラムズフェルドが陰謀団 a cabal を作り、死活的問題に決定がなされるのを私は見ました。そうした決定がなされていることすら、官僚機構が知らないうちにです。次に、その決定を実施に移すべく、役人に示されますが、それは支離滅裂な、およそ信じられないような形で示されるので、実施にあたる官僚機構は、しばしば自分たちがいったい何をしているのかもわからないのです。[147]

日本の戦争立案者たちは空想的で、派閥争いも多かった。しかし、一九四一年の大本営政府連絡会議や御前会議の詳細な議事録を見るかぎり、所定の手続きを踏むという点では、すくなくともブッシュ政権よりも尋常で穏当であった。

＊

執務のスタイルとしては、ブッシュ大統領のほうが天皇裕仁よりも自己主張的で、戦争という選択にも能動的に関わった。天皇の地位は終身・世襲であり、君主としての天皇の権威は憲法によって「神聖にして侵すべからず」とされ、名目上は国軍の最高司令官でもあった（この点はアメリカ大統領と同じ）。天皇のカリスマ的指導力は、個人の力というよりも制度的なもので、天皇の政策決定への関与は概して受動的であった。しかし、戦争関連の布告は「詔書」と名付けられ、天皇の名で発せられたし、一九三〇年代後半に中国への全面的侵略を開始して以来、天皇は戦争国家の最高の象徴として、さらに広大無辺の皇道の象徴として、公の場には常に軍服姿で現われた。日中戦争とその後の戦争の拡大にお墨付きを与えたのは天皇であり、彼は自分の同意や不興を様々なかたちで周囲の者に伝えた。しかし、伝統的な意味では、彼は政治や政策を「リード」したわけではない。戦争の最後の最後に、日本の降伏をみずからラジオで宣言するまで、天皇は臣民全員に、ただの一言も直接語りかけたことはなかったのである(148)。

近現代のほとんどのリーダーたちと同じく、ブッシュ大統領は演壇を宣伝の場として利用し続けた。それだけでなく、彼の人柄は謹厳で寡黙な天皇とは対極的であった。大統領が重要な文書をきちんと読んでいたのか、それとも口頭でのブリーフィングや短い要約文書に頼っていたのか、はっきりしないが、ひとつ確実だったのは、彼は細かいことは他人に任せることを自慢し、国際問題に関心がないことで有名だったことである。毎日運動を欠かさず、早めに就寝し、起きたらまず聖書を読んだ。天敵であるビン・ラディンに負けず劣らず、ものごとを善と悪にきっぱりと分ける二元論をとった。頻繁に休暇を取り、思いつきや直感で躊躇なく決定を下した。彼は、ある記者にこう言った。「わたしは教科書に従うプレーヤーではない。直感のプレーヤーだ[149]」。

逆に、天皇裕仁は政策の些細な点にまで強い関心をもっていた。とくに皇位継承者として詳しい教育を受けた軍事については熱心で、詳細な説明を受け、戦術的な問題について質問や指摘をすることもあった。天皇裕仁の立ち居振る舞いや、会話や公式の場でのぎこちない貴族的な言葉づかいは、ブッシュ大統領とはまったく違っていた。ブッシュ大統領は九月一一日の事件後、トップレベルの助言者たちとの最初の会議で、「国際法の専門家がなんと言おうと、構うもんか。叩きのめしてやる“We are going to kick some ass.”」と叫んだり、「サダムのくそったれめ。消してやる“Fuck Saddam. We are taking him out.”」とも言ったが、天皇が怒鳴ったという記録はない。裕仁はある重要な御前会議で、祖父・明治天皇が平和への思いを込めた和歌を詠んで聴かせた。ブッシュ大統領がそのようなことをしたことは一度もない[150]。

しかし、大統領と天皇は、その指導力が個人の力というより制度の産物であったということのほかに、過ちを認め修正する能力がないという点でも共通していた。戦争中の日本についての研究は、もはや戦争に勝てないことをいち早く認め、戦争からの出口を探すことができなかった裕仁とその最高指導部の失敗を指摘してきた。一九四二年半ば以降、日本が劣勢になったあとも、一九四四年後半、米国が日本本土に爆撃機を飛ばせる射程内に基地を獲得したあとも、日本は神風特別攻撃隊をつくり、硫黄島や沖縄で無残な戦闘を行い、「玉砕」を呼号して、狂ったように戦争をエスカレートさせた。

困ったあげく夢遊状態でふらふらと歩いているかのように、戦争を根本的に見直すべきだという声があっても、耳に入らなかった。

夢遊状態で歩いていた人物の最たるものが、裕仁であった。米軍による本土空襲が本格化すると、彼が動揺したのは当然だが、積極的に手を打つ段になると呆然として、ほとんど硬直状態といってよかった。一部の重臣が、方針転換を支持してもらいたいと天皇に要請したこともあるが（もっともよく知られているのは、一九四五年二月の要請〔近衛上奏文〕）、ほとんどの者は玉座を畏(かしこ)み恐れ、天皇が聞きたがっていることだけを耳に入れた。やはり最善の策は戦争の継続ですと。こうした状況を概念化した学術用語に、「玉座近接作用」がある。玉座に近い人間は特別な権威を授けられる。だが同時に、そうした人間は真実を玉座に語れなくなる。側近たちは、聖戦はすでに崩壊しておりますとは言えなかった。軍事作戦が大失敗に終わっても、もっと犠牲と流血を重ねればいずれアメリカは和平を求めてくることでしょうと、粉飾して伝えた。イラク戦争が一年また一年と長引いたときも、ホワイトハウスでは、かつて日本の皇居を舞台に演じられた事実否認、判断麻痺、説明責任の回避、帝王を恐れる廷臣たちのごますり芝居が再演された(151)。

大日本帝国といい、それから数十年後のアメリカ合衆国といい、以上のような観察から浮かんでくるのは、一方では不和と派閥争い、他方では服従と沈黙という矛盾した姿である。「東と西」の違いを強調する通俗的な文化人類学では、日本人といえば集団志向とか「和」の重視が強調されるのが常である。日本のイデオローグはこれを「一億」（当時の日本本土の人口は七〇〇〇万前後だったが）という数字を使って、「一億の心臓が一つになって鼓動する」（「一億一心」）などと表現した。西洋世界では、この種の「和」は、卑しい昆虫や動物の世界を思い起こさせた。羊たちの従順な群れのほか、典型的なのは、蜂の巣(天皇を「女王蜂」としてむらがる蜂たち)や蟻のコロニーのイメージである。日本人のふるまいは「部族的（トライバル）」だともよく言われた。この表現には、無知な人間の集団志向とか、取り残されているとか、もっといえば原始的といったニュアンスが含まれており、英米流の個人主義や良心の命ずるところに敢然と従う西洋の理想的英雄像との違いが露骨にイメージされていた。[152]

だが、この東西二分法も、きちんとした吟味に堪えうるものではない。「合意（コンセンサス）」という概念の中身は変幻自在であり、単なる空想であったり、現実的であったり、敵意の表現だったりもする。日本の戦争の愚行を理解する上で役立つ側面もあるが、「合意」といっても主義主張の表明にすぎないことも多いし、逆に、それは話し合いによる相互理解と合理的な妥協を意味していることもある。さらには、合意とか相互理解とされるものが、根本的な差異を覆い隠すカモフラージュにすぎないこともある。実際、大日本帝国が戦争へと邁進していく過程では、そうしたカモフラージュは普通のことであった。たとえば陸軍と海軍は、政策の優先順位や物資の配分において互いに相容れない立場にあったが、冗漫な官庁用語を用いて対立を隠蔽した。裕仁と開戦過程に関するある優れた研究は、日本の官庁エリートは、「曖昧な表現で各々の立場を並記し、起案者が都合よく解釈できる公文書をつくる」というやり方で「お互いの違いを取り繕う」傾向があったと指摘している。[153]

しかし、官僚組織が協調を装うことは、ことさら日本的なことでも「非西洋的」なことでもない。イラク戦争の準備段階における国家安全保障会議レベルでの議論でも、同じようなことがあった。コンドリーザ・ライス大統領補佐官は、意見の不一致を機能不全と同義とみなす傾向があり、省庁間の不調和が見えないようにする「橋わたし提案」を作って、全員一致の外観をつくるのに熱心であった。このような見せかけだけの合意は、アメリカがイラク侵攻後の政策を現実に実施する局面になると、破綻となって現れた。「解放された」イラクで、誰が、いかにして、どれくらいの期間、責任を負うのかという実際上の問題となると、国防総省、国務省、中央軍司令部など、関係者の合意の幻想は剝ぎ取られた。たとえばCIAのダグラス・ファイスは、「互いに排他的な選択肢」を大統領に直接示すことをライスが拒否したため、結果として「意見の重要な違いを解決するのではなく、言葉で取り繕おうとするアプローチとなった。ライスの協調追求の姿勢によって、ときに政策の統一性が失われた」と述べている。アメリカでは、権力をあやつった者たちがこのように「協調」に腐心すると、それは特異な事例とみなされることが多く、アメリカの国民性の反映だとか、技術官僚がよく使う奇術の類だとはみなされない。この種の「協調」はアメリカでもよくあることだと主張したりすれば、アメリカは世界の「例外」だという神話に異議を申し立てていることになる。(154)

九・一一事件を予測できなかったこと、そしてイラクが実は大量破壊兵器を所有していなかったこと、フセイン打倒後についてアメリカがまっとうな計画をもちあわせていなかったこと。こうした一連の失態の原因について、評論家たちは「グループ思考 groupthink」の存在をいっせいに指摘した。行政の下部レベルから真剣な警告が上がっていたにもかかわらず、これほどずさんな戦争計画を、ホワイトハウス、国防総省、国務省、国家安全保障会議、諜報関係、連邦議会、マスメディア、一般大衆、さらにイギリスや日本といったアメリカの同盟国までが、結局は承認したのである。これを、異論を排除する「グループ思考」という以外に、どのような説明が可能だろうか。アメリカでは、グループ思考という言葉は一九五〇年代に使われただけで、その後ほとんど忘れられていた。それが九・一一事件から数カ月後、二〇〇一年も終わろうとする頃、エンロンの破綻に始まる一連の金融危機の衝撃によって、強化されたかたちで復活したのであった(アメリカの金融危機については、本書の第一五章で分析している)。

グループ思考の蔓延というアメリカ政府の実態は、パールハーバーを攻撃した従順な羊の群れが、アメリカ人を襲う悪魔の艦隊となって復活し、太平洋を越えてアメリカ大陸を征服したかのようであった。誰も羊たちの艦隊に気づかなかった。気づいたときはもう遅かった。そして、アメリカ流の「グループ思考」がどんな結果をもたらしたかを説明するには、やはり戦時日本に関する既存の書物が分析概念を提供してくれる。「否認 denial」(不快な現実を認知したとき、「それはありえない」と心内で否定して、自我を防衛する心理機制)である。[155]

戦争を選ぶ

真珠湾攻撃の直前、グルー駐日大使はワシントン宛の電報で、「日本が正気かどうかは、アメリカ人の標準的ロジックでは測れない」が、それはつい最近まで封建時代であった社会に特有のものだと述べていた。グルーの観察は、日本の支配層との一〇年にわたる彼の交流に基づいていた。たしかに、一九四一年の開戦に至る日本政府の秘密議事録を今日読み直せば、常識が不足しているようにみえる。だがそれでも、表面上は論理的な議論が行われていたと言えば、少々信じがたいかもしれない。しかし、もし大本営政府連絡会議や御前会議のメンバーがブッシュと政権幹部たちの部屋を訪れたとすれば、国家の目標や意思を表現する言葉が少々荒っぽくて品がなく、耳障りではあるが、言っていることの大部分は、どこかで聞いたことだと思うかもしれない。

ブッシュとその側近たちと同じように、日本の軍事・政治の指導者は、権力行使に習熟した、粘り強い人物たちであった。だからこそ、彼らはトップに立つことができたのである。その誰もが、国家の存立を第一に考え、祖国が危機にさらされていると信じ、日本の安定には中国を支配することが不可欠であり、ひいては東南アジアの資源をおさえることが中国での戦争の解決に不可欠であると信じて疑わなかった。イラク戦争を計画したブッシュ政権と同じように、彼らも戦争の準備をしながら、多少なりとも外交努力を継続しているようによそおった。そして、日米ともに、戦争遂行の都合が戦争のタイムテーブルを決め、準備の仕方を決めていた。たとえば、日本の戦争計画は東南アジアのモンスーンの風向きに影響され、イラクが生物化学兵器を使用する危険に備えて、重い防護服を着用する必要があったため、米軍の計画は砂漠の気候条件に影響された。そしてなにより、大規模な攻撃部隊をどう編制し、どう準備を完成できるかが、日米とも開戦時期を決める重要な要因であった。

アメリカでは、「先制攻撃の原則」は一九九〇年代初期にさかのぼるとされる。この時期、ブッシュ政権で影響力をふるったネオコン系知識人たちの間でこの概念が有力となり、九・一一事件の後、これは公式の政策となった。二〇〇二年六月一日、ブッシュがウエストポイント陸軍士官学校での演説で「選択による戦争 war of choice」という概念をはじめて表明したが、そのとき大統領は、大量殺戮兵器がテロリストの手にわたる危険があると述べた後、こう宣言した。「われわれはこちらから敵に戦闘をしかけ、敵の計画を阻止し、最悪の脅威が現れる前に敵と対決しなければなりません」。

拍手を受けた大統領は続ける。「われわれは、自由と生命を守るため、必要であれば先制的行動にでる用意がなければならないのです。……われわれが足を踏み入れたこの世界では、安全に至る唯一の道は、行動の道です。そしてわれわれは行動する国なのです」。この方針は、九・一一事件からほぼ一年後（二〇〇二年九月一七日）、「国家安全保障戦略」に組み入れられ、公式の政策となった。[156]

この時までに、アメリカは戦争への道を確実に歩んでいた。「帰還不能点（ポイント・オブ・ノーリターン）」はこれ以前に過ぎていたが、それが正確にはいつだったのか、はっきりしない。ただ、日本と違って、最終的な決定権はただひとりの大統領の手中にあった。そして大統領と国防長官は、九・一一事件直後から、イラクとアルカイダ、フセインとビン・ラディンを同一視していた。ある補佐官の走り書きのメモによると、テロリストたちがアメリカン航空七七便をペンタゴンの近くに激突させてから五時間後、様々な証拠がアルカイダを指し示していたとき、ラムズフェルド国防長官はこう述べた。「ＵＢＬ（オサマ・ビン・ラディン）だけではない。Ｓ・Ｈ（サダム・フセイン）を同時にやれるか判断すべし。どんと行け、全部片づけろ、関係あろうとなかろうと“go massive — sweep it all up — things related or not.”」。「どんと行く」ことは、ブッシュの気性にも合っていた。大統領は事件から約二カ月後（一一月二一日）に、イラクに対する大規模な戦争の計画をつくれないかと口にした。イラク侵攻の、およそ一四カ月前のことである。そして翌年の二〇〇二年初頭、あるいは遅くともその年の半ばには、大統領は戦争の覚悟を決めていると、大統領に近い者たちは確信した。[157]

日本の場合、真珠湾攻撃を想定した計画がまとめられたのは一九四一年春、山本五十六大将がこの計画を思いついてから数カ月後のことであった。最初の図上演習は九月に行われた。天皇が「帝国国策遂行要領」と題される文書を承認した九月六日の御前会議から間もなくのことである。この文書には、アメリカと外交で合意できなければ開戦する、とあった。これで戦争を止めることは事実上不可能になった。ただ、帝国海軍が真珠湾攻撃を正式に承認したのは一〇月半ばであり、東京・ワシントン間の外交交渉が決定的に決裂したのは一一月の最終週になってからであった。攻撃部隊は一一月二二日に千島列島に集結し、数日後、ハワイに向けて出発した。

日本では、先制攻撃を理論化した原理的文書(ドクトリン)は存在しなかったし、そのようなものが一般に発表されることもなかった。しかし、一九四一年九月六日の御前会議の前後に行われた重要会議の議事録には、迫りくる危機について、九・一一後のアメリカの戦争計画者たちを支配したのと同趣旨の言葉が、そこかしこに書かれている。「先手を打て」「我が国は岐路に立っている」「時間がない」「今こそ戦いの好機」等々。九月六日の御前会議の記録は、戦争に踏み切る理由を、「自存自衛」という包括的で便利な文句で記している⑱。

開戦が近づくにつれ、日本の指導者たちは強い不安と自信過剰を繰り返すジェットコースター状態に陥った。たぶんこれは、戦いの前に着剣するときのように、軍指導者なら避けようもないアドレナリンの過剰分泌かもしれない。日本軍の計画立案者たちは、標的の違う次の作戦さえ考えていた。たとえば一九四一年春には、「北進」によってソ連に侵攻し、シベリアの資源を確保することが構想された(これは実現可能と思われていた。とりわけ一九四一年六月、ドイツがソ連に対する大規模侵攻(バルバロッサ作戦)に乗りだすと、この計画はいっそう魅力的に思えた)。米英との緒戦で予想以上の勝利を収めると、気分が高揚した日本の戦略家のなかには、もう一度ハワイに戻ってハワイを占領することを考えた者さえいた。ブッシュ政権の計画立案者や賛同者のなかでもタカ派が、はじめ似たような空想をした。イラクを素早く片づけたら、「悪の枢軸」の残り二カ国(イランと北朝鮮)、さらに五カ国(シリア、レバノン、リビア、ソマリア、スーダン)を相手にした「五カ年作戦」を実行すべしというのであった⑮⑨。

一九四一年と二〇〇三年の軍事攻撃は、どちらも「ハイテク」への耽溺の現れでもあった。イラク作戦は、最新鋭の「スマート兵器」や、ラムズフェルド国防長官が好んだ「贅肉のないlean」軍事態勢を誇示するものでもあり、これは一九九〇年代初め頃から国防関係者が推進していた「軍事における革命」の成果であった。真珠湾攻撃も、これにある程度似ており、帝国海軍の保守的「艦隊派」に対抗して、山本五十六が提唱する先進的な「海軍航空戦力」を実地に示し、正当性を証明した。

ひとたび戦闘が開始されると、どちらも見事な戦略であったかのようにみえた。四月九日、アメリカがバグダッドに侵攻するまでの軍事作戦は、人々に強い印象を与えた。日本の攻撃計画は、それ以上に複雑で印象的であった。それは東南アジアと、六〇〇〇マイルも離れたハワイを含む、ほぼ六〇近い地点を攻撃する作戦計画であり、そのほとんどが手強い(と想定された)米英軍を敵とするものであった。しかし、似ているのはここまでである。日本には、当初の成功に続いてさらなる成功を築くだけの科学的、技術的、産業的な能力はなかった。これに対して二一世紀アメリカの軍事力は、戦闘において常に圧倒的優位を失わなかった。しかし、イラクでもアフガニスタンでも、アメリカにとっての問題は、その凶暴な軍事力が技術的にいかに洗練されたものであったにしろ、複雑な地域社会に根をもつ捉えどころのない敵を相手に闘うには適しておらず、逆にそうした軍事的・技術的優位性が不利の原因となったことである。[160]

戦略的愚行

サミュエル・エリオット・モリソンは、対米開戦という日本の選択を「戦略的愚行 strategic imbecility」と表現した。これはアメリカでも最も有名な軍事史家のひとりであったモリソンが、当時一般的だった見解にお墨付きを与えた表現であった。パールハーバー襲撃の直後、アメリカのマスコミの論説担当者はみな怒りに燃えると同時に、日本人はおかしくなったのだと考えた。『ニューヨーク・タイムズ』は社説で、「東京の軍閥は、うぬぼれを狂気の極致にまで高めている」と評した。『フィラデルフィア・インクワイアラー』は、「極致」とは言わなかったが、「好戦的な日本の軍閥は理性を捨て去り、他に選択肢はないと自暴自棄的に考えて、世界史に例をみない狂気の冒険に走った」と書いた。『ロサンゼルス・タイムズ』はこの攻撃を「狂った犬のようなふるまい」と呼び、『シカゴ・トリビューン』は「この絶望的な行為を、自分たちの権力延命の唯一の方法とみなした、狂った軍国主義の一味」によって、アメリカは戦争を強いられたと書いた。『シカゴ・タイムズ』は、真珠湾攻撃の裏にナチス・ドイツがいると考え、「東京よりももっと狂っているベルリンの陰謀団に命令されて、われわれに戦争を仕掛けた、頭のおかしい東京の軍閥」について論じた。[161]

真珠湾攻撃から間もない一二月二六日、ウィンストン・チャーチルはアメリカの両院合同会議で演説し、彼独特の明確な口調で、日本は正気を失ったがゆえに、徹底報復が必要だと述べた。「アメリカの資源と大英帝国がもつ資源を、日本の資源と比較してみましょう。そして、かくも長い年月、侵略に対して立派に抵抗してきた中国がもつ資源も思い出してみましょう。また、日本にはロシアの脅威が覆いかぶさっていることも考えると、日本の行動を分別あるいは正気と両立するものとみなすことは、ますます難しくなります。彼らはわれわれをどういう国民だと思っているのでしょう？　日本人が、そして世界が、けっして忘れられない教訓を学ぶまで、われわれは日本との闘いをやめません。彼らがそのことを思い知ることがないなどということが、ありうるでしょうか」[162]。議場はチャーチルに長い拍手を送った。

他方、「イラクの自由作戦」が完全な失敗となるにつれて、その戦略の迂闊さと愚かさへの非難がアメリカの戦争計画者たちに向けられ、二〇〇六年一二月、ラムズフェルド国防長官は辞任した。ラムズフェルドとペンタゴンのやり方は、戦術的にも稚拙だったという批判もあがった。イラクへの侵攻当時、イラク侵攻の開始段階で軍務に就いていた退役将軍ポール・Ｄ・イートンは、二〇〇六年初め、「戦略的にも、作戦上も、戦術的にも無能」なラムズフェルドは国防長官を辞任すべきだと断言している。自分と同じように考えた軍人や文民官僚もいたが、思い切って反対意見を述べた人たちが無視されたり辞任させられたりするのを見て、従順にならざるをえなかったのだと[163]。はじめ最先端技術による軍事作戦として称賛された「イラクの自由作戦」は、短期間で嘲笑の種になった(「プランＡは迅速に侵攻し撤退すること。プランＢはプランＡの成功を祈ること」)。

「愚行」とか「失敗」というのは、たんに状態を描写した言葉であるから、理性的なはずの官僚や軍人が、なぜ、どのようにして、こうした愚かな行為を行ったのかは、別の考察を必要とする。日本をアメリカとの戦争に引き込んだ東条英機は、軍人官僚として鋭い知性をもっていたため、「カミソリ」と呼ばれた。九・一一事件のとき六九歳だったドナルド・ラムズフェルドは、民間でも政府でも並はずれたキャリアを積み、その有能ぶりと透徹した知力を称賛する崇拝者は少なくなかった。この二人をはじめ、トップの指導者たちに傲慢さがあったとしても、それだけでは、彼らがどのようにして政府と国を大惨事に引きずり込むことができたかは説明できない。それを理解するためには、戦争一般に共通する文化や心理について考察しなければならない。

一九四一年の日本の戦争立案者たちと同じものに、九・一一後のアメリカ大統領とその軍事顧問たちも陶酔した。それは攻撃の計画である。戦争の終わらせ方や最終局面については、日本もアメリカも内容のある計画をほとんど作らなかった。不吉なシナリオをまったく考えなかっただけではない。山本五十六大将は、戦争が長引いた場合、日本の見通しは暗いと言い続けた。真珠湾攻撃では、人員、航空機、軍艦の損失が予想よりもはるかに小さく済んだが、攻撃の前には陸海軍の相当数の高官たちが戦争が長引いた場合の日本の兵站(へいたん)能力に不安をもち、(天皇がそうであったが)開戦の決定に同調するまで憂慮をつぶやいていたのである。(164)

アメリカの戦争立案者たちも、イラク攻撃で起こりうる多くの問題について不安を抱いた。たとえば侵攻の五カ月前、ラムズフェルドと補佐グループが、これから起こりうる潜在的な危険をリストアップしたが、最終的にそれは二九項目になった。ファイスが「ぞっとする者たちのパレード」と名付けたこのリストは、どこから見ても酔いが覚めるようなものであった。そこには、原油生産のサボタージュ、人道にかかわる災害(流民、難民、疫病等)、予想を上回る付随的悪影響、すなわち「これまでも起きたような」クルド人、スンニ派、シーア派のあいだの民族紛争、イラク国家の二つあるいは

＜「イラクの自由作戦」＞

33 2003年3月22日　イラク戦争の第一段階である「衝撃と畏怖」作戦において，海上の誘導ミサイル駆逐艦から発射されるトマホーク陸上攻撃ミサイル．この侵攻作戦は，はじめ「イラク解放作戦 Operation Iraqi Liberation」と名付けられたが，頭文字が "OIL" になってしまうため，「イラクの自由作戦 Operation Iraqi Freedom」という名称に変更された．イラク戦争は2003年3月19日，大統領官邸に対する夜間爆撃で始まり，本格的な侵攻作戦は3月20日から5月1日にかけて行われた．3月20日，米軍とイギリス軍がクウェートから侵攻し，5月1日，ブッシュ大統領が有名な「ミッション達成」演説で主要戦闘の終結を宣言した．多国籍軍が首都バグダッドに入ったのは4月5日，その4日後にバグダッドは正式に占領された．

34　2003 年 3 月 21 日　炎上するバグダッド．

35 2003 年 3 月 29 日　イラク南部の港町ウンム・カスルで，イラク人の女性に銃を向けるイギリス海兵隊員．

36 2003年3月31日　聖地ナジャフでの激戦で捕虜となり，頭巾をかぶせられたイラク人が，4歳の息子を慰めている．アメリカが設置した「捕虜再編成センター」にて．

37 2003年4月9日　バグダッドのサダム・フセインの宮殿のひとつを占拠する米海兵隊員．壁の文字はコーランからの引用．

〈「イラクの自由作戦」〉

38 2003年4月9日　バグダッド中心部に最初に到達したアメリカ海兵隊によって倒されるフィルドス広場のサダム・フセイン像．このときフィルドス広場は閉鎖されており，地元の人はほとんどいなかった．これはアメリカの「心理作戦」部隊によって演出された行為で，像を倒すための装甲車と必要機材をアメリカ海兵隊に提供したのも同部隊であった．アメリカとイギリスでは，この出来事は喜びに沸くイラク人の群衆が自発的に行ったかのように伝えられた．これよりも自発的で，その後のイラクでの事態を予示していたのは，フセインの失脚のあとに横行した略奪と，公官庁の破壊であった．

39 2003年4月9日　高さ約12メートルのフセイン像を引き倒す前に，顔に星条旗をかぶせる米海兵隊員．この場当たり的な行為は慌てて中止させられたものの，ワシントンの戦争計画者を困惑させ，軍事占領という実態とアメリカの傲慢ぶりの象徴として，長く悪評を呼ぶことになった．

40 2003年4月16日 「イラクの自由作戦」で死亡したアメリカ人のための追悼式典で涙を流す米兵.

三つへの分裂、アラブ・イスラエル戦争といった地域紛争への拡大、侵略に刺激されたテロリスト志望者の急増、そしてフセイン後の安定化と再建が長期化し、「二年から四年というより、八年から一〇年にわたってアメリカの指導力、軍事力、財源が消耗させられる」ことが含まれていた⑯。

問題は、「止まれ」という信号に気づくかどうかだけではなく、その信号を真剣に受けとめるかどうかである。彼らは信号に気づいても、真剣に受け止めなかった。二〇〇四年一一月に国務長官を退いてから数年後、コリン・パウエルは、ラムズフェルドが「起こりうる最悪のことを列挙したメモをつくっていたが、われわれはこれに対応するための計画を作らなかった」と明かしている。こうなったことについては、パウエル本人の役割も小さくなかった。イラクとの戦争計画を本格的に練っていた一年半のあいだに、パウエルがこの件について真剣に行動したのは一度だけであった。大統領とラムズフェルド、そしてペンタゴン・チームは、「戦争の後に何が起こるか本当に考え抜いていますか」とブッシュに質したのである(二〇〇二年八月)。ラムズフェルドたちはそれを考え抜いていなかったし、その後もそうしなかったが、それで話はおしまいになった。このことについてパウエルは、「あれこそ大きな誤りだった」と残念そうに語って済ませている。だが他方でパウエルは、イラク戦争の前、一九九五年に刊行した回想録で、(無謀な攻撃は結局大失敗につながるという)「パールハーバーの教訓」をかなり詳しく論じて、一九九一年(の第一次湾岸戦争で)、アメリカがバグダッドに侵攻しなかった理由を説明している。その教訓は、いったいどうなったのであろうか。ベトナムのような「泥沼」になるのではないかというチェイニー副大統領の予感は、いったいどうなったのであろうか。第一次湾岸戦争では最悪のシナリオが真剣に検討されたのに、イラク戦争ではそれがタブーとなり、冷静さの証ではなく、敗北主義の証とされたのである。[166]

このように、真珠湾攻撃やイラク侵攻で頂点に至った戦争計画は一種の分裂症的様相をみせている。彼らに戦争を選ばせた世界観は、終末論的な切羽詰まったものであった。日本の場合、安全で自立した勢力圏を持つ偉大な帝国をつくらねば自滅するという恐怖感であり、アメリカの場合は、イラク製の大量破壊兵器が世界中のテロリストの手に渡る恐怖であった。ところが、恐怖におびえ、手強い敵を自分で設定したにもかかわらず、具体的な計画となると、一九四一年の日本も九・一一後のアメリカも、困難が長期にわたることを真剣に考慮しなかったのである。

＊

敗戦後、戦争を後悔した日本人は、日本に実際的な戦争計画がなかったことは、非合理な行動に走る日本人の傾向の現れだと考えた。真珠湾攻撃の三週間前（一一月一五日）、大本営政府連絡会議に提出された国家戦略の文書は、願望的思考の名人芸というべきものであった。「対米英蘭蔣戦争終末促進ニ関スル腹案」と題するこの文書は、こう始まる。「速ニ極東ニ於ケル米英蘭ノ根拠ヲ覆滅シテ自存自衛ヲ確立スルト共ニ更ニ積極的措置ニ依リ蔣政権ノ屈服ヲ促進シ独伊ト提携シテ先ツ英ノ屈服ヲ図リ米ノ継戦意思ヲ喪失セシムルニ勉ム」「凡有手段ヲ尽シテ適時米海軍主力ヲ誘致シ之ヲ撃滅スルニ勉ム」。この文書のなかで、この箇所がもっとも具体的な文言である。[167]

ドイツと日本の降伏後、米国戦略爆撃調査団はただちに調査員を送り、両国が戦争に至った経緯と、空爆作戦が枢軸二カ国の敗北に果たした役割を評定した。調査団は日本についてだけでも一〇〇点以上の詳細な報告書をまとめたが、そのひとつは冒頭で、日本が乏しい戦争遂行能力しか持たないのに対米開戦を決定した矛盾を指摘している。「国家の政策決定において、単なる予測の狂いと軽率な無分別のあいだの境界線は、常に曖昧である。日本を一二月七日（米国時間で真珠湾攻撃の日）の破局へと導いたものは何だったのか。それは要するに日本軍の指導者たちの誇大妄想にすぎなかったのだとすれば、日本の軍事・経済の計画立案者たちが依拠した合理的構想が何だったのか、今さら調査するのもやめてしまいたくなる」。

この書き出しからすると、日本が愚行を犯した原因は、社会の半封建的な後進性や論理的思考能力の欠如にあるというジョセフ・グルー流の説明が続きそうに思われる。だが戦略爆撃調査団は、そのような安易な説明では「日本の戦略が理解できなくなる」と指摘する（これはグルー派を意識してのことであろう）。日本の支配者たちがこの一五年間に深刻な誤りを犯したこと、なかでも対米開戦がその最たるものだったことは誰も否定できない。

しかしながら、彼らを大失策に駆りたてたのは「狂気」ではなかった。責任ある立場にいた特定の個人だけに罪を着せることもできない。それは吟味された国家政策だったのである。ただ、そこに落とし穴のあることが十分に認識されず、成功の可能性も十分に考慮されなかった。[168]

アメリカ占領軍にいたある経済学者も、日本の降伏後に明らかになった膨大なデータを分析した結果、これに似た結論に達した。この国の戦争計画の特徴として「早まった自信、……計画の欠如、稚拙な実務処理、……内輪の利害対立」があった。政策決定者たちは、一言でいえば「先を見る力に著しく乏しかった」と。在日イギリス大使館で何十年も日本経済の分析を担当したジョージ・サンソムも、日本の指導者たちが「敵の実力を誤断しただけでなく、自らの力を過大評価した」と述べている。だが「現在から見れば、彼らは誤った前提にもとづいて政策をつくり、不十分な洞察力をもって実行したが、しかし同時に、決定を下した時点ではまったく非合理ともいえなかった」とも書いている。ドイツはイギリスとソ連に勝つだろうし、そうなればアメリカとの和平交渉も可能だろうと考えたところに、日本の単純な誤算があったのだと。[169]

アメリカがイラク戦争を選んだ今日では、日本についての観察は人を驚かせる。日本のかわりにアメリカ、日本の指導者のかわりにアメリカの指導者、一九四一年一二月を二〇〇三年三月に置き換えても、このような観察は通用するからである。第二次世界大戦の空爆作戦に関して一九五〇年代に刊行された公的分析も、次のように観察している。一九四一年の時点で日本の航空戦力は高い効率を誇っていたが、「長期にわたる戦争をする準備はなかった……。緒戦の勝利で自信を持ち、敵の潜在能力を軽視した」。これはそのまま、イラクでのアメリカの失敗について、よく言われる説明でもある。(170)

だが、これですべてが説明されたとは思えない。一九四一年の日本と二一世紀のアメリカは、やはり違うからである。戦前の日本は二流の大国であったが、戦後のアメリカは超大国（スーパーパワー）である。表面的には「近代的」であるが、なんといっても軍事優先であったかつての日本帝国と、今もデモクラシーを標榜するアメリカ合衆国という違いもある。だが、理性的なはずの両国の指導者がなぜ同じような行動をとったのか。それは国の発展段階の違いによっても、伝統的な意味での「文化」の違いによっても、十分に説明できない。

嘘と妄想

嘘とごまかしは、戦争の文化、さらには政治一般の常套手段である。戦争になると、言葉の職人や映像の工芸家が次から次へと現れ、真実、真実の片割れ、想像上の真実、アイコン的イメージ、キャッチフレーズ、婉曲な言葉、誇大表現、言い逃れ、真っ赤な嘘を量産して生活費を稼ぐ。それは決まって、自国だけでなく外国の民衆に向けたものでもある。大日本帝国のプロパガンダ担当者は、テレビもインターネットもない時代にこの宣伝ゲームを巧みに演じた。ラジオ、印刷物、写真、映画など、あらゆるメディアを活用して日本の海外進出と侵略を後押ししたのである。

たとえば一九三一年、関東軍の荒っぽい軍国主義者たちが、日本が経営していた南満洲鉄道の一部を爆破し、それを満洲の抗日指導者の仕業だとして日本軍を動かし、満洲を日本の支配下に置いた。本国の日本人は、満鉄爆破は中国側の策謀だと聞かされた。大陸における日本の勢力拡張は、「アジア版モンロー主義」とか「大東亜共栄圏」といった言葉で粉飾された。欧米の植民地体制を日本の支配下の傀儡（かいらい）政権に置き換えることが「解放」と称された。戦場の写真、ニュース映画、特集映画などが映し出すのは、当然ながら、弾圧し虐殺する侵略者の姿ではなく、勇敢に戦う日本兵であった。戦況が日本に不利になり、戦場がいよいよ本土に近づいても、プロパガンダ担当者たちは日本の勝利は不動だと説いた。

このようなプロパガンダと妄想は、一九四四年から一九四五年にかけて都市が次々と空襲で破壊されても続き、戦争終結まで止まらなかった。一九四五年八月、天皇がラジオ放送で臣民に日本の降伏を告げたときも、「敗北」とか「降伏」という言葉は使わなかった。天皇は「戦局必スシモ好転セス世界ノ大勢亦（また）我ニ利アラス」と婉曲に表現した。そして、「敵ハ新（あらた）ニ残虐ナル爆弾ヲ使用」したのであり、このままでは「人類ノ文明ヲモ破却スヘシ」と続けた。天皇は軍に対して、忠良なる臣民を救うためだけでなく、全人類の救済のために武器を置けと命じた。

ブッシュ政権の場合、大統領報道官であったスコット・マクレランでさえ、後になって「嘘が常態になる文化」に巻き込まれたと告白している。とはいえ、マクレランがそう告白したとき（二〇〇八年）には、政権の数々の嘘はすでに明らかになっており、細部まで証明されていた。情報問題の専門家トマス・パワーズによると、パウエル国務長官が二〇〇三年二月五日の国連演説で述べたイラク侵攻の公式論拠、すなわちイラクの「武器、計画、行動、事件、兵備」についての申立ては全部で二九項目あったが、ひとつひとつ検討すると、侵攻後数カ月のうちに、ほぼすべて虚偽あるいは立証不可能であることが明らかになっていた。『ニューヨーク・タイムズ』のコラムニストであるフランク・リッチが、この問題について書いた記事を集めた本(二〇〇六年)のタイトルは、『かつて売りこまれたなかでもっとも素晴らしい物語 *The Greatest Story Ever Sold*』であった。二〇〇八年には、どの程度「政府の公式声明が諜報活動によって裏づけられていない」かを立証した長文の報告書を上院の情報特別委員会が公刊した。それでもほとんどのアメリカ国民は、天皇の忠実な臣民と同じように指導者を信じ、イラクへの侵攻を支持した。そして日本人と同じく(どの国民でも同じだろうが)、たとえ当初の「開戦理由」が嘘であったとしても、自国軍が危険な任務についている以上、支援しないわけにはいかないと考えた[171]。

政府が次々に嘘をつくというのは聞き飽きた話だが、それよりもっと説明が難しいのは、どうして政府上層部のグループ思考が社会のあらゆるレベルで受容されるのかという問題である。大日本帝国についての通説的説明は明快で、政府による検閲と民間の自己検閲、教育と宣伝、「調和」と「一致」を重視する伝統、未発達な民主主義が、日本人を「従順な群れ」にしたといわれる。それでは、イラクとの戦争を選択したアメリカ政府の嘘については、どう説明すればよいのだろうか。アメリカには自慢の個人主義、デモクラシー、権力の分立と抑制、独立した調査報道を行う「第四階級」たる強力なジャーナリズムがあるというが、それは一種の妄想なのだろうか。

イラク「解放」が軍事占領に変わり、軍事占領が野蛮な暴力に変わると、アメリカ政府の多くの専門家たちは、アメリカが選び取ったこの戦争が非常に危険なものになること、とくに侵攻後の国内安定と経済復興において困難が予想されることに自分は政権の注意を向けさせようとした、と証言し始めた。しかし、九・一一以前、トップの指導者たちは自分の聞きたい情報だけを聞き、CIAや国家安全保障会議のテロ対策専門家たちを無視し、その後も同じようなことが繰り返された。イギリスの情報機関からブレア首相に宛てた二〇〇二年七月二三日付の覚書をみると、アメリカ政府の首脳たちの硬直した姿勢がうかがえる。この覚書は通称「ダウニング・ストリート・メモランダム」と呼ばれ、侵攻後に明るみに出て物議をかもした文書であるが、ワシントンでは「今や軍事行動は不可避と見られている」「ブッシュはテロとWMD(大量破壊兵器)を結びつけて軍事行動を正当化し、サダムを排除したいと欲している」「情報と事実はこの方針をもとに固められており、……軍事行動後のことは、ワシントンではほとんど論議されていない」と報告していた。アメリカ軍のウェズリー・クラーク将軍も、この覚書が書かれてから数カ月後に同じような印象を受けたと語っている。「二〇〇二年九月、上院公聴会での証言に備えて、私は国防総省(ペンタゴン)を訪ねたのだが、イラクとの戦闘後どうすべきかについて、わずかしか議論されていなかったことを知って失望した。それはペンタゴンの三階(国防省の方針が文民トップによって決められる場所)で好まれる話題ではないからだと、私は聞いた」。[172]

＊

イラク侵攻の失敗の原因についてはいろいろな説明があるが、政府のトップが「軍事行動のあと」

についての論議を嫌がったという事実は、とくに注目すべきと思われる。イラクでの失策のかなりの部分は、戦闘後、直ちに法と秩序を確立しようとしなかったために生じたと思われるからである。二〇〇二年八月、ワシントンを訪れた亡命イラク人たちは、バース党政権が転覆されれば略奪が起きるだろうと、チェイニー副大統領とラムズフェルド国防長官に直接警告していた。これは格別想像力が豊かでなくとも予想できたことであった。イラク戦争より一〇年以上前の第一次湾岸戦争でフセインの支配が一時的に弱まったとき、イラクの各所でそうした無法状態が生じたからである。それから数カ月後の二〇〇三年一月、国防総省所管の国防研修所の教授を務めていたイラク通の外交官ピーター・ガルブレイスは、あるプレゼンテーションで同様の警告を述べた。「イラク側の抵抗は長続きすることはなく、政権は急速に崩壊する可能性が高い」。しかしその場合、「一九九一年〔第一次湾岸戦争〕の経験からすると、イラクは通常の降伏はせず、無秩序状態に陥るだろうと私は考える」と。しかし国防総省の計画担当者たちは侵略の後に何が起こるかという問題よりも、開戦を政治的に正当化することに関心をもっていたから、ガルブレイスには現在の「クルド人への毒ガス攻撃とか、フセイン政権の悪行」について語らせようとした。侵略後に関する政府のトップレベルの思考は、「ダウニング・ストリート・メモランダム」から半年間、ほとんど変化がなかったのである(173)。

ガルブレイスのこの経験は典型的であった。彼が警告を発するひと月前の二〇〇二年一二月、米国陸軍大学校で、将校、外交官、中東専門家など二十数人が参加した二日間の会議のあと、ひとつの報告書がまとめられた。報告書は、戦争に勝っても平和の構築に失敗するという、おなじみの問題に焦点を当てていた。報告書は、「合衆国が戦争に勝って平和を勝ち取れない恐れは十分にあり、問題は深刻である」と述べ、戦争立案者をこう牽制した。「いまは戦争のことだけ考え、占領については後で考えるというのでは、問題の解決とはいえない」。ほぼ同じような警告は、ＣＩＡのポール・ピラーの発案で国務省政策企画室が二〇〇三年一月に配付した二通の研究報告書にも記されている。

そのひとつは『フセイン後のイラクの主要な課題』と題され、冒頭で「イラクにおけるデモクラシーの構築は、長期的で、困難で、おそらくイラクの伝統的な独裁主義に逆戻りする可能性を含んだ、波乱の多い過程となりかねない」と述べ、「フセイン後の政権は深刻に分断された社会に直面し、国内の諸集団が暴力的に対立しあう可能性が高い」と予測した。イラクは石油資源に恵まれてはいるが、経済的選択肢は「あまりないし、多様性も少ない」ので、その復興には第二次世界大戦後のマーシャル・プランに匹敵する規模の対策が必要であろうと指摘していた。

もう一通の報告書は、『イラクの体制変革が周辺地域に及ぼす影響』と題され、「アメリカ主導のイラク戦争およびイラク占領はイスラム主義をあおることになり、少なくとも短期的には、テロリストの大義に対する一般人の共感を高めることになるだろう」と警告していた。だが、「ダウニング・ストリート・メモランダム」が予測し、ガルブレイスをはじめ多くの人たちも後に確認したように、こうした警告によって「ブッシュ政権のひた走る列車を脱線させる」ことができるだろうというのは、妄想にすぎなかった。ピラーが述べているように、「開戦論者たちは、担当者や専門家が提出した情報に対して（自分の目的に合致する場合を除いて）まったく耳をふさぎ、……かわりにブッシュ政権は、イラク開戦という既定路線を国民に売りこむ材料をつくるために情報機関を利用した」のであった。[174]

警告に耳をふさぐためには、そもそも警告が耳に聞こえる必要があるが、実際、政府の高いレベルでのプレゼンテーションや書類のあちこちで、多くの不吉な予測が告げられていた。二〇〇二年七月の段階ですでに、各省レベルおよび国家安全保障会議の書類には、イラクでアメリカが「軍事占領国家」とみなされる危険を警告する内容が含まれていた。イラク侵略の二カ月前、「戦争終結後の潜在的課題」についての閣僚級会合のためのブリーフィング資料には、一〇月〔侵攻の五カ月前〕の「ぞっとする者たちのパレード」と呼ばれたリストで指摘された危険の多くが、また書き込まれていた。イラクへの侵略開始の五週間前、国防総省が中央軍司令部のために準備した一四ページにわたる「アクション・メモ」は、「治安の維持」の重要性を強調し、「一般的な意味での無法状態をはじめ、民族的・宗教的報復、さらに統治側の行動によって引き起こされる大規模な混乱と危害まで、広範な無秩序状態」が起こりうると予測して、アメリカは「戦争に勝ちながら平和を失う」可能性があると念を押していた。「イラクの自由作戦」開始の一カ月ほど前に開かれた「省庁間リハーサルおよび計画協議会」には、五二ページにわたるパワーポイント資料が提出されたが、「世界情勢の想定」と題された冒頭のセクションは、「法と秩序の維持が開戦初日から必要である」と強調していた。[175]

しかし、現在入手できる資料を見る限り、大統領と周辺の助言者たちがこうした警告に注意を払った形跡はない。一九四一年一一月一五日、真珠湾攻撃前の日本の大本営政府連絡会議が決めた文書よりも内容のある、具体的な長期計画のようなものも見当たらない。たしかに大統領の周辺は、アメリカ主導による「イラク暫定政府」の設置について相当量の文書を作ったが、ほとんどなんの結果にもつながらなかった。他方で日本は、〔アメリカの植民地であった〕フィリピンを含む東南アジア全域に、とにかくも安定した占領統治体制をいち早く確立したのである。

とはいえ、戦争の全体を決定する重要問題、すなわち戦争の終わらせ方となると、日米の類似性にあらためて驚かされる。ブッシュ大統領とその戦争計画立案者たちが、ほとんど催眠術にかけられたように心を奪われたことは、戦場に攻撃力を展開し標的を選択することであった（意外と安上がりに勝利できるという「誘惑の歌（ローレライ）」も聞こえていた）。真珠湾攻撃に踏み切った天皇の軍閥たちと同じように、彼らはもっぱら「最善のシナリオ」に夢中になった。かつてアメリカ人が日本の愚行について述べたように、ブッシュ政権も「敵の潜在力を低く見積もった」のである。

＊

開戦論者たちの嘘と妄想は、たしかに深刻な問題であった。しかし、これをブッシュのホワイトハウスに特有のものとみなすのは間違いである。嘘と異論拒否の体質がどれほどアメリカ政府に染み込んでいるかが明るみに出たのは、米軍がイラクに侵攻したときだけではない。米軍はそうした「不正規」の戦闘状況を予期した訓練を、何十年も怠ってきたのである。想像力と健全な判断力のこの驚くべき欠落は、ベトナム戦争までさかのぼる。

一九六〇年代後半から七〇年代初めにかけて、ベトナムで物量で劣る勢力に敗れた経験がアメリカの政策立案者や作戦計画者の脳裏を離れることはなかった。しかし、彼らにとって、この屈辱は直感に反しており、理解しがたいものであった。そのため米軍は、反乱鎮圧の訓練を強化するのではなく、あえて考えないようにした。ベトナムとイラクの両方に従軍した退役軍人（ジャック・キーン元陸軍参謀次長）が、二〇〇六年に、ほとんど嘘のように聞こえる言葉でこう語っている。「ベトナム戦争のあと、われわれは不正規の戦争や反乱に関わることすべてを頭から追放（パージ）した。そうしないと、どういうふうにあの戦争に負けたのかという問題に向き合うことになるからだ。今思えば、それは良くない解決方法だった[176]」。

これは「良くない解決方法」で済むことではなかった。この「追放」は、合理的な思考や計画を米軍から一掃することに等しく、同じ失策が他の国での反乱においても繰り返されたからである。エルサルバドル、パレスチナのインティファーダがそれである。そしてもっとも目立つ例は、一九八〇年代末にソ連軍がアフガニスタンで敗北した事例である。そこで示された教訓は明白であったにもかかわらず、米軍はそこから学ぶことを拒否した。アフガニスタンで、アメリカはほぼ一〇年にわたって密かにムジャーヒディーン〔アフガニスタンでソ連と戦ったイスラム系ゲリラ兵〕を支援した。そして、たいした武器をもたない地元や外国のイスラム戦士が、多大の損害を出しながらもソ連の巨大な軍事機構を打ち負かした様子を見ていた。その直後の、ソビエト連邦の崩壊という驚くべきドラマも目撃していた。にもかかわらず政府のトップレベルは、ソ連敗北がもつ軍事的重要性に真剣な注意を向けなかった。米軍では、あいかわらず「反乱鎮圧」の訓練はまったく行われなかった。イラクで連合国暫定当局が混乱の最中に解体されてから数カ月後、不正規戦争と対テロ対策の専門家であるオーストラリア人のデイヴィッド・キルカレンは、米軍のなかの変わり者が集まった小さな専門家チームに配属された。キルカレンによると、不正規戦争とか対テロ対策という考え方自体、「二〇〇四年後半、私たちのチームが議論し始めた頃には、あまりに不適当なテーマとされていて、文書に書くことさえ憚（はばか）られた」。二〇〇五年末頃になって、ようやく「一応の見識（あるいは少なくとも、そういうこともあると口先では容認されるもの〕」として扱われるようになったとい[illegible]イラク侵攻から三年半たった二〇〇六年一二月、アメリカ陸軍と海兵隊は、ようやく『対ゲ[illegible]ラ活動野戦教本』を鳴り物入りで発行した。このとき米軍は、この教本の作成がようやく二〇[illegible]に始まったこと、そして「陸軍が対ゲリラ活動野戦教本を最後に出したのは二〇年前、[illegible]の場合は二五年前」であることを公式に認めた。これによって、ベトナム戦争後、陸軍士官学校がカリキュラムから「対ゲリラ活動」を追い払っていたことが明らかになったのである。(177)

アメリカ政府のトップは〔彼我のあいだに大きなギャップがある〕非対称な脅威を、なぜ正面から脅威と受け止めなかったのか。答えのひとつは、アフガンや外国出身のイスラム戦士がアフガニスタンでソ連に勝利したにもかかわらず――ひいては、九・一一の襲撃にもかかわらず――「頭にタオルを巻いた連中」に対する人種的傲慢、文化的無知が消えなかったからである。もうひとつの答えは、陸軍士官学校が「対ゲリラ活動」をカリキュラムからなくしたことが示す、ベトナム戦争の記憶を消し去りたいというアメリカの政治文化の存在である。たとえばアメリカには、ベトナムで負けたのはアメリカの政治家とアメリカ国民の弱腰のせいであって、ベトナム人の抵抗のせいではないという保守派の主張が説得力をもつような文化的雰囲気があった。さらに、技術的な衝動（ひいては企業的欲求）、すなわち冷戦時・冷戦後の大規模破壊とハイテクによる「軍事における革命」への固執も、答えの一部であろう。第二次世界大戦後だけでも、低強度紛争〔通常戦争と平和状態の中間の武力的対抗〕や内乱は数多く起きている。それ以前にもゲリラ戦には長い歴史があるし、不正規戦の思想は孫子の兵法のような兵学の古典までさかのぼることもできる。にもかかわらず、アメリカの軍部と、ブッシュやラムズフェルドのような実地経験のない指揮官が夢見た栄光は、圧倒的な火力による勝利であった[178]。

論理的・心理的に認めたくないものを、ここまで組織的・持続的に否認するとなれば、そこからくる虚偽や妄想は、もはやもっと広い精神病理学的な視野で考えなければならない。反乱（およびその鎮圧）を思考対象から除いてしまう米軍の軍事思想は、拷問に関するアメリカの政権と情報機関の考え方に通じている。拷問を婉曲的に「高度尋問テクニック」などと表現して道徳的嫌悪感を極小化し、拷問を制約する法律や条約は時代錯誤として無視したのである。だがそれ以上に問題だったのは、拷問に対する反対論も追放されてしまったことである。拷問反対論の論拠のひとつは、世界から見て、アメリカの道徳的声望や正当性が失われるということ、もうひとつは、拷問は尋問する側の聞きたいことを言わせる傾向があることから、情報自体が間違っていたり誤謬につながることがあるという事実であった。かりにアメリカの道徳的声望の面は措くとしても、「誤情報」に踊らされることによる損失は、利益を上回るものである。

ベトナム戦争のあと、不正規戦への備えや「いかにしてあの戦争に敗れたか」についての教育を、米軍はほとんど排除していた。これに似て、イラク戦争では拷問の実態を思考対象にしない軍の態度が露呈した。これはイラク戦争の予期されざるもうひとつの副産物である。米軍の拷問が注目されたのは、二〇〇八年、アメリカ兵たちがグアンタナモ米軍基地で二〇〇二年一二月以来使用した拷問の手法リストが明らかになったことがきっかけであった。その手法リストは、朝鮮戦争中に中国の捕虜になった米軍兵士が受けた「洗脳」について、一九五七年に米空軍が行った調査に記されていたものであった。だがグアンタナモの拷問手法リストからは、朝鮮戦争における米空軍の調査の肝心なところが削除されていた。それは、拷問された米軍兵士たちは中国側が望んだこと――この場合はアメリカ軍が朝鮮半島で犯した戦争犯罪に関すること――を語ったことを指摘した箇所であった。[179]

以上のように、つぎつぎと意外な事実が暴露されても、それらは孤立した散発的出来事として扱われることが多い。たしかに、それぞれは不格好で不揃いであっても、これらの事実は、大きなパターンにぴたりとはまるジグソーパズルのピースとして見るべきものである。

「勝ち病」と地獄への門

日本の場合、戦局が悪化する一九四二年半ばまで、アメリカの場合は二〇〇三年四月のバグダッド侵入直後まで、緒戦の成功に有頂天であった。バグダッドで略奪と暴行が広がり、それが何週間も続いた後も、ホワイトハウスと国防総省は事実を否認し、達成感に浮かれていた。それはまるで、政権が警告したイラクの化学兵器が本当に使われて、それが実は笑気ガスだったとでもいうかのようであった。

日本の場合、日中戦争が泥沼化し、真珠湾攻撃の前からアメリカとの関係が悪化して、将来への不安感が広がっていただけに、一九四一年末から一九四二年前半の緒戦の勝利による日本人の歓喜と勝利感は格別であった。真珠湾、東南アジア、フィリピンでの大勝利のたびに、日本人は暗雲の向こうから昇る旭日(きょくじつ)のイメージを抱いた。この束の間の多幸感は、後に皮肉をこめて「勝ち病」と呼ばれた。この言葉には、超国家主義、一時的興奮、妄想、あるいは多少とも血への渇望が混じった病気といったニュアンスが含まれていた。

侵略開始に先立つ不安は、アメリカにも存在した。しかし、イラクとの開戦が近づくにつれて、ほとんど独りよがりに近い自信が高まり、悲観論は消し去られた。このようなアメリカの自信過剰は容易に理解できる。帝国や強国が他国に意志を押しつけた例は現代でも多く見られる。ドイツは一九三九年以降に欧州で、ソ連は第二次世界大戦後に東ヨーロッパで、日本は一九三一年以降満洲で、一九三七年以降満洲以外の中国で、そして一九四一年からは東南アジアで、それを実行した。そして冷戦後のアメリカの軍事力は圧倒的であったし、アメリカほどリベラルな意図を公言していた国もなかった。アメリカの善き意図が被占領国の協力者と結びついて成功したケースとして、敗戦後のドイツと日本のケースがあったし、実際、イラクとの戦争を選択した唱道者たちは、ドイツと日本を実例として挙げたのであった⑱⓪。

ブッシュ大統領は側近以外からの多くの声によって、イラクへの攻撃衝動を強めていった。中東問題の専門家、亡命イラク人や国外に居住しているイラク人、そのほかアメリカびいきのアラブ人やイスラム教徒、好戦的なイスラエル支持者、人道的介入を支持するリベラル派、そして、イギリスのブレア首相を先頭とする同盟諸国からの声である。二〇〇三年一月一〇日、ホワイトハウスでの会合で、亡命イラク人たちは、米軍がバグダッドに入れば「キャンディーと花束」で迎えられるとブッシュに請け合った。大統領は、この頃になっても、イラク社会の宗教的、民族的、政治的な緊張状態についてほとんどなにも知らなかった。大統領に会った亡命イラク人たちは、少数派で支配層であるスンニ派と、多数派のシーア派にイラクが分裂しているというのは、外国人が誇張した見方だと大統領に請け合った。また、亡命イラク人たちは、国防総省と副大統領室（国務省とＣＩＡではなく）に対して、イラク国民はフセインの暴政のもとで長く苦しんできたから、亡命イラク人中心の臨時政府を歓迎するだろうと説得した。これはイラク国内の状況だけでなく、国外イラク人コミュニティの対立についても、さらには政治や人間性そのものまでも、自分に都合よくバラ色に染めた観測であった[181]。

これに対して、下位の官僚や軍人たちは、最近の歴史や世界の現状をみれば、外国に侵攻して占領すること、ましてやそこで「デモクラシー」を植えつけようとすることの危険性は十分に予測できると批判した。不安定な外国を侵略して占領するという決断は、最大限慎重でなければならない。このことを理解するのに、イラクやテロについての極秘情報は必要ない。実際、ベトナム、一九六七年以降イスラエルが占領した地域の膿んだ傷、一九七九年から一九八九年にかけてのソビエトによるアフガニスタン侵略と占領の致命傷、九・一一後のアメリカ自身によるアフガニスタン攻撃が生んだ多くの問題を見るべきだと。

他国の民族的プライドを真剣に考えないとどういうことが起こるか。これについては、真珠湾攻撃という「愚行」以前に、中国に対して愚行を犯した日本の戦略的失態からも、ほとんど同じ教訓が引き出せる。一九三七年、日本の陸軍大臣は、中国は長くても半年で屈服しますと天皇裕仁に保証した。一九四一年九月、参謀総長になっていた同じ人物が、「南洋方面だけは三カ月位で片づけるつもりであります」と答えたので、天皇は、以前おまえが言った見通しはどうなったのかと質したことがある。しかしこのようなことは瞬間的で、裕仁もその後、このことには触れなかった。裕仁だけでなく、アメリカとの戦争を選び取るまでの数十回の会議でも、誰も中国の民族的プライドのことを口にしなかった。自国への強いナショナリズムは、他国のナショナリズムや集団としてのプライドに対する意図

的な軽視を誘うのである。(182)

＊

イラク侵攻の直前、アラブ連盟〔中東の約二〇の国が加盟している地域協力機構〕の報道官が、そのような攻撃は「地獄の門を開くことになる」と指摘した。これは典型的な中東流の誇張だというのが、一般的な反応であった。実際、この警告を無視するには、著名な中東専門家たちの反論を引用すればよかった。なかでもよく使われたのは、アラブ人はなによりも軍事力と強権に敬意を払うというバーナード・ルイスの議論である。ルイスは著名な歴史家で、彼の助言と賛同はイラク侵攻を主張した者たちに称賛された。たとえば、体制内部の人間ではあるが、ブッシュ政権が一直線に戦争に向かうのを苦々しく感じていたブレント・スコウクロフトは、チェイニー副大統領のようなタカ派に対するルイスの影響力がホワイトハウスをいっそう戦争へと向かわせたと述べ、「われわれは誰かをしたたかに殴る必要がある――。これはたしかに一理ある。バーナード・ルイスは「われわれがアラブ人にすべきことのひとつは、棍棒で彼らの眉間を打ちのめすことだ。連中は力に敬意を払う」と言っている(183)」。

主戦派に評判が良かったこの発想は、アラブ諸国やイスラム教徒が抱いている西側強国への歴史的な反感を、「認めてやろう」とさえしない彼等の思考様式の本質的部分を表している。保守派の代表である『ナショナル・レヴュー』誌の二〇〇二年四月号の記事は、まるで冗談のようなこの種の思考の荒っぽさを、ある識者の言葉を言い換える形でこう表現している。「合衆国は一〇年に一回くらい、どこかのどうでもいい小国をつまみあげ、壁に投げつけ、われわれが本気だってことを世界に見せつけてやる必要があるのだ」(184)。高尚な教義や高度な比喩を、現実の世界で煎じつめればどういうことを意味するかを知り、さらに「壁に投げつける」とか「棍棒で打ちのめす」といった見下した表現が、他の人の耳にどう響くかを想像してみるのは有益である。このような侮蔑の対象にされた側からみれば、こうした言葉は中東でヨーロッパやアメリカが長い年月実行してきたことが、中東の諸国民の眉間を棍棒で打ちのめす行為であることを証明するものであった。西側が物を言わせたのは理念ではなく、常に力だったのである。

こうした傲慢さは、いくつかの派手なフレーズに究極の表現を見出し、やがてそうしたフレーズは主戦派の身に返ってきて、つきまとうようになった。そのひとつは、アメリカの意志をイラクに押しつけるなど「ケーキ・ウォーク cakewalk」〔もっとも優美で独特な足取りで歩いた者が賞品にケーキをもらえるという、アメリカ黒人が行った余興〕だというフレーズである。イラクとの戦争は、世界の舞台を格好よく見せびらかしながら歩くようなものだというわけである。もうひとつ、広く使われたレトリックは、「歴史は今日始まる"History begins today."」である。二〇〇二年夏、イラク戦争に向かうパレードの先頭車がスピードを増していた頃、大統領の上級顧問の一人が驚くほどの傲慢さで、この「歴史の死」という見方を説明した。この人物は、『ウォール・ストリート・ジャーナル』の元記者ロン・サスキンドにこう語った。大統領や政府の政策を批判する者は、「いわば既成の現実を前提にしたコミュニティで活動している。彼らは、目に見える現実をじっくり研究すれば、そこから解決策が出てくると信じている」。だが、「実際には、もはやこの世界はそのような仕組みになっていない」。この人物がいう新しい現実とは、次のようなものであった。

> 今やわれわれは、独自の帝国だ。われわれが行動するとき、われわれは独自の現実を創造するのだ。君たちがその現実を――おそらく念入りに――研究している間に、われわれは再び行動し、別の新しい現実を創造する。君たちはこれも研究したければそうすればいい。こうして物事は進むんだ。われわれが歴史の創造者（アクター）であり、……君たちはひとり残らず、われわれのすることをただ研究しているだけだ。

この言葉の独善ぶり（大日本帝国のイデオローグたちが唱えた「新秩序」の自惚（うぬぼ）れにも似ている）はともかくとして、すぐさま悪評が立ったこのコメントは正直な直言であるだけでなく、案外と正確でもあった。ブッシュ政権は、たしかに新しい現実を創造した。そしてその過程で、研究すべき新たな悲劇を世界に残したのだから[185]。

結局事態は、ケーキ・ウォークというより地獄の門が開いたというべき展開となった。だが「地獄の門」というのは初めての預言だったわけではない。それは、アフガニスタンにおけるソ連軍の敗北によって、戦闘的なイスラム主義者たちがすでに実現した結果をなぞったものであった。ビン・ラディンは、一九九八年末にこう語っている。「ほんの少しのＲＰＧ（対戦車ロケット弾）、ほんの少しの対戦車地雷、ほんの少しのカラシニコフ（ソ連で開発された自動小銃）……それらが人類最大の軍事機構という（ソ連軍についての）神話を打ち破り、いわゆる「超大国」という概念を完全に抹殺したのだ。アメリカはロシアよりもずっと弱いはずだ」。これは、そうあってほしいというビン・ラディンの願望的思考であったが、実際九・一一事件はこのようなアメリカに対する彼の観測を反映したものであったし、アメリカの「テロとの戦い」の無能ぶりは、ビン・ラディンの期待を上回った。九・一一事件直後のアメリカの軍事的対応によって、アフガニスタンのアルカイダ勢力の八〇パーセント近くが二〇〇一年末までに殺害された。しかし、テロとの戦いの方向をイラクへと転換したため、アルカイダは兵士を補充する余裕を与えられ、アメリカにとってイラクは、ソ連にとってのアフガニスタンに似た戦場となった。二〇〇六年初め、ビン・ラディンが言ったように、「イラクはわれわれのエネルギーを集め、よみがえらせるポイントとなった」。こうしてイスラム過激派は息を吹き返し、アメリカとその同盟国に対する「聖戦」をヨーロッパにまで拡大させたのである。(186)

時がたつにつれて、九・一一事件やアルカイダら過激派が説いた無差別殺人はイスラム過激派内の結束を乱し、「イスラムの自己破綻」と言われるようになった。そしてアメリカが行ったテロへの対応によって事態はいっそう複雑化し、世界を巻きこんだ悲劇となった。こうなることは、イラク戦争の前にブッシュ政権が行ったアフガニスタンでの戦争でもすでに明らかであった。米軍はアフガンですぐに泥沼にはまったからである。二〇〇二年の夏、この光景を見た中東のインターネット新聞の寄稿者が、次のようにコメントしている。アメリカ政府は「これから直面しようとする〔アフガンの〕敵に関する慎重かつ徹底的な研究から出発しなかった。それどころか、非常に感情的な前提から出発した。そのためこの政権には、決断にあたって考慮に入れるべき基本的な科学的基準が欠落していた(187)」。

日本人の合理性と論理性を測る尺度はないというジョセフ・グルー駐日大使の作り話が、ここでは逆転して、アメリカに向けられている。

第六章

天の恵み

政治やイデオロギーの言葉は、両義的であることが多い。「パールハーバー」と聞いてたいていのアメリカ人が思い出すのは、屈辱、憤怒、報復、脅威、脆弱、軍事諜報活動の大失態といったことである。つまり「パールハーバー」は、戦うべき戦争、侵略者に対する反撃の合言葉である。しかし同時に、一九四一年一二月七日は、ルーズベルト大統領にとって天の恵みでもあった。それは、ブッシュ大統領(子)にとって九・一一事件が「棚ぼた」であったのと似ている。ブッシュ大統領の指南役を長年つとめたカール・ローヴは、ブッシュ政権二期目の終わり頃の講演会で、大学生の聴衆にこう語っている――「歴史は面白いやり方で方向を決めます。ときに歴史は贈り物をする。九・一一が向こうからやってきたのです[188]」。

「パールハーバー」が天の恵みであったというのは、衝撃的で恐るべき出来事が、望んでいた政策の実行への扉を開いてくれた、という意味である。「パールハーバー」はまた、自衛ばかりではなく、積極的に攻撃的政策をとるべきだという警句にもなる。ブッシュ政権は、天の恵みをしっかりと受け止め、こうした警句的な言葉をうまく利用して、自分たちの行動計画を実行に移そうとした。

一九四一年一二月七日の真珠湾攻撃は、たしかに恐ろしい出来事であった。だが、それが天の恵みと考えられるまでに、それほど時間はかからなかった。真珠湾攻撃の直後、アメリカの新聞各紙は、日本の攻撃がプラスの影響をもたらしたと強調したのである。『ニューヨーク・ヘラルド・トリビューン』は一二月八日付の社説にこう書いた。「今になれば、〔日本との〕衝突は避けようがなかったことがわかる。これで一種の安堵感が生まれ、気分がすっきりした。アメリカ国民はこれまでの論争を忘れ、前進できる」。シカゴの各紙も同調した。『シカゴ・デイリー・ニューズ』は、「日本のおかげで、わが国を引き裂いてきた根深い意見の対立は間違いなく解消される。敵を完膚なきまでに打ち破り、わが国の自由を護るため、確固たる決意をもってわれわれは再び一致団結するであろう」と述べた。『シカゴ・ヘラルド・アメリカン』は、「アメリカ国民は、いまや一丸となって団結し、強く、無敵である」と自賛し、『シカゴ・タイムズ』は、「強硬な孤立主義者たちでさえ、国防への強い支持を表明している」と満足げに書いた。

それまでは、「アメリカ第一主義」を掲げる孤立主義者と、対外介入的な政策を推進する民主党政権とのあいだで論争が続いていた。前述の『シカゴ・デイリー・ニューズ』のいう「根深い意見の対立」とは、このことを指している。しかし、真珠湾攻撃によって、米連邦議会の意見対立は一掃された。政治家たちは次々と演壇に立ち、「日本の攻撃は眠れる巨人であったわが国を目覚めさせた。われわれは、もはや分裂しておらず、結束した国民である」と、こぞって述べた。政治家たちに同調した『ワシントン・ニューズ』は、一二月八日付の社説の冒頭で、「まごうかたなき銃声」というキプリングの言葉を引用して、次のように書いている――「安息日の日曜日〔真珠湾攻撃の日〕に、多くの問題が解決した。その最たるものは、国の結束の問題である……。キプリングの言葉を借りれば、アメリカは今や「危急の難を直視」している」。ハワイ攻撃は、「日本が一億八〇〇〇万のアメリカ人ひとりひとりを襲撃したかのようだ。わが国は共通の憎しみと決意のもとに一致団結し、完璧に結束することになった。日本は、われわれにとっての最大の危険――無関心と対立――を取り除いてくれたのだ」[189]。

だが、太平洋の戦局も終わりにさしかかった一九四四年から一九四五年初め頃になると反目がよみがえり、かつての論争が再燃した。「リメンバー・パールハーバー」という言葉を政権批判に使う動きが見られるようになったのである。保守派は、真珠湾攻撃は枢軸国との戦争にアメリカを引き入れた惨事だったと言い始めた。これは「裏口からの参戦」説〔パールハーバーは日本を裏口から招き入れて攻撃させ、アメリカを第二次世界大戦に引き入れたルーズベルト政権の陰謀だったとする説〕と呼ばれる。彼らは、ルーズベルトと側近たちが共謀して、日本をアメリカ攻撃に誘い込んだと、激しく非難したのである。そして、秘かに行われた日米交渉の記録が明らかにされるにつれて、共和党や保守陣営はますます「裏口からの参戦」説を支持するようになった。この論争は今も続いており、おそらく今後も続くと思われる。

ルーズベルト政権が戦争を望んでいたことを証明する史料として、一九四一年一一月二五日付の、スティムソン陸軍長官の日記が取りあげられることがある。この日は、ハル国務長官が日本に「最後通牒」を手渡し、日米両国の外交努力が事実上終わりを告げた日の前日であった。スティムソンは、正午に開かれた会議でルーズベルトが語った内容をこう記している――「もしかしたら、来週月曜日にわれわれは攻撃されるかもしれない。日本は予告なしで攻撃を行うことで知られている。問題は、これにどう対処すべきか、大きな危害をこうむらずに、日本が先に発砲するように仕向けられるかどうかだ」。その二日後、フィリピン駐留のマッカーサー宛てに、陸軍省から同趣旨の電文が送られた。

日本との交渉は終了した模様。日本政府が再び交渉継続を求める可能性、ほぼなし。日本の今後の行動は予測しがたし。いつ敵対行為が起きてもおかしからず。敵対行為不可避ならば、日本のほうから最初に明白な行為に乗り出さんことを、アメリカは切望す。[190]

真珠湾攻撃関連の極秘文書の大半は、大戦終了直後に開催された米上下両院合同調査委員会で公開されたものである。同委員会が開いた公聴会をもとに、委員会のメンバー八名が承認した多数意見報告書がまとめられた。この報告書は、ハワイの陸海軍司令官たちと十分にコミュニケーションをとらなかったワシントンの指導者には問題があったとしながらも、次のように強調していた。「大統領はじめ国務長官、陸軍長官、海軍長官が、宣戦布告の承認を議会からとりつけるために、日本を騙し、挑発し、煽り、おだて、強要して、わが国を攻撃するよう仕向けたとする見解が、公聴会開催以前からあった。だが本委員会は、このような非難を裏づける証拠をまったく見つけることができなかった。むしろすべての証拠は、大統領はじめ政府高官たちが高い能力と洞察力を発揮し、わが国の外交政策を支えてきた最高の伝統を守り、責任をまっとうした事実を明確に示している」。多数意見報告書は、ワシントンよりもむしろ「ハワイの司令部が機能しなかった」ことに批判を集中していた。[191]

多数意見報告書は、政府首脳への批判に慎重であったわけであるが、これは、「九・一一調査委員会」が九・一一事件以前におけるブッシュ政権のリーダーシップ不足を問題にしなかったことに似ている。だが、多数意見報告書に疑問が提起されなかったわけではない。少数意見報告書をまとめた共和党上院議員のホーマー・ファーガソンとオーウェン・ブルースターは、ハワイのキンメル海軍大将とショート陸軍中将の失態にも注目したが、むしろ激しい批判を加えたのは、ルーズベルトと「戦時内閣」のメンバー――スティムソン陸軍長官、フランク・ノックス海軍長官、陸軍参謀総長ジョージ・マーシャル将軍、海軍作戦部長ハロルド・スターク大将、戦争計画副本部長レナード・ジェロウ大佐――に対してであった。二人の上院議員がとくに注目したのは、一一月二六日のハル・ノートから真珠湾攻撃までの約一〇日間にアメリカが傍受した日本側の通信文と、米政府首脳が行った協議の内容である。彼らは、「ワシントンの指導者や真珠湾の司令官たちが、一二月七日より何日も、何カ月も、何年も前から、日本による真珠湾攻撃の現実性は高いとみなしていた」ことを問題にした。

ブッシュ政権の場合、アルカイダに関する諜報機関の警告を見過ごしてしまった。それとは対照的に、ルーズベルトと側近たちは、傍受した日本の通信文を丹念に解読し、迫りくる戦闘を予期していた。ただ、ルーズベルトをはじめとするアメリカの指導者たちは、日本が「敵対行為」開始の態勢を整えていることを知っていたにもかかわらず、その情報を軍に周知せず、起こり得る事態に備えなかった。この点は弁解の余地がない。しかし、少数意見報告書が主張するように、ルーズベルトと側近たちが「日本による真珠湾攻撃の現実性は高い」と明確に認識していたと言えるかどうかは、別である。たしかにルーズベルト政権は、何らかの攻撃を想定し、何年ものあいだ戦争に備えており、一九四一年のハワイでは戦争警報が数回発せられた。とはいえ、政権の誰もが考えていたことは、キンメル大将と同じであった。あの黄色いチビ野郎ども the little yellow sons-of-bitches が、あんなに遠くからやって来て大胆な作戦をやってのけるなど、誰も本気にしなかったのである。意外だったのは、日本が対米戦を選択したことではなく、その戦争計画にハワイが含まれていたことであった。

アメリカと日本が折り合いをつけ、戦争を回避できたかどうか。これは重いテーマである。戦争の原因が何であって、日本に宥和的な態度をとった場合、どれくらい危険だったかという問題と関連するからである。ただ、ルーズベルト政権が裏口から日本を招き入れ、アメリカ人を戦争に引きずり込んだという陰謀説は、あまり筋が通っていない。もし、本当に真珠湾が攻撃目標になっているとワシントンの指導者たちが事前に知っていたならば、太平洋艦隊を攻撃されるままにしておく理由はなかったはずである。ハワイに迫っている日本の機動部隊を先制攻撃せよと、ハワイの司令官たちに直接命令することは可能であったし、実際、そうしたことであろう。アメリカが日本の機動部隊を先に攻撃し、それが日米の開戦理由となった場合でも、それは枢軸国全体に対する報復として必要だったと主張すれば、大半の孤立主義者を納得させることができたであろう。そうなれば、「パールハーバー」の記憶は違う内容になったであろうが、それでもアメリカ国民は大統領を支持して結束したであろう。事態がそうなっていたら、諜報活動の屈辱的な失敗とか、警戒を怠り戦争に引き込まれたといったトラウマが生まれることもなかったであろうし、「屈辱の日」とか「リメンバー・パールハーバー」といった言葉も生まれなかっただろう。その場合でも、ルーズベルトには、国民の結束と枢軸国の脅威に対する「正義の戦争」という天の恵みが与えられたはずである。(192)

＊

二〇〇一年のブッシュ大統領と側近たちは、アルカイダによるアメリカ本土攻撃を予期していなかった。七月初め、ＣＩＡ首脳は、ライス国家安全保障問題担当大統領補佐官にアルカイダの脅威が差し迫っていると警告したが、ライスからの反応はなかった。それから一カ月後の八月六日、ブッシュ大統領は「ビン・ラディン、アメリカ攻撃を決意」と題する機密日報を受け取っていた[193]。政府高官が警告に耳をかさなかった理由が何であれ（大統領は八月の大半をテキサスの牧場で過ごしていた）、ブッシュ政権にとって九・一一事件は、二つの意味で天の恵みとなった。

一つ目の天の恵みは、選挙結果をめぐる混迷の後にようやく大統領に就任したブッシュにとって、九・一一事件が救いとなったことである。二〇〇〇年一一月の大統領選挙は、開票の最終段階でも勝者が確定しない状況となった。全米の一般得票では民主党のアル・ゴア候補の得票が過半数をわずかに上回ったが、接戦となったフロリダ州での一般得票（およびこれと連動する選挙人票）に関して連邦最高裁判所が介入し、ブッシュに有利な判断を下した。このように、民意の明確な付託を欠き、権力基盤が弱かった大統領にとって、九・一一事件は恵みとなった。ブッシュは、かつてのルーズベルトと同じように戦時大統領としてのマントを広げて国をまとめたため、支持率は一時九〇パーセントまで跳ね上がった。イラク戦争が大失敗となったあとも、頼りになる戦時指導者というオーラは残り、ブッシュは二期目を迎えることができたのである。

二つ目の天の恵みは、ブッシュ政権内の保守派が二〇〇〇年の大統領選の前から考えていた外交・軍事政策の抜本的転換が、九・一一事件によって可能になったことである。彼らは国防予算の大幅増額、「軍事における革命」のための見直し、サダム・フセインの追放、国際平和の維持において国連よりもアメリカのリーダーシップを重視することなどを提唱していた。これらの提言は「新しいアメリカの世紀のためのプロジェクト the Project for a New American Century（ＰＮＡＣ）」という、シンクタンクが以前から唱えていたものである。ＰＮＡＣは一九九七年に設立され、直截な提言で知られていた。二〇〇〇年の大統領選挙直前(同年九月)、ＰＮＡＣは『アメリカ国防の再構築――新世紀のための戦略・軍事力・資源』と題する報告書を発表し、政策提言を列挙した。「圧倒的軍事力の創造」と題する章では、こうした大幅な軍備増強は一度に実現することは期待できず、

革命的な変化をもたらすとはいえ、パールハーバーの再来 a new Pearl Harbor のような破局的・触媒的な出来事が起きない限り、長い時間がかかるだろう。

と述べていた。

それからちょうど一年後、これが現実になった。九・一一事件が「パールハーバーの再来」となり、ブッシュ大統領は自分が望む軍事政策を実現できたのである。ブッシュと政権内で軍事政策に影響力をもっていた側近たち――中心はチェイニー副大統領、ラムズフェルド国防長官、ウォルフォウィッツ国防副長官で、全員、前述のＰＮＡＣ報告書に署名――が、事件の直後に、なんのためらいもなくアルカイダからイラクへと焦点を移動させたのは、アルカイダとイラクを関係づける情報があったからというより、期待していた「破局的・触媒的な出来事」が起こった場合、進むべき道をあらかじめ構想していたからである。(194)

ルーズベルトもブッシュも、国内政治を巧みに操った。だがブッシュには、ルーズベルトと明確に違うところがある。そのひとつは、ブッシュが、国外のことについて詳しい知識――自分が起こした

戦争の状況についてさえも――を持とうとせず、そういう知識を毛嫌いさえしたことである。もうひとつは、ブッシュと側近たちが、恐怖を政治的に利用しようとしたことである。テロによる大惨劇が差し迫っているのだから、政権を批判すれば国が危なくなると強調して、自分の政権と共和党の政治支配を強化しようとした。そこには恐怖を都合よく利用しようとする政治的・個人的傾向と同時に、彼ら自身の恐怖感もあった。これとは対照的に、アメリカ国民がよく知るルーズベルト大統領の言葉は、「最も恐れなければならないのは、恐怖そのものだ」であった。これはアメリカが恐慌のどん底にあった一九三三年、大統領就任演説の冒頭で語られたものだが、以後、この言葉がルーズベルトの四期にわたる統治と戦時リーダーシップの基調となった。

ブッシュ政権の「恐怖の宣伝」ぶりは、歴史に残る特徴であろう。それはイラク戦争においても、「テロとの戦い」における法の濫用においても、顕著であった。ブッシュ政権は、サダム・フセインの「恐怖の共和国」からの解放という人道的な使命を掲げて戦争を開始したが、実際には不安とテロを世界に拡大し、アメリカ自身を恐怖の共和国に変え、そのように恐怖をふりまくことで、莫大な利権が作りだされた。国務省高官として政権内の協議に参加し、やがて政権に失望したリチャード・アーミテージは、こう言ったという。「九・一一事件以降のアメリカの主要輸出品は、恐怖である」[195]。

＊

「パールハーバーの再来」の恐怖は、サダム・フセインに対する戦争への扉を開いた。そして最新兵器への資金投入を提唱していた者たちにとっても、九・一一事件は天の恵みとなった。それは新型核兵器の開発だけでなく、宇宙空間の軍事化という壮大なビジョンにまで及んだ。

宇宙空間の軍事化も、前述のPNAC報告書の提言にふくまれており、そこには、核実験の再開、地中深くの施設を破壊できるバンカー・バスター爆弾などの「新型核兵器」の開発のほかに、宇宙やサイバースペースといった新たな「国際公共域（インターナショナルコモンズ）」の支配、そして仮称「アメリカ宇宙軍」の創設が含まれていた。

宇宙空間の軍事化は、かつてレーガン大統領が推進した「スターウォーズ」計画に盛り込まれていた。「スターウォーズ」は一九七七年のハリウッド映画の名前で、レーガンがソ連を「悪の帝国」と呼んだのも、この映画が元になっている。一九八〇年代にIT革命が始まって以来、とくに一九九一年の湾岸戦争で電子兵器の役割が急速に拡大したことから、国防総省は宇宙空間の支配に強い関心をもつようになった。その背景には、地球上だけでなく天国でも、アメリカは正義の国として特別な役割を果たすべきだという考えがあった。当時アメリカ一国の軍事力は、世界の主要国の軍事力の合計に匹敵していたが、それでもまだ弱みがあるとされたのである。そして、宇宙におけるアメリカの弱みを表す比喩は、またもや「パールハーバー」であった。

宇宙防衛という発想は、ブッシュが大統領に就任する直前、九・一一事件の八カ月前の二〇〇一年一月一一日に、連邦議会に提出された「アメリカ国家安全保障宇宙管理・組織評価委員会」の報告書で明確に打ち出された。ラムズフェルドが最初からこの委員会の委員長を務め、彼が国防長官になって数週間後に報告書が発表された。それは、アメリカが宇宙空間を早急に支配しなければ、「宇宙の真珠湾攻撃 Space Pearl Harbor」の危険があると、六回も警告していた。一例をあげよう。

問題は、アメリカが素早く行動し、宇宙空間におけるアメリカの脆弱性を減少させる賢明さをもてるかどうかである。言い換えれば、わが国民を目覚めさせ、政府を行動させるのは、かつてのように、わが国とわが国民への致命的な打撃――「宇宙の真珠湾攻撃」――だけなのかどうかである[196]。

新たな戦場と新たな脅威を論じる「宇宙管理（スペースコントロール）」という表現は、アメリカを束縛する「軍備管理（アームズコントロール）」を否定するための、巧みな言語操作でもあった。九・一一事件は、新たな核兵器使用計画と宇宙空間の支配計画を加速させた。二〇〇二年一月初め、ブッシュ大統領が一般教書演説で「悪の枢軸」について語る三週間前、国防総省は『核態勢見直し』という長い報告書の一部を公表した。そこでは、北朝鮮、イラク、イラン、シリア、リビア、中国(「台湾の地位をめぐる軍事的対立」の発生)を含む「急迫、潜在、あるいは突然の緊急事態」における核兵器の使用に言及し、アメリカが「既存兵器の改良ではなく、新型核兵器の開発」を真剣に検討するよう求め、地下の陣地壕や指令部、生物化学兵器施設といった「地下深くにある強固な標的」を破壊するための、核兵器使用を含む「新しいミッション」に乗り出すよう提言していた。そして現状の核兵器を維持し、かつ新たな攻撃能力を確保するためには、アメリカが一九九二年以来遵守してきた核実験の一時停止を「無期限に続けることはできないであろう」とも記していた[197]。

アフガニスタンとイラクでのハイテク戦争で、人工衛星や無人飛行機（ドローン）が中心的な役割を果たしていることが一般市民にも知られるようになった二〇〇三年一〇月、「宇宙の真珠湾攻撃」の発想は、驚くほどあからさまに語られた。アメリカ空軍宇宙司令部が発表した、向こう二五年間の「戦略マスタープラン」がそれで、これはそれまでの計画が大人しく見えるほどの言葉で埋まっていた。いわく、宇宙空間という「高所陣地」の「占有」、「宇宙全域の支配」、「宇宙空間を支配し、宇宙における優位性を確保する」最適能力、「宇宙において敵能力を混乱させ、妨害し、相殺し、削減し、破壊するための、致死的あるいは非致死的実効力の追求」等々。ところが、ちょうどこの計画が発表された頃、イラクで素早い勝利を想定した「衝撃と畏怖」戦略への過信は、長い流血の戦いの予感へと変化しつつあった。そのため、この後の文書にはこうした過激な表現は見られなくなった。(198)

＊

秘密主義という体質や自己増殖する複雑な官僚的組織と同様、「天の恵みとしてのパールハーバー」という発想は、失敗を招く可能性がある。このことは、ブッシュ政権が「テロとの戦い」に失敗した理由をある程度説明してくれる。「テロとの戦い」は、政権の強い恐怖感と、最強の大量破壊兵器さえあれば、あらゆる敵――想定上の敵であれ本物の敵であれ――を抑止し敗北させられるという確信が合体したものであった。この意味で、「パールハーバー」は「大規模戦争 Big War」を暗示する記号(コード)、象徴(シンボル)、提喩(シネクドキ)〔一部を表現することで全体を示唆する修辞法〕となった。「大規模戦争」とは、かつて一九七〇年代の軍事史の教科書が「殲滅(せんめつ)戦略」と呼んだものであり、第二次世界大戦のはるか前から「アメリカ的な戦争のやり方」となっていたものである。こうした伝統からすれば、九・一一事件直後にラムズフェルド国防長官が、「どんと行け、全部片づけろ、関係あろうとなかろうと」と言ったのは自然なことでもあった。

しかし、テロや反抗と闘うために本当に必要だったのは、「大規模戦争」ではなかった。(199)

第
II
部

テロ

第七章

「ヒロシマ」という暗号

九・一一事件で世界貿易センタービルが倒壊して間もなく、ある新聞が次のような目だたない記事を掲載した。ＣＩＡは、「アルカイダのメンバーが発した、謎めいた、しかし背筋が凍るようなメッセージを傍受していた。オサマ・ビン・ラディンがアメリカに「ヒロシマ」を実行する予定だというのである」。(1)

世界貿易センターのツイン・タワーが倒壊した後、政治家やメディアはその跡地に、歴史的には原爆投下地点を意味した「グラウンド・ゼロ（爆心地）」という洗礼名を与えた。マンハッタンで燃え上がり世界を震撼させた猛火を目の当たりにしたアメリカ人には、それが一九四一年一二月七日の真珠湾奇襲と、一九四五年八月の原爆投下の再来のように思えた。アメリカは冷戦後唯一の超大国となったにもかかわらず、他の大国からの攻撃ではなく、雑多な狂信者の集まりによる破壊行為に対して脆弱であることが明らかになった。こうして第Ⅰ部で論じたパールハーバー同様、「ヒロシマ」も、九・一一事件を歴史の文脈に位置づける隠喩のひとつとなったのである。

「パールハーバー」や「屈辱 infamy」と同様、「グラウンド・ゼロ」や「ヒロシマ」はアメリカ人にとって多層的な意味をもつ言葉である。ビン・ラディンやアルカイダの狂信者たちにとっても「ヒロシマ」は飛行機で打撃を与えることを意味したが、その解釈は、アメリカ人とはまったく違っていた。ビン・ラディンは、九・一一事件の五年ほど前から、アメリカが犯した人道に対する罪を非難し、広島と長崎への原子爆弾によって「子ども、老人、女性を含む全住民」が犠牲となったことを繰り返し指摘していた。彼によれば、原爆投下こそが、第二次世界大戦以降に中東を圧伏し、ますます増大していったアメリカのグローバル覇権の始まりであった。アメリカなどがイスラム主義をテロとして糾弾するのは、自分のことを棚にあげた「ダブル・スタンダード」であり、二〇〇一年の聖戦の兵士たちは、むしろ正義の執行人なのであった②。

九・一一事件から一年後の二〇〇二年一〇月六日、ビン・ラディンは「アメリカ人へ」と題した辛辣なメッセージを発表した。そのなかで彼は、アメリカのダブル・スタンダードについて、独特の表現で語った。

人類の歴史のなかで、おまえたちアメリカが際立っているのは、歴史上のどの国よりも武力で人類を破壊したことだ。それは正義や価値を守るためではなく、自分の権益と儲けをいち早く確保するためだった。アメリカは、日本が終戦交渉をしようとしていたのに、原爆を落とした。おお、自由を叫ぶおまえたちよ。おまえたちはどれほどの圧制、暴虐、不正を実行してきたのか③。

ビン・ラディンは、「ヒロシマ・ナガサキ」をアメリカによる破壊と不正義の象徴とみなした。逆にブッシュ大統領(子)は、イラクへの先制攻撃を正当化するために原爆のイメージを利用した。そのときの合言葉が「きのこ雲」であった。国家安全保障担当大統領補佐官コンドリーザ・ライスは、二〇〇二年九月八日のテレビ・インタビューで、「銃の煙が〔核兵器の〕きのこ雲になるなんてことは、私は望みません」と語った。その一カ月後(一〇月七日)、ブッシュ大統領は、イラクの大量破壊兵器保有疑惑に言及した際、ライス補佐官の表現を利用して、こう述べた。「危機が差し迫っているとき、銃が煙を出すのを待っているわけにはいきません。それはきのこ雲かもしれないのです[4]」。

イラク戦争の準備が本格的に始まると、戦争計画の立案者やメディアは、「ヒロシマ・ナガサキ」「きのこ雲」に続く第三の象徴的な言葉を頻繁に語るようになった。「衝撃と畏怖 shock and awe」である。ジャーナリストも評論家も一般市民も、イラクに大規模な軍事攻撃で「衝撃と畏怖」を与え、サダム・フセインを追放すれば、イラクを民主国家に変えることができると考えた。ブッシュ大統領は自分をルーズベルトやトルーマンと同じ「戦時大統領」とみなした。ブッシュが直面していた脅威は、日本やドイツとは異質なものであるにもかかわらず、圧倒的な軍事力をもってすれば打ち負かせると、彼は信じ込んだのである。

もともと「衝撃と畏怖」は、一九九〇年代半ば以降、米軍で使われた言葉である。「迅速な支配」をめざすこのシナリオでは、「敵社会に多大な影響を与えるために、短期間に徹底的な破壊をもたらすこと」が強調された。この発想が半世紀前に日本に投下された原子爆弾に由来するものであることは、一九九六年の次の米軍の文書に明確に述べられている。

「迅速な支配」がもたらす最高度の「衝撃と畏怖」とは、広島と長崎に落とした原子爆弾が日本人に与えたインパクトと同程度のものを、核兵器なしで与えることである。二発の原子爆弾が使用されるまで、日本は玉砕的抵抗を行おうとしていた。ところが、原爆がもたらした「衝撃と畏怖」が日本人の考えを変えさせ、指導者の見通しを改めさせたのである。たった一機の飛行機がもたらした破壊力は、日本人の理解を超えていた。理解不能という感覚が、畏怖の感情を呼び起こした。

新たな戦略思想と既存の技術を組み合わせた革命的な軍事能力によって、われわれは原爆と同程度の「衝撃と畏怖」をもたらすことができる。多くの場合、核兵器や最先端の技術を実際に使用する必要はないとしても、「衝撃と畏怖」の裏付けとして、核兵器を使用する能力を保持しなければならない。⑤

「衝撃と畏怖」は、ハイテクと軍事力に依存して、敵の眉間を棍棒で強打するような戦略であり、アメリカの敵とくにアラブ人に対する処方箋として、保守派やネオコンのあいだで脈々と疼(うず)いていた発想であった。また、ビン・ラディンがアメリカに「ヒロシマ」を実行してやると述べたのも、アメリカの「衝撃と畏怖」の発想を逆利用したものであった。「衝撃と畏怖」を唱えたアメリカ人たちは、原爆投下と同様の畏怖をもたらすには、必ずしも核兵器を使用する必要はないと強調したが、核兵器を排除したわけではなかった。それどころか、核実験の再開や、「バンカー・バスター爆弾」などの新型核兵器の開発が必要だと主張したのである。

実際には、イラク侵攻では最先端の軍事力を行使したにもかかわらず、イラク社会全体を恐怖におとし入れることはできなかった。それは将来の見通しもないまま独裁政権を倒し、社会基盤を破壊し、無法状態を生み出して反乱を招き、残虐で広域的なテロの種を撒いただけであった。むしろ、「衝撃と畏怖」の本当の事例は九・一一事件であったというべきであろう。九・一一事件こそが、二一世紀のトラウマを生んだのであり、そこで使われたのは、数機の民間航空機と、カッターナイフしかもっていない一九人の男と、そして五〇万ドルといわれるアルカイダの資金にすぎなかった。

＊

対イラク戦争の心理的・戦略的誤算は、今後何年も分析され議論されることであろう。より一般的に戦争の文化という観点からも、九・一一事件とイラク戦争は議論に値する問題を提起している。たとえば、マンハッタンの「グラウンド・ゼロ」の悲嘆と恐怖を政治的に利用しようとする者たちは、原爆のきのこ雲の恐ろしい光景を語り、広島と長崎における「衝撃と畏怖」を活用すべきだと力説する。だがそういう人々が一九四五年の「グラウンド・ゼロ」を直視することはまずない。きのこ雲の下で起こったことから目をそらし、人口稠密（ちゅうみつ）な二つの都市を抹殺した冷酷な論理からも、兵士と民間人、戦闘員と非戦闘員とのあいだの境界が消滅した世界の現状からも、目をそむけている。

ここでとくに問題にしたいのは、アメリカの道徳性に疑義を呈することに対する本能的警戒や、一九四五年に原爆を使用したことへの疑問ではない。ヒロシマのグラウンド・ゼロと九・一一のグラウンド・ゼロが、いまでは人々のイメージのなかで結びついてしまっているが、この結びつきにどれほどの正当性があるか、ということである。

よく言われるように、正義とは何かという問題は「戦争と同じくらい古い(6)」。正しい戦争 justum bellum という場合、武力を行使すること自体が正当かどうかという問題(jus ad bellum)と、敵の行為に見合った武力であるか(jus in bello)という問題の、二つの面をもっている。日本の中国侵略、真珠湾攻撃、ブッシュ政権のイラク戦争では、武力を行使することの正当性そのものが問われる。他方、九・一一事件やテロのような人道に反する犯罪行為では、意図的に民間人を標的にすることが正当かどうかが問題になる。

九・一一事件後、アメリカ人は、後者の武力行使の内容を問題にしたが、アメリカ（ひいては西側文明）は、われわれはテロリストやフセインとは違うのだと考えた。ブッシュ政権が「対テロ戦争」という言葉を作ったときに強調したのは、国防次官補ダグラス・ファイスの言葉を借りれば、「人命尊重の原則における、われわれと敵とのあいだの差異」であった。戦闘員と無辜の非戦闘員の境界は侵すべからざるものであり、「テロリストは民間人を意図的に標的とするがゆえに非難されるべきなのであった。ブッシュ大統領は、二〇〇二年一月の一般教書演説で「悪の枢軸」という言葉を使い、「イラクの政権」を非難した。その際、「この政権は、すでに毒ガスで何千人もの自国民を殺害し、死んだ子どもに覆いかぶさる母親たちの死体を放置した政権」だと告発した。(7)

きのこ雲の下の状況を映像や写真で知っている人から見れば、ブッシュ大統領の発言は二重の意味で問題がある。ひとつには、死んだ子どもに覆いかぶさる焼け焦げた母親の姿は、（アメリカが実行した）広島と長崎の「グラウンド・ゼロ」で見られた象徴的な光景であったことである。もうひとつは、第一次世界大戦以来、西欧列強による民間人・非戦闘員への攻撃は普通に行われていたことである。第二次世界大戦で、英米の航空部隊は「都市部」に対するテロ爆撃（いわゆる無差別爆撃）を行い、民間人に対する空爆が標準的な作戦行動となった。たしかに、広島と長崎への原爆投下はテロ爆撃の性格と有効性を劇的に変化させたが、道徳的にも戦略的にも、核時代が誕生する前に、ルビコン川はすでに渡られていたのである。非戦闘員を意図的に殺すことは、古来、戦争では珍しいことではない。第二次世界大戦において、非戦闘員に対する意図的殺戮が、「総力戦」と「心理戦」を特徴とする新時代の本質的部分になったのである。(8)

現代の戦争は独自の文化を生んだ。民間人を燃やして灰にすることは、そうした文化のひとつなのである。

＊

大半のアメリカ人は、歴史からよみがえった「グラウンド・ゼロ」「きのこ雲」「衝撃と畏怖」といった言葉を受け入れた。だが、これらの言葉がもっている意味や、そして対日戦争最後の五カ月間に日本の都市や国民を焼きつくしたのはアメリカであったことには、ほとんど考えが及ばなかった。このことは、既存の意識を変えたくないという普通の感情、とくに愛国的意識の結果でもある。

九・一一事件後のアメリカでは、アルカイダの反人道的犯罪を契機に、過去、現在、未来の空爆やテロ爆撃に対する洞察が深まり、人々が視野の狭い愛国心から抜け出し、「目には目を」的な復讐心を克服できそうな瞬間もあった。だが、それは現実化しなかった。それどころか、核時代がどのように始まったか、きちんと省察したり議論したりすることなく、「グラウンド・ゼロ」という歴史的な言葉が政治的に専有――正しくは横奪――された。「ゼロ」とは、一九四五年七月一六日にニューメキシコ州アラモゴードの砂漠でアメリカが世界初の核実験をした爆心地を意味する符号であった。そこから、「ポイント・ゼロ」とか「ゼロ地域」などの言葉が、その後の広島や長崎への原爆投下を説

41 ニューメキシコ州アラモゴード近くの砂漠に立てられた掲示板(1965年撮影).「グラウンド・ゼロ」と書かれたこの粗末な掲示板は，この場所が1945年7月16日の「トリニティ」実験で，史上初めて核兵器が爆発した爆心地であることを示している.

明する際に使われた。一九四六年までに、「グラウンド・ゼロ」はマスメディアを通して流布し、当時アメリカが独占していた核兵器と結びつけられるようになった。ニューメキシコ州の実験場の爆心地には、「グラウンド・ゼロ」という不気味な言葉が記された粗末な標識が長らく立てられていた。「グラウンド・ゼロ」は、すさまじい暴力の震源を意味する一般的な言葉として使われることもあったが、何十年にもわたってこの言葉は、やはり広島と長崎を思い起こさせるものであった⑨。

その一方で、テロ爆撃 terror bombing という言葉やその光景は、原爆投下以前からごくふつうになっていた。一九三五年末、エチオピアに侵攻したイタリアは、一九三六年の元日、「スウェーデン赤十字病院」とはっきり掲示されたエチオピアの建物を爆撃して世界を震撼させた。イタリアはエチオピアに八五トンの爆弾を投下し、マスタードガスを雨のように降らせ、人や動物のみならず牧草地や水路も汚染した(爆撃機のパイロットの一人で、ムッソリーニの息子ブルーノは、「すごく楽しかった……。爆弾倉が空になったあとは、素手で爆弾を落とした。……実に愉快だった」と回想している)。一九三六年に始まったスペイン内戦でドイツは、フランコを支援し、空爆の技術を磨いた。一九三七年のパリ万博では、スペイン展示館でピカソが描いた壁画「ゲルニカ」が展示された。そこに描かれたバスク地方の小さな町への爆撃の様子は、空爆によるテロの恐怖を示す世界的シンボルとなった⑩。

日本は一九三七年、中国の諸都市を空爆して民間人を殺戮(さつりく)し、世界に衝撃を与えた。同年八月末の爆撃では多くの中国人が殺されたばかりか、イギリス大使も負傷した。イギリス外務省は抗議声明を出し、こう述べた。「国際法の原則からすれば——人類の良心に照らしても当然のことながら——戦闘行為において戦闘員と非戦闘員は区別されるべきである。日本が行った行為は、この原則を無視した点で違法であり、非人道的である」。『ライフ』誌は、爆撃で破壊された上海の駅に座り込み、大声で泣く幼児の写真を掲載した。この写真は、日本による都市爆撃の恐ろしさを読者の目に焼きつけた。後に、ジャーナリストのハロルド・アイザックスは、記憶に残るこの写真について、「史上もっとも成功した「プロパガンダ」作品のひとつ」と呼んだ。この写真は、ハーストグループの中国人カメラマンが撮影したニュース映画の一場面であるが、『ライフ』誌の推定によれば、一九三八年末までに世界の「一億三六〇〇万人」がこの写真を見た。テレビがない時代、最も説得力のあるリアリズム媒体であったニュース映画は、新聞や写真、論評などとともに、民間人に対する意図的な爆撃は非文明

42 瓦礫で泣く幼児．日本軍の航空機が上海南駅を爆撃した直後(1937 年 8 月 28 日)の撮影で，もとは『ハースト・メトロトーン・ニュース』の中国人カメラマンが動画で撮影したものである．その一コマが切り取られ，新聞や『ライフ』誌などに掲載された．『ライフ』誌の読者は，この写真を「今年を代表する写真」10 点のひとつに選んだ．日本とドイツの空爆による民間人の犠牲のこのような描写は，国際連盟や英米の指導者が先導するかたちで，1930 年代末から 1940 年代初頭にかけて広範な嫌悪と非難を呼んだ．

的行為であるという世論を強めることになった[11]。
アメリカ政府は一九三七年以降、民間人を意図的に爆撃する行為を強く非難した。一九三九年九月一日、ドイツのポーランド侵攻によって第二次世界大戦が始まると、ルーズベルト大統領はフランス、ドイツ、イタリア、ポーランド、イギリスの各政府に向けて即座に声明を送った。以下は、その全文である。

ここ数年間、地球上の各地域で戦闘が激しくなり、無防備な人口密集地域に対して空からの残酷な爆撃が加えられ、身を守るすべのない何千人もの男、女、子どもを不具にし、死に至らしめている。このような爆撃は、人類の良心に深い衝撃を与えてきた。
悲劇的な災厄が世界で継続するなか、このような非人間的な蛮行が続けば、戦闘になんの責任もなく関わりもない無辜(むこ)の民の生命が何十万と失われるであろう。したがって私は、敵側も同じ戦闘ルールを忠実に遵守するとの了解のもと、いかなる状況下でも、民間人や無防備な都市に対する空爆をけっして行わないとの決意を公(おおやけ)に表明するよう、戦闘行為に参加する各国政府に対して緊急に訴え、速やかな回答を要請するものである。

これに応えて、イギリスもフランスも、そしてドイツまでが、民間人および文化財を標的とせず、爆撃は軍事目標に限定すると表明した。その後、民間人に対する意図的な爆撃を非難する同様の声明が、ワシントン、ロンドン、ジュネーヴ(国際連盟本部所在地)で出された。イギリスの海軍大臣チャーチル(その後すぐに首相)も一九四〇年初頭、民間人に対する爆撃を「新しい、憎むべき攻撃方法」であると非難した[12]。

しかし、このような憤りは長続きしなかった。第二次世界大戦が展開するにつれて、焼夷弾による爆撃を理論化し、正当化し、人口密集地域に対する空爆の手法を磨き上げたのは、枢軸国よりむしろイギリスとアメリカであった。のちに研究者や教科書が「テロ爆撃 terror bombing」と呼んだ戦略爆撃作戦は、イギリス空軍が一九四二年にドイツで開始し、米陸軍航空軍(USAAF)が一九四五年に日本を対象に完成させたものである。広島と長崎に対する原爆投下に先駆けて、「超空の要塞(スーパーフォートレス)」と呼ばれた爆撃機B29——太平洋戦域で使用された新機種——が、日本の六十余りの都市に対する大規模な焼夷弾攻撃を実施した。イギリスの空爆計画者たちは、ドイツでの都市爆撃について語るとき、「デハウジング dehousing(住む家を奪うこと)」という婉曲表現を用いた(英語を話す人のなかには、この「デハウジング」に「デラウジング delousing(シラミ駆除)」に通じる響きを聞きとった人が少なからずいたに違いない)。これを知ったアメリカの空爆計画者は、すぐに計画や報告書のなかでこの言葉を使った。アメリカの爆撃機搭乗員たちは、自分たちの任務を「焼き仕事(バーンジョブ)」と呼んだ。日本の都市部に対する空爆は、何百機もの「超空の要塞(スーパーフォートレス)」たる爆撃機が空一面を覆いつくす作戦であった。高射砲による日本軍の反撃は散発的なもので、最後には事実上皆無となった(B29の損失は、日本の反撃によるよりも整備不良を原因とする事故のほうがはるかに多かった)。広島でも長崎でも、原爆投下任務を遂行したB29は二機の援護機を伴っていただけであり、その前に気象観測をした航空機には、援護機さえなかった[13]。

　このような大規模な破壊行為による死者の数については、様々な推計があるのが普通である。ドイツに対する空爆では主要都市のすべてが標的となり、合計四〇万人から六〇万人の民間人が殺されたと推計されている。日本の場合、広島と長崎を含め「都市部」に対する空爆で殺された民間人の総数はドイツに匹敵し、死者は東京だけで一二万人近く、広島と長崎で合わせて二一万人以上、そして爆撃を受けたその他の六三都市における死者は、全部で少なくとも一〇万人に及んだ(他に沖縄戦での民間人の死者が一〇万から一五万と推定されている)。そうだとすれば、ドイツを含む第二次世界大戦における英米の空爆によって、少なくとも八〇万、おそらく一〇〇万人以上の民間人が殺されたと考えるのが妥当であろう。戦争終結時までに、人口密集地域に住む男、女、子どもを「集中爆撃」、「絨毯爆撃」、「抹殺爆撃」によって意図的に標的とすることが戦略上望ましいという考え方は完全に確立していた。そして連合国側では、それが道徳的にも妥当なことだとさえみなされたのである。(14)

　九・一一事件の後、以上のような第二次世界大戦の歴史が思い出されることはほとんどなかった。アメリカにとって「グラウンド・ゼロ」は、邪悪な力——「われわれと違って」生命の尊厳を認めず、罪のない男、女、子どもを殺すことに良心の呵責など感じない人間や文化——の攻撃により、被害をこうむった場所を示唆する暗号となった。イスラム主義者の野蛮な行為は、文明の衝突のわかりやすい例であり、西洋の価値と非西洋的な価値とのあいだの違いを最も明瞭に示すものとされた。こうして「九・一一」を暗示する「二〇〇一年のグラウンド・ゼロ」という言葉は、過去から取られたものでありながら、それがいったい何であり、どこから来たものかをまったく見えなくさせる壁となったのである。

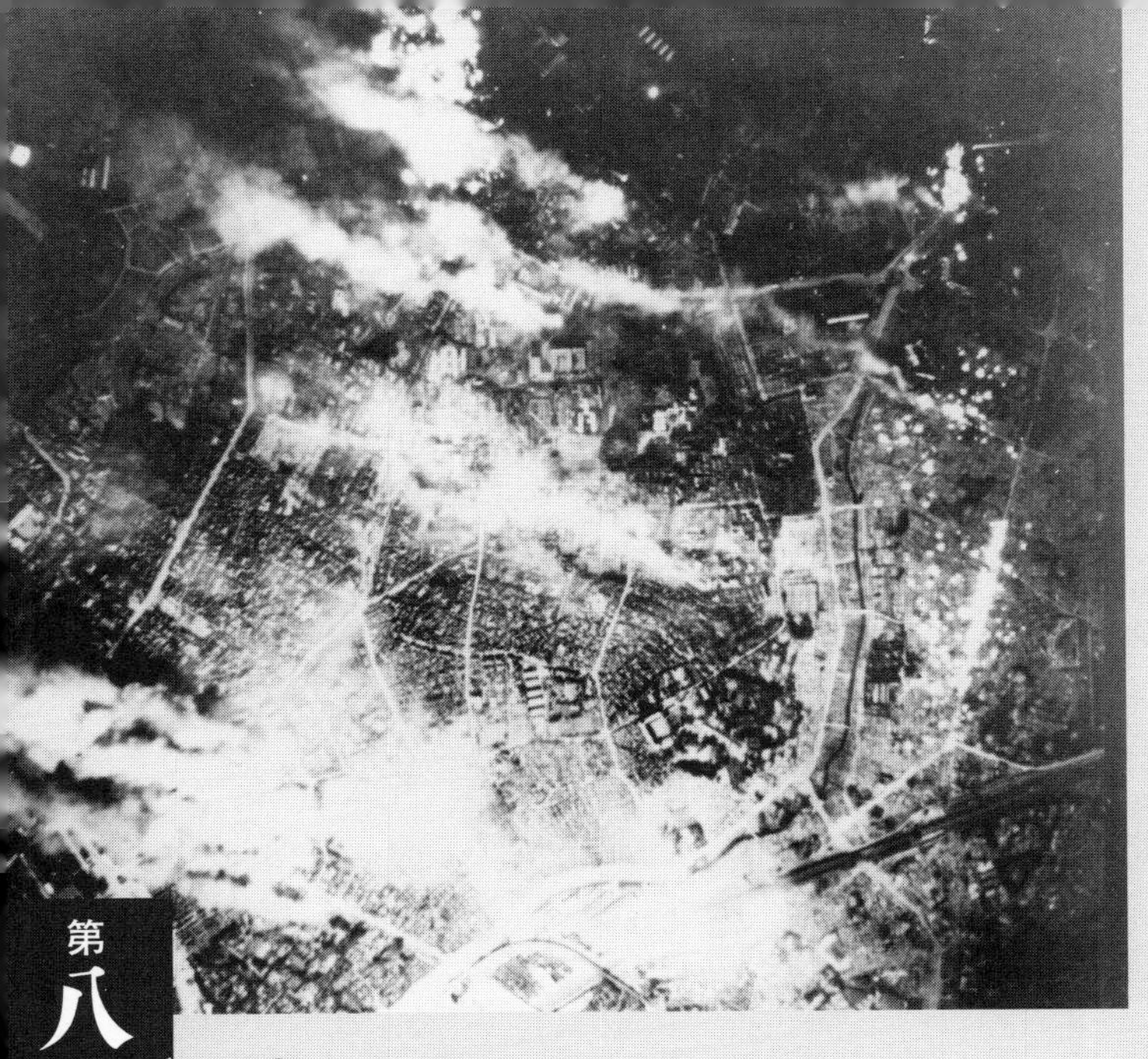

第八章

テロ爆撃

廃墟

敗戦直後に日本の地を踏んだアメリカ人の一人に、写真家ジョン・スウォープがいた。一九四五年八月二八日、米海軍に同行して日本に到着したスウォープの任務は、捕虜収容所(たいてい大都市の郊外にあった)から解放されるアメリカ人を写真におさめることであった。彼は広島や長崎には立ち寄らず、東京、名古屋、浜松、川崎、仙台などに短期間滞在した。その間スウォープは、様々な日本人と交流している。そこで出会った大半の日本人にとってスウォープは戦後目にした最初の敵国人であったが、カメラしか持っていなかったこともあって、人々は彼を愛想よく歓迎した。スウォープにとってこの経験は、つい最近まで続いたあの戦争はいったい何だったのかと考えさせるものであった。日本に滞在した数週間、スウォープは解放された戦争捕虜や市井の日本人を写真に収めながら、妻への手紙という形で考察を書き記した⑮。

戦争直後の日本を目撃した戦勝国の人間なら、たいていスウォープと同じように記したであろう。天皇による終戦の宣言から占領軍が到着するまで二週間が過ぎていたが、東京は誰が見ても「死んだ都市」であった。スウォープが立ち寄った他の都市も同様で、すべてが「空っぽの都市」「廃墟」、ところどころに「トタンの掘立小屋」があるだけの「悪臭ただよう残骸」であった。

スウォープがユニークだったのは、彼が他の国の戦災も目撃していたことであった。ドイツでも、フランスのナチス占領地域でも、連合国による爆撃の後に残ったのは、石とコンクリートの瓦礫であり、焼け残った教会の尖塔であった（戦災のあと、天に向かって立つケルン大聖堂の写真は有名）。ところが、日本の都市は違っていた。

爆撃でとことんやられた都市は、どうにも表現のしようがない。とにかく何も残っていない。それだけだ。（ナチス占領下にあったフランスの）ル・アーヴルも……ひどくやられたと思ったが、それさえも東京など日本の都市とは比較にならない。しかも、この種の破壊を写真に撮るのはとても難しい。ドイツでは建物の外壁が残り、多くの家の骨組みも残ったが、ここでは立っているものが何もない。クレーターも、瓦礫の山さえない。ただ、真っ平ら。煙とともに、町が丸ごと消えてしまったのだ。⑯

たしかに、空爆で破壊されたドイツを写した写真のほうが、敗戦直後の日本の写真よりもドラマチックである。今になってみると、スウォープの写真の力は、廃墟の様子よりも、むしろ人々の姿を伝えていることにある。要するに、日本の都市の大部分はきれいさっぱりと焼け落ちてしまったのである。

＊

爆撃を受けた都市にほとんど何も残らなかったのは、日本の建物が燃えやすく、とくに人口が集中する地域ではその傾向が顕著だったからである。米軍は一九四二年四月一八日、東京をはじめ名古屋

43, 44 ジョン・スウォープが撮影した「廃墟」の写真2枚．1945年8月下旬，日本に到着したスウォープは，こうした光景をいたるところで目にした．彼は，写真に写せるものがほとんど何も残っていないと書いている〔図録『WWII-日本の敗戦――キャパ，スミス，スウォープ，三木淳の写真』(清里フォトアートミュージアム，2005年)によると，43は仙台，44は浜松．それぞれ9月12日と9月6日の撮影〕．

などを標的に一隻の航空母艦から単発の「ドゥーリトル爆撃」〔ドゥーリトルはこの爆撃を率いた隊長の名〕を行った。これが最初の日本本土空爆であった。その目的は日本に衝撃を与え、かつアメリカ自身を含む連合国の士気を上げることであった。一九四四年には、中国から発進したアメリカの航空部隊が八幡や長崎などの工場や軍事施設を約二〇回爆撃したが、あまり成果はなかった。

あまり知られていないことだが、一九四四年八月初め、米軍は長崎を爆撃している。それは、夜間に二四機の爆撃機で焼夷弾を投下した小規模な作戦であった。この長崎爆撃は、ドゥーリトル爆撃と同様、心理的な効果をねらったものだったが、高性能爆弾を用いた精密爆撃の代わりに、燃えやすい日本の都市への焼夷弾攻撃がどの程度有効かをテストする目的もあった。東京に対する初の本格的空襲は、一九四四年一一月二四日のことである。これは、サイパンから出撃したB29による作戦であった。高高度から行われたこの空爆は、投下目標にほとんど命中しなかったものの、この空襲によって日本の民衆は、自国の軍隊が敵を撃退する能力を失っていることを実感することになった。(17)

空爆の標的は、日本の工業力と経済力を破壊するという観点から決められたが、その基準は次々に変更された。はじめは工場、弾薬庫、精油所、造船所、船渠(ドック)などであったが、次にはこうした施設で働く労働者が戦力とみなされ、さらに爆撃の対象は一般大衆にまで拡大された。一般大衆の士気と支持がある限り、日本の指導者は戦争をあきらめないからである。こうなると、もはや空爆の目標に明確な境界はなかった。労働者を死に追いやることは、兵士を殺すのと同程度の打撃を敵に与えるものとして正当化された。女性、子ども、老人を殺せば、労働者と兵士の士気を低下させ、政府の徹底抗戦の掛け声を空しくさせるであろう。こうして、いとも簡単に、誰もが何らかの意味での戦闘員とみなされていったのである。

「非戦闘員」の消滅

「非戦闘員」という概念が消滅したのは、英米によるヨーロッパ空爆においてであった。早くも一九四一年七月、イギリスの爆撃司令部は、ドイツ空爆の目的のひとつを「全住民、とくに工場労働者の士気を破壊すること」と明記した命令を出した。この空爆作戦(一九四二年初頭、中世の木造建築が多い都市リューベックを破壊)の実施にあたり、アーサー・ハリス英空軍中将は、焼夷弾と高性能爆弾を組み合わせて使用すべしと主張し、その理由をこう述べた。「火災の恐怖だけでは足りない。われわれはボッシュ Boche(第一次世界大戦以降に使われた、ドイツ人を意味する蔑称)の頭上に石の瓦礫を落とすのだ。ボッシュを殺し、ボッシュを恐怖に陥れるのだ」。

対独空爆作戦において、イギリスは戦闘員と非戦闘員をまったく区別しなかった。アメリカも同じようにして、日本に対する空爆を行った。ヨーロッパとの最大の違いは、日本には石造の建築物があまりなかったことであった[18]。

そもそもドイツや日本の枢軸国自身が、戦闘員と非戦闘員の区別などないと叫んでいたから、それを逆用すれば、英米は無差別攻撃を正当化もできた。たとえば、「一億一心」、「一億一丸」、「一億玉砕」、「一億総特攻」——日本自身が唱えたこうした過激なスローガンは、自国のすべての男、女、子どもを戦闘員とみなしたに等しかった。

日本の指導者は、米軍が民間人を空爆していると非難したが、その一方で、日本海軍の技師たちはアメリカの都市に細菌爆弾を投下するため、「潜水空母」と呼ばれた巨大な伊四百型潜水艦（特殊攻撃機三機を搭載、全長一二〇メートルを超える当時世界最大の潜水空母。アメリカ本土攻撃をねらったが、実戦に投入しないまま日本は敗戦）を就航させた。日本の航空技師たちは、アメリカ大陸を横断し、ニューヨークまで含むいくつもの都市を攻撃できる、「富嶽」と名づけた六発エンジン搭載の長距離爆撃機（全長四五メートル、B29の一・五倍の長さの巨大航空機。途中で開発中止）を構想していた。日本の科学者たちは、核兵器開発も検討していた（検討の結果、理論的には開発可能だが、技術的には近い将来には実現不可能とされた）。こうして、戦意 morale が舞台に登場すると、どこでも倫理 morality は退場したのである。[19]

しかし、日本人（およびその他の有色人種）は皆殺しにすればいいという考えが、英語圏で深く根をおろしていたことも事実である。日本の敗戦まで、米軍の指揮者たちは、通常の軍事標的を「精密に爆撃」するのだと、口では繰り返した。しかし実際には、日本の都市と住民が煙とともに消え去るイメージは、空からの爆撃の提唱者や、東と西の人種戦争を世界最終戦争として夢見る白人たちをうっとりさせていたのである。すでに一九二〇年代半ば、米陸軍のウィリアム・ミッチェル少将は、「燃えやすい家屋」が密集する日本の都市は空爆の「理想的な標的」だと述べており、一九三〇年代初めには、「黄色い軍事的脅威」たる日本との戦争について、こうあからさまに語っている。「紙と木」でできた日本の都市は「史上最高の空爆目標」であり、「焼夷弾は短時間で日本の都市を焼き払うだろう」。ミッチェルは、仕上げに「毒ガス攻撃」も提唱した。[20]

その後も「精密爆撃」はアメリカにとっての基本方針であり続けた。日本の都市部への組織的な焼夷弾攻撃が始まったのは一九四五年三月のことであるが、すでに真珠湾攻撃以前の一九三九年、米陸軍飛行隊戦術学校の教官は、東京と横浜の大半が焼け野原になった一九二三年の関東大震災に注目していた。この震災は、日本の都市は家屋の大半が「もろく燃えやすい建材」からできていることを示したものであり、「焼夷弾が恐るべき破壊をもたらしうることを実証している」と、彼は学生たちに語った。だが同時に、焼夷弾爆撃は「人道的配慮」からすれば認められないことも、学生たちに語っている(21)。

だが、こうした配慮は傍に追いやられた。真珠湾攻撃の数カ月前には、日本の都市を焼くという発想がアメリカの軍事計画に入っていただけでなく、日本に侵略を思いとどまらせる手段としても考慮されていた。一九四一年一一月一五日、ジョージ・マーシャル陸軍参謀総長は、ベテラン記者七人を集めて秘密の記者会見をワシントンで行い、フィリピンはすでに「空飛ぶ要塞」Ｂ17爆撃機の「世界最大の集結地」だが、Ｂ17をさらに三倍以上配備し、ソ連(できれば中国も)の滑走路を活用して、日本本土爆撃の態勢を整える予定だと述べた。この秘密記者会見の記録は、「アメリカは日本との戦争の瀬戸際にあるが、われわれは爆撃の態勢において、極めて優位な立場にある」とマーシャルの説明を要約している。

このときマーシャルは、日本本土を爆撃できる飛行場群が記された地図を記者たちに配付し、Ｂ17配備の情報は一般には公表しないが、日本の指導層に「漏れてもかまわない」と述べた。もしこれが抑止にならず、「日本と戦争になったら、われわれは容赦しない。空飛ぶ要塞が、ただちに日本の紙と木の都市に火をつける。われわれは民間人を爆撃することをなんら躊躇しない。徹底的にやるのだ

"There won't be any hesitation about bombing civilians. It will be all-out."」とも述べた。それから四日後の一一月一九日にもマーシャルは、「住民が密集する日本の都市の、紙と木の建物を焼き払う全面的攻撃」の計画を検討せよと、部下に指示した[22]。

これより前から、アメリカのメディアは民間人を標的とする爆撃計画を論じていた。たとえば『ユナイテッド・ステイツ・ニューズ』誌の一九四一年一〇月三一日号は、「日本に向かう爆撃機の飛行経路」という見開き二ページの地図を掲載し、「今や日本は主要七地点からの爆撃範囲に入っている」ことを矢印で示していた。それによると、日本はソ連のウラジオストクから約七〇〇キロ、フィリピンのカビテから約三〇〇〇キロ、シンガポールから約五二〇〇キロであった。主要目標は東京、横浜、大阪で、とくに東京は「紙と木の家が建ちならぶ都市」と説明されている。実際、これより何年も前から、アメリカの雑誌には空からの猛爆撃で恐怖におののく日本人を描いたどぎついイラストが掲載されていた。真珠湾攻撃の数週間前に行われた世論調査では、アメリカ人の半数近くが、日本と武力紛争になっても「比較的容易」に勝てると予想していたが、これには、こうしたメディアの影響があったと思われる[23]。

一九四一年春、米軍の戦争計画者たちは、日本爆撃の目標選びを開始し、その情報をフィリピンのマッカーサーに送った。真珠湾攻撃以前に、マッカーサーは日本国内の約六〇〇の爆撃候補地を示した写真や地図を受けとっていたのである。そこでも日本の都市は「爆撃飛行の格好の目標」とされていた。ただし、この時期の計画は当時の爆撃機の飛行可能距離を超えたものであり、頼りにならない国々、とくにソ連がシベリアの基地を米軍用に提供するだろうという期待にもとづいたもので、あまり現実的ではなかった。真珠湾攻撃を契機にアメリカが戦争に突入すると、当然のことながら空爆の検討作業は新しい段階に入った。真珠湾攻撃が起こるとすぐ、アメリカ政府は焼夷弾の開発について助言を求めるため、学者や企業関係者を幅広く動員した。一九四五年に入り、アメリカは日本の都市への全面的な焼夷弾攻撃を開始したが、それ以前に、米陸軍航空軍（USAAF）は欧州戦域で都市への焼夷弾攻撃をすでに実行していた(24)。

ある国が暴力的な行為に出ようとして、政府が秘密の計画を進める時、大衆的想像力がシンクロするのはよくあることである。英米がドイツへの空爆を強化していた一九四三年七月、ウォルト・ディズニー・スタジオは、『空軍力の勝利 *Victory Through Air Power*』と題する七〇分のアニメ映画を大急ぎで制作した。この映画は、亡命ロシア人の戦略家アレクサンダー・P・デ・セヴァスキー少佐による、真珠湾攻撃から半年後に出版されたベストセラーにもとづいた作品であった。映画にはセヴァスキーへのインタビューが何カ所か挿入されているほか、アメリカの飛行機がどんどん最新型になり、爆弾がどんどん大きくなって、隣に立っている人間たちを圧倒する場面がある。

ラストシーンでは、アニメの爆撃機がアラスカの基地から日本を攻撃する。上空から市街地が見え、爆弾が落ちると、工場、機械、造船所が破壊される。すると画面は空から見た太平洋に変わり、長い触手をのばす不気味なタコ（日本）に、爪をたてた強い鷲（アメリカ）が何度も襲いかかる。ある批評家は、このシーンを「長すぎるどんちゃん騒ぎの破壊シーン」と評している。やっつけられたタコは粉々になって消え、明るい空に陽が昇る。「アメリカ・ザ・ビューティフル」〔愛国歌〕が流れるなか、風にはためくリアルな星条旗に鷲が舞い降り、“Victory Through Air Power” のタイトル文字が出て終わる。この映画の大半はドイツを対象としていたが、最後の数分は、もっぱら長距離爆撃機で粉砕される日本の描写であった。

この映画のとおりであれば、戦略爆撃は悪い敵を打ちのめし、連合国の兵士の生命を救うのみならず、経済的にも軍事的にも効率的であり、戦争恐怖と悲惨を忘れさせてくれそうでもあった。だが映画評論家ジェームズ・エイジーは、こう指摘している。「爆弾の素晴らしい威力が宣伝される一方、その下で苦しみ死んでいく敵国住民が描かれていない。実際、この映画には民間人がまったく登場しない」。とりわけ不快なのは、「最後の場面が陽気なホロコースト願望」の表現になっていることであると。これとは逆に『ニューヨーク・タイムズ』は、「娯楽性と情報性を兼ね備えた、愉快で刺激的な映画」だとして、「ディズニー氏」を称賛した。「次から次へと爆弾が落され、轟音(ごうおん)とともに日本が焼き尽くされる」シーンで映画は終わるが、それは「興奮させる場面の連続で、目がくぎづけ」になると熱く語り、『空軍力の勝利』がプロパガンダだとしても、これほどわれわれを勇気づけるプロパガンダは長らくなかった」と結んでいた。一九四三年八月、ディズニーはルーズベルトとチャーチルにこの映画フィルムを送ったと言われている。カナダのケベックでチャーチルと会談していたルーズベルトはこの映画に感心し、フィルムを統合参謀本部に回送した。ケベック会談は英米の戦略を調整した重要な会議であったが、このときアメリカは「日本打倒のための空爆計画」と題する文書をイギリスに示した。そこには、日本空爆の目的のひとつは「人的損害による労働力の不安定化」にあると記されていた[25]。

「もっと恐怖を」――ドイツ空爆

ヨーロッパで英米が行った空の戦争では、イギリス空軍(ＲＡＦ)がドイツの都市部への焼夷弾爆撃を重点的に行い、米陸軍航空軍は主に軍事的・産業的標的に対する高空からの「精密爆撃」を担当したとされている。美しい建築物と文化遺産によって「エルベ河畔のフィレンツェ」と呼ばれたドレスデンへの、一九四五年二月の衝撃的な爆撃――当時、ソビエトの進軍から逃れた避難民が殺到していた――においても、アメリカの精密爆撃の方針は堅持されているかのようにみえた。イギリス軍が夜間の焼夷弾攻撃で古都ドレスデンを壊滅させた一方で、米軍は鉄道操車場を爆撃していたからである。

英米の司令部は、原則としてこのような分業体制を維持しようとしたが、実際には米陸軍航空軍も独自に無差別爆撃を行っていた。鉄道の操車場のようなわかりやすい標的は、都市部の中心にあることが多かった。しばしば厚い雲がかかるので、米軍機は新開発の「レーダー遮蔽爆撃装置」(H_2Xと呼ばれた)を使用し、頻繁に雲の上から爆撃した。米第八空軍の作戦記録を綿密に分析した空軍史家リチャード・Ｇ・デイヴィスによれば、ドイツを空爆した一八カ月間に、米陸軍航空軍は二五の都市の「市街地」を標的とする作戦を六九回実施した。毎回、最低一〇〇機の重爆撃機が出撃し、総計六万トンの爆弾を投下した。そのうちの三五パーセントが焼夷弾であり、その「機能のひとつ」は、住宅、商業施設、官公庁など「ソフトターゲット」の破壊にあった[26]。

ドレスデン空襲も、この方式で行われた。一九四五年二月一三日の夜、イギリス空軍が「完璧な技術による火災攻撃」によって市の中心部に二七〇〇トンの爆弾を投下したが、その四〇パーセントが焼夷弾であった。翌日、米陸軍航空軍所属のＢ17爆撃機三〇〇機以上が、ドレスデンの鉄道操車場を

45 1942 年 3 月 2 日　バルト海に面し，中世の面影を残す都市リューベックに，イギリス空軍は最初の本格的な空爆を行った．

表向きの標的とする、昼間の「盲目(ブラインド)」爆撃を実施した。合計七七一トンの爆弾のうち、このときも四〇パーセントが焼夷弾であった。ドレスデン空襲による民間人の死者数は推計によって異なるが、およそ三万五〇〇〇人前後と推定されている[27]。

米第八空軍の作戦報告書には、一九四四年と一九四五年初頭の爆撃目標が「市街地」や「町(タウン)と都市(シティ)」であったという記述が頻繁に見られる。だが、当時一般人がこうした露骨な記述に触れることはなかったし、戦後すぐ、アメリカの公文書の大半からこの種の記述は削除された。ドレスデン空襲の当時も、その是非が論争になったため、米軍は露骨な表現を避けようとした。米陸軍航空軍の報道方針に関する米軍最高レベルの内部電報には、こう書かれている。「今後は、しかじかの都市に爆撃を行ったといった漠然とした表現は避け、いかなる場合でも爆撃目標の軍事的性格を具体的に述べるよう、報道官は注意を促される」。この

46 1943年，ハンブルク上空で対空砲火を浴びるイギリスのランカスター爆撃機．英米軍は7月の3日間にわたり，ハンブルクに「ゴモラ作戦」と名づけた大規模な夜間焼夷弾爆撃を行った．これによって火事嵐が起こり，推定3万人から5万人が死亡した．

方針にしたがい、米第八空軍の戦後の報告書では、作戦当時の報告書にあった「市街地」という文言は削除され、軍事目標を具体的に示す文言(「操車場」「工業地区」「港湾地区」等)に差し替えられた。

一九九三年、デイヴィスは米空軍の後援を受けて研究書を刊行したが、そのなかで米軍の攻撃目標の記述と実際の攻撃の性格との落差を、生々しく描写している。「操車場に命中したというのは、市街地に命中したということである。住宅地域のブロックというブロックは外壁だけになり、家族は家を失い、店舗は潰された。何千とまではいかないまでも、何百人という労働者、女性、子どもが一気に吹き飛ばされた。というよりむしろ、彼らは燃やされ、たたき潰されたのである」。実態をみれば、「操車場」とは市街地の言い換えであったことは間違いない」とデイヴィスは結論づけている。そして多くの場合、心理的理由から、戦争計画者自身がこうした遠回しな言い方を額面どおりに受け取ろうとしたのであった(28)。

ドイツ降伏も近い一九四五年二月にドレスデンが破壊されたことから、これは無差別の「テロ terror」ではないかという一般人の疑問が広まりかけた瞬間があった。たとえばAP通信が、イギリス空軍報道官の発言を次のように要約し、英米軍の最高司令部を当惑させたことがある。「連合国の空軍参謀部は……ヒトラーの破滅を早める手段として、ドイツの人口密集地域に意図的にテロ爆撃 terror bombing を加えるという、長らく待望されてきた決定」を下した、と。英軍の報道官は慌ててこの報道を否定し、イギリスのメディアでは直ちにもみ消された(アメリカでは報道された)。だが実際にはすでに、無差別爆撃はヨーロッパでの空爆作戦の中核となっており、日常的に行われていた。戦時の武力行使には「均衡」が必要で、軍事目的を達成する手段は制約されるという考えは、イギリスではとっくに放棄されていた。ドレスデン空襲に批判が起こったとき、イギリスのハリス空軍中将は軍の内部文書でこう述べている。「他の手段と同様、都市爆撃は戦略的正当性がなければ容認し難い。しかし、戦争の終結を早め、連合国軍兵士の生命を守るのに役立つ以上、そうした手段は戦略的に許容される」。そのうえドレスデンは、「兵器弾薬工場が集まっており、無傷の政治的中枢であり、東部への輸送拠点のひとつだった。今やドレスデンは〔爆撃で〕そのどれでもなくなったのだ」[29]。

チャーチル首相は、かつて一九四〇年には一般人の住む地域に対する爆撃を醜悪な行為として非難していたが、後には、強く支持するようになった。だが彼は、ヨーロッパの戦争の終結が近づき、ドレスデン空襲とその後の批判を受けて、地域爆撃が戦術として実際的かどうか考え直すようになっていた。チャーチルが懸念したのは、ソ連軍がドイツに近づいていることと、ドイツ再建のための物資調達の問題であった。ドイツ降伏の数週間前の一九四五年三月二八日、チャーチルは参謀たちに、以下のような走り書きのメモを書いている。

思うに、他に口実をもうけてあるとはいえ、たんにもっと恐怖を与えるためにドイツの都市を爆撃するのは、再検討すべき時ではないか。そうしないと、われわれは〔戦争終結後〕完全に破壊された地域を支配することになる。たとえば、われわれ〔イギリスの占領者〕自身がドイツで必要とする住宅用資材を、ドイツで調達できなくなるかもしれない。まずはドイツ人に住宅用資材を提供する必要があるからだ。ドレスデンを破壊したことにより、連合国軍の爆撃行為に深刻な疑いが向けられている。私見では、軍事目標は敵にとってどうかというより、今後はわれわれ自身の利益になるかどうかという観点から、もっときちんと検討しなければならない。

　この件については、外務大臣からも聞いているところである。いかに派手に見えるにしても、たんに空から恐怖を与える作戦とか、むやみな破壊に集中するのではなく、現在の戦闘地域の背後の石油施設や通信施設など、爆撃を軍事目標に集中させる必要を、私は感じている。(30)

空爆の標的・日本

「他に口実をもうけてあるとはいえ、たんにもっと恐怖を与えるために……爆撃する」——感情を排した現実直視とアクロバットのような言葉づかいを、チャーチルほど巧みに結びあわせた人物はいない。この内輪での表現は、地域爆撃の真実をうまく表現していた。イギリスは「たんに空から恐怖を与える作戦」「むやみな破壊」を、「他に口実をもうけて」計画し、実行したのである。だがこの表現は、あまりにも巧みすぎた。四日後の四月一日、チャーチルは空軍参謀の要請で前記のメモを撤回し、むやみな破壊うんぬんに言及した部分をすべて削除したメモと差し替えた。(31)

　軍の用語でもっとも無難なものとして使われたのは、「鉄道操車場」といった表現であった。実際の爆撃は焼夷弾が相当な割合を占め、天候の影響で投下位置が不正確なまま実行するのが普通であった。より直截なのは、米第八空軍の作戦記録にある「市街地」とか「都市と町」という表現であった。米軍の最高首脳部は、早い時期から遠回しな名称を組み合わせて、「都市部工業地域」を攻撃せよと命じていた。ただ、アメリカが「都市部工業地域」を明確に爆撃の中心にすえるのは、空爆の対象を日本に移してからのことである。その場合も、公式にはアメリカの作戦の基本目的は軍事目標の破壊にあるとされていた。

日本での爆撃目標を選定する作業が本格的に始まったのは、一九四三年二月である。それは、最新鋭の長距離重爆撃機Ｂ29がアジアに実戦配備されるよりも前であり、Ｂ29の基地となる太平洋の島々を米軍が奪取するよりも前のことであった。この頃すでに、軍需生産の大半が都市部の零細な「下請け」や「家内」工業で行われているという日本の事情から、都市爆撃が望ましいと判断されていたのである。

米軍は、ユタ州のダグウェイ実験場に日本とドイツの労働者階級の住宅のレプリカを作った。日本の木造家屋のレプリカは、一二軒ずつ四列建設し、そこにいろいろな焼夷弾を投下して破壊する実験を行った（ドイツ用の住宅は、レンガ造りの大きな二階建て集合住宅であった）[32]。

レプリカ住宅の破壊実験は一九四三年五月に始まり、一九四四年まで続いたが、それは日本の生活文化を再現したようなところがあった。日本式家屋の設計者に選ばれたのは、建築家アントニン・レーモンドであった。彼は日本で暮らした経験があり、日本建築の美的感覚に深い影響を受けていた。レーモンドは、細部にまでこだわって自分の知識を注ぎ込んだ。民間業者に頼んで日本の建材にもっとも近いものを確保し、檜にもっとも近い木材として〔アラスカの〕シトカ産スプルースを選んだ。漆喰の代わりにアメリカ南西部産のアドベ粘土を使い、畳はハワイから運び込んだ。まずニュージャージー州フォートディックス近郊にプレハブ工場を作り、そこで組み立てた家のパーツを約一六〇〇キロ離れたユタ州にトラックで輸送し、実験で破壊されるごとに新しいものと取り替えた。レーモンドによる家屋の描写は、細部への愛着のようなものさえ感じさせる。「家屋には布団、座布団、その他

47 1943年，新型焼夷弾を実験するため，ユタ州のダグウェイ実験場で，ドイツと日本の都市住宅のレプリカの建設が始まった．ドイツのレンガと石造りの集合住宅が右側，部屋の家具まで再現された日本の木造家屋が左側．

日本の家庭ならどこにでもあるものはすべて配置した。爆撃実験は昼と夜、雨戸を開けたときと閉めたときに分けて行った」。なお、イギリス空軍は日本本土空爆には参加しなかったが、初期の段階ではイギリスでも「何軒かの日本家屋」を建てて爆撃実験を行った(イギリス側の設計図を見たレーモンドは、「どこかの本からとってきた」もので、「太い柱で、寺でも建てるような設計になっている。まったくの見当違いだ」と言って相手にしなかった)[33]。

「焼夷弾攻撃」が米陸軍航空軍の作戦に明確に組み入れられたのは、レプリカ住宅での爆撃実験が始まった時期と同じ、一九四三年五月のことである。技術者、科学者、戦略計画担当者が一〇月までに完成させた報告書は、終末論的な通俗読物が何十年も書きたててきたことを確認するかのように、日本の住民と軍需工場は少数の都市に集中している、都市は着火しやすく、いまや点火を待つばかりだと述べていた。すなわち、『日本——焼夷弾攻撃のためのデータ』と題するこの報告書の冒頭には、日本の都市がドイツよりもいっそう焼夷弾攻撃に適している理由として、燃えやすい家屋工法、高い家屋密集度、工場と住宅地域の近接、軍需産業の少数の大都市への集中、の四つをあげていた。

この報告書は、焼夷弾攻撃には生産施設、軍事施設、貯蔵施設等に対する「直接効果」と、労働効率の低下、労働者の死傷、輸送と公共サービスの中断、復旧のための資源の転用、日本人の士気低下といった「間接効果」が補完しあうことも指摘していた。この考え方が、前述した二カ月前のケベック会談でアメリカが提示した、「人的損害による労働力の不安定化」というシナリオの背景にあるものであった。一一月一一日に米軍最高司令部に提出された『日本――焼夷弾攻撃のためのデータ』の完成稿は、六つの「有効な空爆目標群」の一つとして「焼夷弾攻撃に対して脆弱な都市部工業地域」をあげていた(34)。

こうして、爆撃目標の選定作業は加速していった。一九四四年六月には、爆撃計画担当者たちは本州の六大都市――東京、名古屋、大阪、神戸、横浜、川崎――に焦点をしぼり、九月の推定では、六大都市への爆撃による死亡者数は五〇万人以上となっていた。米陸軍航空軍情報部(A2)の内部計画書には、「わが小委員会は、六大都市が完全なカオスとなり、最大五八万四〇〇〇人が死亡する可能性を想定した」と書かれている。一〇月までに、爆撃リストに載った都市は二二まで増加した。この時点になると、日本の軍需産業が「少数の大都市」に集中しているという当初の前提は忘れられていた(35)。

恐ろしくもあり、美しくもある四発エンジンのB29爆撃機が対日戦に配備されたのは一九四四年以降であるが、その開発構想は一九三九年にさかのぼる。都市部を爆撃目標にすることは早くから考えられており、ドイツでは早々に実行されていたが、一九四五年三月以前には、中国やマリアナ諸島(グアム、サイパン、テニアン)の基地から飛び立った爆撃機は、昼間に高度九〇〇〇メートルないし一万七〇〇メートルから軍需産業施設を爆撃することが任務とされていた。この初期の作戦における米軍の損失は爆撃機の五パーセント余りにのぼり、かつ精密爆撃作戦は標的を外すことが多いことが爆撃後の偵察写真によって判明し、結果は不満足なものであった。

そうなった理由は多々あった。なかでも目立った理由は、日本上空ではジェット気流がとりわけ強力で不規則であり、ときに時速約三二〇キロメートル前後に達することであった。ジェット気流が後ろから吹くと爆撃機は標的の上空で強く押され、精密爆撃を行うのは困難であったし、側面からジェット気流に押されると、B29は四五度も傾き、爆撃目標を定める照準器が使用できなかった。向い風が吹いた場合には、爆撃機の速度が落ちて日本軍の対空砲火が命中しやすくなった。また、ドイツと同じく日本の上空は雲が厚く、その場合、目視で照準を定めることはできなかった㊱。

いずれにせよ、日本の都市に絨毯（じゅうたん）爆撃を加えるという方針は早くから決まっており、一九四四年五月初めには、焼夷弾攻撃に最適な気候は三月と九月であると結論されていたから、作戦のスケジュールもこれにしたがって決定された。都市爆撃は既定の方針であったこと、B29の出撃基地となる太平洋上の島を占領したこと、「精密爆撃」は実行が難しいこと。こういった諸要因と気候条件の制約が、アメリカの爆撃戦略を根本から規定した。そしてこの爆撃戦略は、ある意味でアメリカの性格そのものを変えたのである㊲。

大都市への焼夷弾攻撃

一九四五年三月九日〔日本時間三月一〇日〕、米第二〇空軍司令官カーティス・E・ルメイ将軍は、低

48 1945年3月9日〔アメリカ時間〕夜の東京大空襲で殺された母親と子どもの黒こげの死体(背中に子どもを背負っていたため，母親の背中はさほど焼けただれていない)．この空襲で火事嵐が起こり，10万人近くが殺された．この東京大空襲のあと63の中小都市が焼夷弾で爆撃され，5カ月後に広島と長崎に原子爆弾が投下される．

高度からの大規模な夜間空襲を命じ、その結果、東京の住宅密集地帯が焼け落ちた。夜間の低い高度での進入は、B29のエンジン負荷を減らし、迎撃機や高射砲による日本の防御力を減殺した。ルメイは、高高度でしか使わない防御用機銃、射撃手、弾薬、装甲等の大半をB29から取り外させた。その結果、「超空の要塞(スーパーフォートレス)」の積載可能爆弾量は約二一五パーセント(焼夷弾で約一三六〇キログラム)増えた㊳。

この東京大空襲でもその後の空襲でも、表向きの爆撃目標は軍需工場とされていた。実際には、トマス・ソールが丹念に実証したように、米軍の内部では、民間人が意図的に、ひとまとめに殺されるという事実をごまかすことはほとんどなかった。三月九日の空爆の際、幹部乗組員に配付された『東京の都市工業地域』と

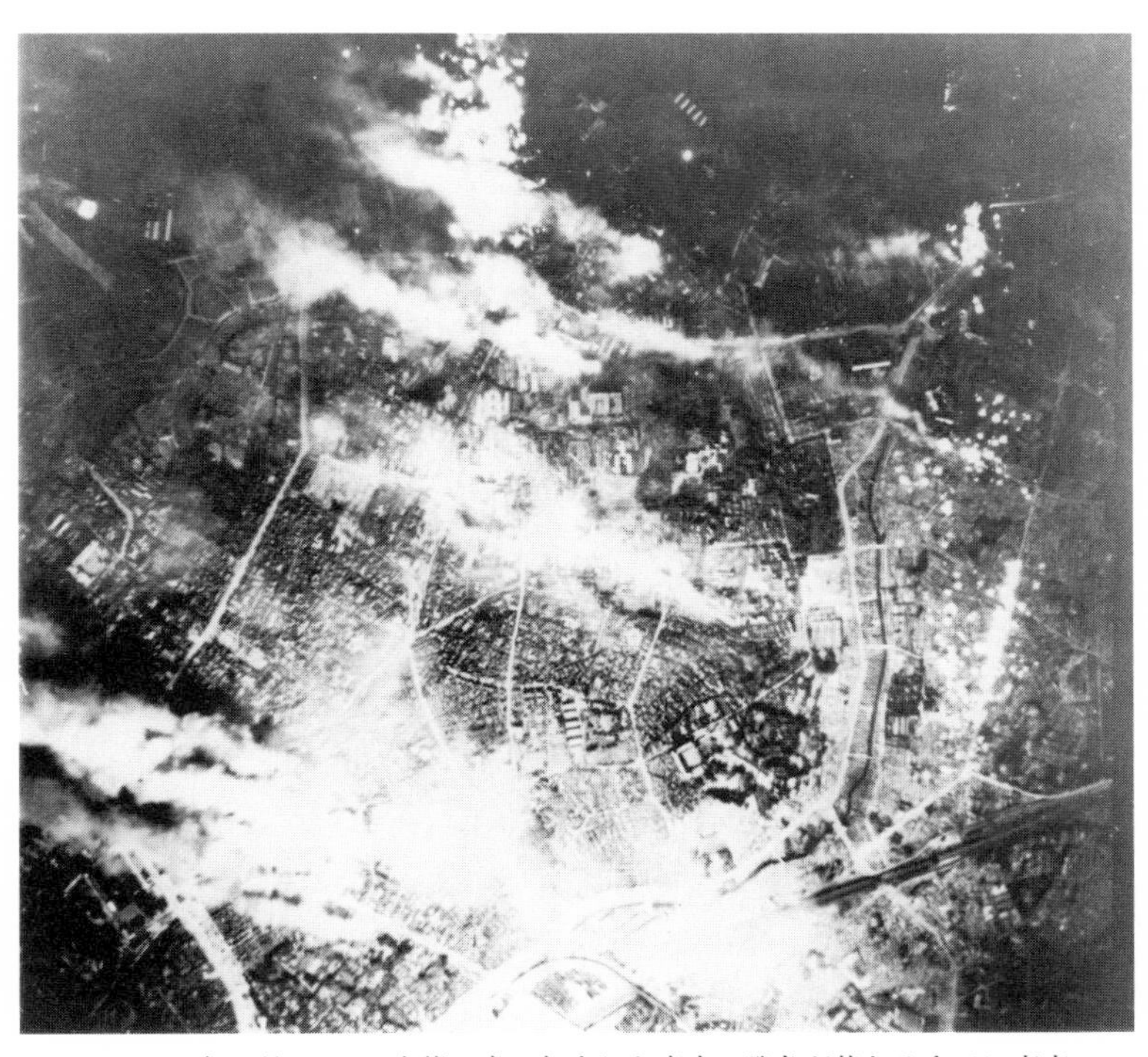

49 1945年5月26日の空襲で炎に包まれた東京．戦争が終わるまでに東京の約135平方キロが破壊された．

いう資料の「標的概要」には、「標的地域面積は一〇平方マイル〔約二六平方キロ〕、一平方マイルごとの平均人口は一〇万三〇〇〇人。おそらく、世界の他の近代工業都市がこの平均人口を上回ることはない」と書かれていた。つまり操縦士たちは、爆撃対象地域が一〇〇万人前後の人口をもつことを、明確に知らされていたのである。また「標的概要」には、爆撃の「重要性」として、「死傷者を出し、労働者に転居を強い、労働力を復旧作業に振り向けさせ、労働者の士気を低下させることにより、東京とその周辺の軍需工場の雇用が直接的な影響を受けること」という記述があった。一九四五年三月以降、米陸軍航空軍副司令官アイラ・C・イーカー中将は、戦後のインタビューでこう表現している。「地域全体を焼いて熟練労働者を殺すことは、たいへん理にかなっていた(39)」。

この東京大空襲は、広島への原爆投下を除くと、単一の爆撃としては日本に最も大きな被害をもたらした。ルメイの部隊は三三四機の爆撃機からなり、高度約一五〇〇メートルないし二七〇〇メートルから、六・四キロメートル×四・八キロメートルの地域に約二〇〇〇トンの爆弾を投下した。戦後の公的調査には、その後の雛形となった「爆弾投下報告書」が収録されている。「目視により標的を爆撃。大火災を確認。対空砲火多少あり。戦闘機による反撃なし」。爆撃後、約二四〇キロメートル離れたB29から東京の炎が見えた。爆撃後の偵察写真による推定では、破壊の結果は「工業地区の一八パーセント、商業地区の六三パーセント、人口稠密な住宅地区の中心部」を含む一五・八平方マイル〔約四一平方キロ〕であった。

それから五カ月後の広島への原爆投下まで、これだけの規模の空襲はなかった。東京大空襲による大火災が起こした風は時速四五キロメートルから九〇キロメートルとなり、「燃え木」が海にまで飛び散った。アメリカ政府の文書によると、まるでハリウッド映画のスペクタクル場面に入り込んだような上昇気流が発生した。「大気が極めて不安定になり、高度一八〇〇メートルのB29が完全に仰向けになった。強烈な熱風により、搭乗員は全員、酸素マスクを装着しなければならなかった」(アメリカ戦略爆撃調査団報告書)。地上にいた男、女、子どもにとって、それはどんなものだっただろう。たとえば、実際にあったことだが、火事嵐(かじあらし)のなかを逃げる母親が、背中の赤ん坊が燃えているのに気づくというのは。

日本の当局者は、降伏の前も後も、自国の被害を小さく見積もる傾向があった(当時の日本の統計数値は全般的に信頼しがたいところがあった)が、それによっても、この空襲で東京全体の四分の一、約二六万七〇〇〇の家屋が損壊した。警察が死体をすべて片づけるのに二五日かかったが、死体で水路が詰まっていることがあった。これは火災から逃れようと飛び込んだ川や運河が火事嵐によって熱湯になり、人々が死亡したからであった。ラジオ・トウキョウ(戦時下日本の海外向放送)はこの爆撃を「虐殺に等しい」と表現し、日本の当局者は死亡者数を不思議なほど細かく八万三七九三人(現在、これは控えめな数字と考えられている)、負傷者は死者の半数から二倍と推定した。住居を失った人は一〇〇万人以上であった。ルメイは戦後の回想のなかで、この歴史的な空襲の被災者は「炙(あぶ)られ、煮られ、焼かれて死んだ」と、あっさり述べている(40)。

東京への空襲から一〇日間(一九四五年三月九日から一九日)に、米陸軍航空軍は名古屋(二度の空襲で約一三平方キロが焼失)、大阪(約二一平方キロが焼失)、神戸(約八平方キロが焼失)に集中爆撃を行った。これにより、人口稠密なこれらの都市の約八三平方キロが焼け野原になった。その後、沖縄戦にB29が投入されたため都市爆撃は一時中断し、四月半ばに再開された(沖縄戦での民間人死者は一〇万人から一五万人。米陸軍航空軍の沖縄戦への参加は一時的であったため、沖縄空爆による犠牲者数は米陸軍航空軍の統計に含まれていない)。四月一三日と一五日、東京は再び空襲を受け、さらに約四四平方キロが焼失した(皇居への爆撃は、日本の天皇の存在はアメリカの不利になっていないし、あとで有利に使えるかもしれないという理由から、回避するよう命令されていた)。名古屋も再び空襲を受け、六大都市の残りの二つ、横浜と川崎も空襲にさらされた。五月下旬、東京にB29がまた来襲し、このときの死傷者数は三月九日よりはるかに少なかったが、やはり大きな被害が出た(41)。

アメリカは、日本の六大工業都市の総面積を約六六六平方キロと見積もり、一九四五年六月半ばには、そのうち約二七二平方キロ以上を焼き払ったと推定した。この数字は、約二九三平方キロという「爆撃計画面積」にきわめて近いものであった。とくに東京の被害は約一四五平方キロにおよび、これは当時の東京の面積の半分余りに相当した(42)。

とりわけ一九四五年三月九日から一〇日にかけての東京大空襲の死傷者は、その後の主要都市への空襲による死傷者に比べてもすさまじいものであった。だが、本土のアメリカ人には違う印象が伝わっていた。一九四五年五月三〇日付『ニューヨーク・タイムズ』は、三行・三段組みの一面記事で、「米海兵隊、首里に突入　那覇北部全域を掌握　東京は焼失とルメイは語る」と報じている。「東京焼失」だけを扱った記事も載っているが、こちらは二段組で、米軍の沖縄上陸よりも扱いが小さく、次のような見出しがついていた。

五一平方マイル〔約一三二平方キロ〕焼き払う
B29、東京を六回攻撃
——
ルメイ、大破壊の写真で数字を裏づけ
—日本人の焼死一〇〇万人

この記事はグアムのルメイ司令部発となっていて、「何マイルも広がる瓦礫……そこにはかつて、重要な兵器庫、発電所、エンジン工場、日本経済の大きな部分を占める家内工業があった」と書かれ、東京の五一平方マイルが焼失と、妥当な数字を挙げている。そして紙面をめくった内側のページの第一一段落目に、驚きの推定死者数が初めて出てくる。「約一〇〇万、ひょっとするとその倍の天皇の臣民が死んだかもしれない」。残りの記述は、六回の空爆の日付と、損失したB29の数が中心である。

この記事では、東京大空襲による推定死者数が実際の一〇倍から二〇倍も誇張されている。これだけの死者数を書きながら、それは一面では解説されなかった。しかも『ニューヨーク・タイムズ』のような権威ある新聞が、兵器庫、発電所、エンジン工場、家内工業に対する爆撃で一〇〇万あるいは二〇〇万の「天皇の臣民」が死亡したと平然と書いて、そのまま今日まで放置しているのである。(43)

「焼き仕事（バーンジョブ）」と「二次的投下目標（セカンダリーターゲット）」

アメリカの計画立案者たちは、焼夷弾攻撃が望ましい理由のひとつとして、少数の大都市に軍需工場が集中していることを挙げていた。だが実際には六大都市への爆撃は始まりにすぎず、最終的には六〇の都市が爆撃目標に追加された。

ルメイの司令部は、一九四五年六月半ばから八月初旬の広島・長崎への原爆投下までの間に、人口三万一〇〇〇人(敦賀)から四〇万人(伊勢崎)まで、五八の「二級都市(セカンダリーシティーズ)」に焼夷弾爆撃を実行した。そのうち比較的小さい二〇の都市の人口は七万五〇〇〇人以下、次の二〇の都市の人口は七万五〇〇〇人から一五万人のあいだ、一二の都市の人口は一五万から二五万人であった。爆撃効果を最も大雑把に示す「焼失面積」では、市街地の四〇から四九パーセントの焼失が一〇都市、五〇から五九パーセントの焼失が六都市、六〇から六九パーセントの焼失が一一都市、七〇から七九パーセントの焼失が九都市であった。福井、八王子、沼津、富山の四都市では、建物が集中する地域の八〇パーセントまたはそれ以上が焼失した。人口一二万八〇〇〇人の富山市の焼失面積は実に九九・五パーセントと推定された(富山空襲に加わっていたアメリカ人通信士の日誌にはこう書かれている。「爆弾投下。高射砲・迎撃機による反撃なし。いつもの牛乳配達(ミルクラン)(日常的で気軽にできる仕事)」。事前の情報は正しかった」)。「二級都市」の焼失総面積は約一六六平方キロ、原爆投下以前における都市部全体の推定焼失面積は、約四四〇平方キロであった。(戦後これらの都市を訪れた)写真家のジョン・スウォープは、「死んだ都市」、「幽霊都市」、「爆撃で無となった都市」という表現を使ったが、そこに誇張はほとんどなかった。(44)

アメリカ戦略爆撃調査団は、戦後の報告書でこう結論づけている。「都市部への焼夷弾攻撃によって、被災地の住宅、小規模な商業・産業施設、相当数の重要な工場が完全に消滅」し、広島と長崎を含め「日本の都市住民全体の約三〇パーセントが住居を失った」。日本への投下爆弾量は、ドイツ空爆のわずか八・四パーセント。日本の都市はコスト効率の良い爆撃目標であり、搭載爆弾重量の三分の二、一九四五年五月以降では四分の三が焼夷弾であった㊺。

日本の諸都市が丸ごと焼かれて、死傷者数がもっと多く出なかった理由はいくつも考えられる。ひとつは、東京大空襲のような火事嵐は稀な条件が重なって生じるもので、広島に原爆が投下されるまで二度と発生しなかったことである（ドイツ空爆でも、火事嵐が起こったのはハンブルクとドレスデンの二都市だけであった）。さらに、本土への空襲が始まると、たいていの都市では家屋を取り壊して幅三〇メートルから九〇メートルの防火帯が設けられた。防火帯の両側で火災が発生しても、防火帯を避難路にすることができた。公共の防空壕の他、各家庭がつくった退避壕や裏庭の臨時防空壕も、多少なりとも死傷者を減らした。多くの児童が田舎に疎開したことも一因であった。ただし青年たちの多くは都会に残り、防火帯を作ったり工場で働いたり、戦況が悪化するなかで熟練を要しない仕事に従事した㊻。

六大都市を壊滅させたあとの「二次的投下目標」を選ぶとき、計画者たちが最も重視したのは、「密集度と可燃性」であった（それ以下は優先順に、軍需関連工場と輸送機関の存在、面積と人口、レーダー爆撃への適合性であった）。しかし、アメリカ戦略爆撃調査団によると、実際には「対象となった都市には産業上の重要性はまったくないと知りつつ」、爆撃の「主な目的は日本の住民を広域的に爆撃することで最大限に士気を消失させ、ショックを与えることにあったように思われ」た。

時期からみると、人口一〇万以下の都市の大半が爆撃の対象になったのは、戦争の最後の一カ月間、

〈アメリカが日本の攻撃目標に投下した心理戦用のビラ　1944–1945〉

50　このビラは全体が赤色で印刷され，「米国の圧倒的海空軍」と書かれている（1944 年に投下）．裏側には，抵抗しても無駄だという典型的な警告が書いてある．

51　「爆弾後の生地獄」と題する多色刷りのビラ（1945 年に投下）．この裏側には，「諸君が抵抗を継続すれば，日々更に大なる戦慄を諸君にもたら」し，「全爆撃機はその通過の後に恐怖を残すだろう」と書いてある．

52 赤い炎のなか人々が逃げまどう様子を描いたビラ．この裏側には，アメリカの空軍力は1923年の関東大震災より「千倍」も強力な破壊力を持っていると述べたあと，この「米国式地震」は家屋を破壊し，工場を焼失させ，「諸君の家族」を殺すと警告している．

53 繊細なカラー印刷のビラ．身体の一部を失い，炎に包まれた男．この絵には長い説明がついていて，「殺害と破壊」をもたらすためにアメリカは最新鋭の爆撃機と新型焼夷弾を開発した，抵抗しても無駄だと述べている．

つまり七月中旬以降であった。これらの中小都市は、たんに燃えやすく、かつまだ燃えていないという理由から爆撃対象になった。つまり、これらの都市は「臨機標的」（命令を受けた本来の軍事目標ではなく、帰還時に飛行機の爆弾を減らすなどのために、臨機に爆撃する対象）だったのである。これら都市に対する爆撃作戦は、「焼き仕事（バーンジョブ）」とか「牛乳配達（ミルクラン）」と呼ばれた。戦後アメリカの公式文書によると、これら「二次的投下目標」への米軍の爆撃に対する日本側の反撃は、最初から「ほぼゼロ」であった[47]。

日本本土に米軍が迫るなか、米陸軍と戦時情報局（ＯＷＩ）の心理作戦部員は、戦場の日本兵や本土の都市の上空から撒くビラを作成した。どれも、全滅が迫っているから抵抗をやめよと警告したもので、とくに爆撃に関連するビラは、片面に日本語で長い文が書かれ、片面に全滅の様子を描いたイラストがついていた。アメリカの戦艦や爆撃機の大戦隊が本土に向かって集結し、Ｂ29から爆弾がこぼれ落ちているイラストである。日本の労働者、都市住民が炎に焼かれる姿を不気味な色調で描いたビラもあった。木版画風の真っ赤なビラには、日本人が大火から逃れようとしている様子が描かれている。橋のたもとで恐怖におののく人々の表情は、エドヴァルド・ムンクの有名な『叫び』を思い出させる。

あるビラに書かれた文句は、以下のようであった。「諸君が抵抗を継続すれば、日々更に大なる戦慄を諸君にもたらすであろう。爆弾は諸君の大都市に、大穴を開け、工場群を狙って投下された爆弾は、諸君がありもせぬ避難所を求めるため必死にかい廻（まわ）る間に諸君の住家を破壊し、焼夷弾は大火災を惹起して諸君を炎に取り巻いて焼きつくすであろう。全爆撃機はその通過の後に恐怖を残すだろう。諸君はとてものがれ得ない。又何処（どこ）に隠れる事もできない。抵抗は戦慄すべき死を意味するばかりである。かかる絶望的抵抗を終息するように要求せよ、これが祖国を救う唯一の道である」。

一九四五年七月末、ルメイの司令部は、爆弾を投下しながら飛行する五機のB29を横から撮った、のちに有名になる薄青色のビラを作成した。丸で囲んだ一二の都市の名が記載されており、数十の都市にこのビラが撒かれた。裏面の文は、軍事施設、作業場、工場が主な標的だと言い、「けれども爆弾には眼はありませんから、どこに落ちるかわかりません。ご承知のように人道主義のアメリカは罪のない人たちを傷つけたくありません。ですから裏に書いてある都市から避難して下さい」とあり、アメリカの目的は軍閥による抑圧から日本国民を解放し、「もっとよい新日本が出来上がる」ことだと書いてあった。こうしたビラに記載された都市はどれも小さく、戦略的価値はほとんどなかった。そしてこれら一二の都市には、広島も長崎も小倉(いずれも原爆の投下候補地)も含まれていなかった。(48)

士気、ショック、心理戦争

アメリカ政府の公式・半公式の報告書では、戦略爆撃が与えた「士気への効果」は、作戦計画や物理的被害に関する詳細な記述に埋もれがちである。だが、この問題が忘れられていたわけではない。アメリカ戦略爆撃調査団がまとめた太平洋戦域に関する一〇〇点以上の報告書のなかに、『日本人の戦意に与えた戦略爆撃の効果』と題したものがある。この報告書は大部なもので、戦略爆撃が日本人の士気に及ぼした影響は多大であったと結論づけている(日本の戦争が人々に与えた犠牲に関する本格的な公的検討は、結局行われなかった。心的外傷後ストレス障害(ＰＴＳＤ)のように、今日の研究者が関心をもつ問題も調査対象になっておらず、米政府の報告書類には、それに関する短い言及すらほとんど見出せない)。

アメリカ戦略爆撃調査団の報告書の要約のなかには、戦略爆撃が日本人の士気に及ぼした影響について、ごく簡単な記述がある。日本降伏後の「科学的」な世論調査によれば、「住民の六四パーセントが、降伏前にこの戦争はもう戦えないと感じたと答えている。その理由として軍事的敗退をあげた人は一〇分の一以下で、四分の一が食料や生活物資の不足、そして空襲をあげた人がもっとも多かった」。都市住民のうち推定八五〇万人(あるいはそれ以上)が空襲にそなえて農村に疎開したため、都会人の士気の低下や敗北感は、農村の住民にも感染した。(49)

事実、空爆作戦は戦意に関して二重の効果をもっていた。テロ爆撃はたしかに敵の戦意を打ち砕いたが、それだけが目的ではなかった。当時、太平洋戦争はサイパン、硫黄島、沖縄などで日本軍が玉砕的抵抗を行う最終局面に入っていたが、米軍が爆撃で日本の都市部を壊滅させたことは、日本軍に反撃するアメリカの戦意を大きく高揚させた。この事実は、日米の心理戦を語る際にしばしば見落とされている。たとえば、東京大空襲の後の米軍の内部報告書は、夜間の低空爆撃という新しい戦術が目覚ましい成功をおさめたことで、ルメイの部隊員の「士気と戦闘意欲が回復し」、B29が「効果的で信頼に足る爆撃機」だと確信させたと述べている。(50) それだけではない。天皇の忠実なる臣民が一気に「抹消」されたという、日本への復讐がようやく実感できる知らせがもたらされたことは、戦場の兵士だけでなく、英米の本国人、知らせが届いた中国その他日本に占領されたアジア地域、すなわち連合国側の事実上すべての人の励みになった。

また、戦争の最後の年の日本の工業生産性および生活水準(栄養レベルを含む)は、大きく落ち込ん

〈アメリカが日本の攻撃目標に投下した心理戦用のビラ　1944-1945〉

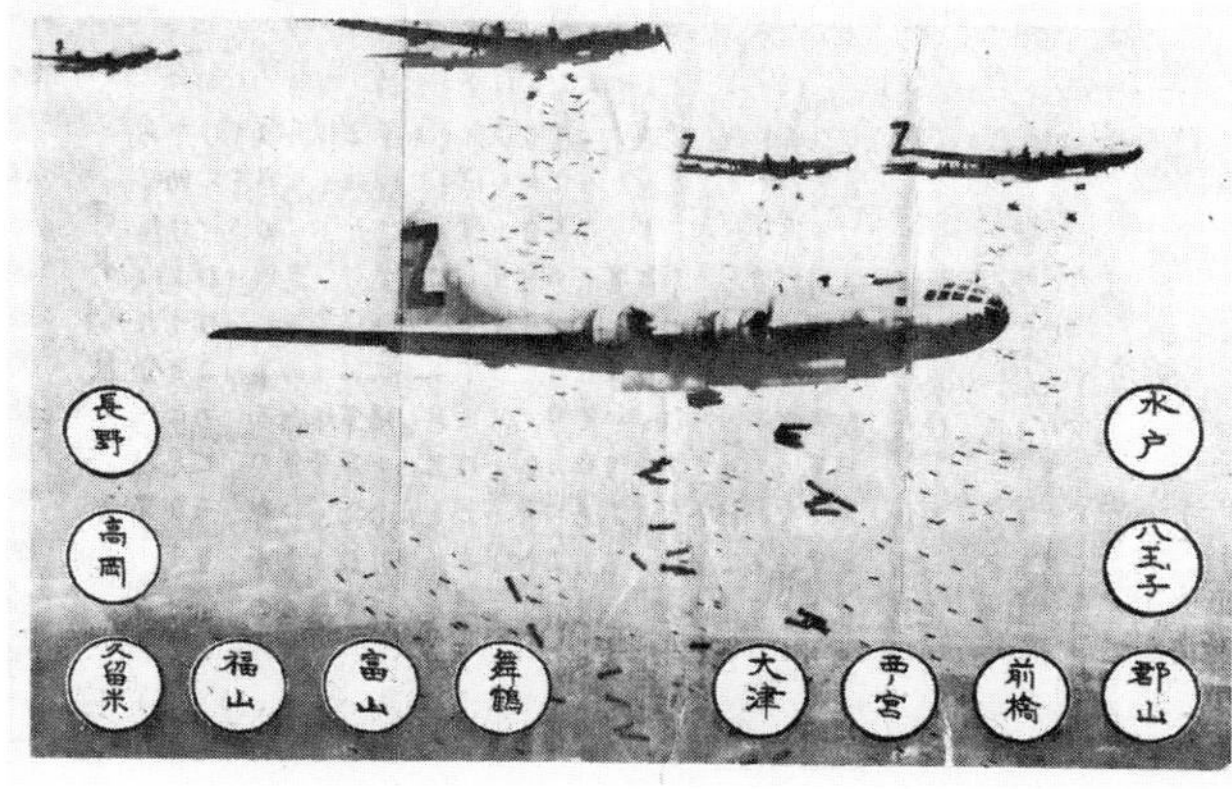

54 1945年7月27日，7月30日，8月10日の3回にわたり，米軍機は，12の都市名が記されたこのビラを，30余りの爆撃予定都市に100万枚以上投下し，破壊が差し迫っていると警告した．ビラに記載された都市はいずれも戦略的重要性はほとんどなく，爆撃は心理的な目的以外にはなにもなかった．なお，このなかには広島と長崎は含まれていない．

55 戦略爆撃機を横から描いたビラ．このデザインは，日本本土空爆の終盤に投下され，その後朝鮮，ベトナム，1991年の第一次湾岸戦争，コソボ空爆での心理戦でもアメリカが定番として使った．このビラはアメリカのB52とオサマ・ビン・ラディンが対置してあり，2001年10月15日，アルカイダをかくまっているとしてアメリカがアフガニスタンへの攻撃を開始してから1週間後，アフガニスタンに投下された．アラビア語で，ビン・ラディンは逃げたり隠れたりできないと警告している．

だ。空爆がこのことにどれくらい影響したかに関しては、今も意見が分かれる。米海軍による日本商船撃沈、および海と空の封鎖による重要物資の日本本土への輸送遮断による影響を考慮する必要があるからである。日本降伏を促した要因として、戦略爆撃よりもむしろ資源輸送の遮断のほうが大きいと主張する論者もいる。(51)

都市が次々と焼失するにつれ、日本の戦意が落ちていったことは否定できないが、それをどの程度と見積もるかについても、意見が分かれる。広島と長崎への原爆投下以前に日本人の多くが疲弊していたことには異論がないとしても、本土が侵攻されれば大多数の日本人が粘り強く抵抗したであろうことも疑問の余地がない。当時、日本の特高警察は人心の動向を調査していたが、その記録によると、日本の支配層の一部は、壊滅的な敗北をこうむれば、それが一般大衆の感情を革命的な――もっといえば「共産主義的」な――騒乱へと急激に向わせる可能性があるという、強い不安をいだいていた。この増大する危機への不安をかかえながら、天皇の助言者や天皇自身を含めた日本のエリート層は、それを回避する道を探っていたのである。(52)

いずれにせよ、意見が分かれる余地がないのは、一般住民にとって都市爆撃は単なる物理的破壊ではなく、それがこのうえなく残忍な心理戦争でもあることを、考えられる限り最もあからさまに思い知らせたことである。それは一言でいえば「テロ」であった。

＊

九・一一事件で恐怖を感じたアメリカ人の多くは、民間人への意図的爆撃は自分たち以外の野蛮人がすることだという、一九三〇年代後半の心理に戻った。これは驚くにあたらない。だがそこでは、第二次世界大戦の文化、心理、行為の大半が記憶から消されていた。第二次世界大戦当時、アメリカやイギリスが自分の行為を「テロ terror」と呼ぶことはめったになかった。そうしたあからさまな表現は、自分たち民主主義国と枢軸国との間の大きな違いを曖昧にする危険があったからである。チャーチルが内心では認めていたように、実際にはテロと「むやみな破壊」が、「他に口実をもうけて」実行されていた。とはいえ、戦中も戦後も、直接的な言い回しが完全に封印されていたわけではない。一例をあげれば、一九五〇年代に出版された米陸軍航空軍に関する複数巻の研究書は、その結論部分でこう書いている。主要六大都市の破壊に続く「B29による全面攻撃」により、「少数の大都市に限られていたテロが日本全土に拡大するにつれて」日本人の士気は深い影響を受けた、と[53]。

56 日本がつくったこのポスターは，空襲があったとしても，それは物質的破壊ではなく日本人の魂を破壊しようとしているのだと警告している．

もっと明確な記述もある。日本が完全に敗北したという高揚感のなか、戦後の米陸軍航空軍は『第二〇空軍のハイライト』と題する広報資料をまとめた。それによると、「ゼリー状の燃料による火炎攻撃」がつくる「猛火の卓越」により、「日本は文字どおり、戦争で焼き出された」と自賛している。ニューヨークの軍情報サービス局が作成したこの資料は、日本の民間人死者三一万人、負傷者四一万二〇〇〇人、家を失った者九〇〇万人以上という、当時一般的に言われていた空襲被害の概要を記載したあと、「日本が炎となった五カ月間に、……アメリカの一〇〇〇の飛行機と二万人の米兵が傲慢なる敵の家を失わせ、テロと死に直面させ、都市らしい都市がほぼ壊滅した国土で放浪するほかないようにさせた」と、愛国的歓喜を表現している(54)。

もちろん、これは「良きテロ」であった。日本は、中国人、フィリピン人、インドネシア人、そして朝鮮人など日本の植民地統治下にあった人たち、戦地で戦った白人たちはもちろん、自国の兵や住民に対してさえまったく無慈悲で非道な敵であった。屈辱を受ける前に死を選べと「一億」の民が教化されていることは、連合国軍の側でも周知のことであった(「天皇のために死を選ぶのが日本兵の義務、日本兵が死を選ぶのを見届けるのが米兵の義務」というブラックジョークが戦地で語られた)。どのような形であれ、早期降伏を追求する勇気が日本の指導層にあれば、それは実現できたはずであった。一九四五年二月、近衛元首相は早く降伏すべきだと天皇に上奏したが、効果はなかった。その後、東京が空襲を受け、続いて六三の都市が空襲にさらされても、天皇や戦争指導者は反応しなかった。

明らかに市民を灰にする目的で、ナパーム(ナフサとパーム油を主成分とする焼夷剤)その他の物質を用いて人口稠密な住居地区を攻撃することが、「戦時の正義」の規範――「正しい戦争」の伝統的な基準――に合致するかどうか。前記のような日本側の態度は、この問題に微妙な影響を与える。日本の戦争行為の凶暴性、狂信性、残虐性に照らせば、アメリカによる民間人に対する無差別爆撃は「相応」であったと考える人は多いであろう。この考え方は、都市をねらったテロ爆撃が戦争の終結を促進し、無数の連合国軍兵士の生命——一九四五年になっても多数殺されていた中国人の生命も含めて——を救ったという見方につながる。テロ爆撃という戦術が一九四五年八月の日本降伏を促進したのであり、連合国軍が本土に侵攻すれば失われたかもしれない日本の一般市民の生命と、戦場にいた無数の日本軍兵士の生命が救われたのだという議論が、これに付け加わることもある。

他方で、日本への空爆が段階的に拡大していったことを概観すると、人間を殺戮することへの無神経ぶり、気安さが増幅していくさまが見てとれる。始めは明確な軍事関連施設を標的とした精密爆撃であったものが、より漠然とした「都市部工業地域」への爆撃へと変化する。次に、軍事産業の中心となっていた「いくつかの主要都市」が爆撃目標にされ、これらの都市の密集した商業地区や住宅地区を標的に爆撃が行われる。これらの主要都市が壊滅すると、次には「密集度と可燃性」を最優先の基準にして、中小都市に対する「全面」爆撃へと拡大する。兵器の性能の向上が戦術を変化させ、それにつれて相手に「相応な」という言葉の意味内容も変化し、許容される行動も変わっていった。地域爆撃、焼夷弾爆撃、火炎爆撃、絨毯爆撃、集中爆撃、殲滅爆撃、ゼリー弾(ナパーム弾)で市街地の労働者の「住む家を奪うこと dehousing」。これらの言葉はすべて、非戦闘員の男、女、子どもに狙いを定め、テロの恐怖を感じさせることを意味した。

広島と長崎への原爆投下以前の、「焼き仕事(バーンジョブ)」「牛乳配達(ミルクラン)」などと呼ばれた空爆の特徴は、日本の国内輸送システム、とくに鉄道を破壊することで燃料・食糧の供給路を断つことには重点をおかないという決定がなされていた点に特徴があった。居住地区や商業地区は集中的かつ継続的に破壊されたが、その一方で、たとえば広島に原爆が投下された直後、遠く離れた東京の住民が広島の家族や親戚の安否を知るために、汽車に乗って直接広島まで行くことができた。このようなことができたのは驚きであり、なぜそれができたのかは、もうひとつの論点になりうる。もとより鉄道は、旅客を運ぶだけでなく、軍事機構を支える輸送システムでもあった。アメリカ戦略爆撃調査団の報告書は、鉄道輸送システムが優先的に爆撃されていたならば、「極めて急速に日本降伏が実現」したと考えられる十分な理由がある、と問題提起している[55]。

＊

民間人を意図的に標的とすることを「非人間的な蛮行」(一九三九年のルーズベルト大統領の言葉)と非難した時期から、それこそが主要な方法となる一九四三年までには、心理上、道義上の大きな飛躍がある。これは、通常の破壊兵器から核兵器へという科学技術上の飛躍に匹敵するが、当時もその後も、この飛躍の大きさに人々はあまり気づいていない。前に挙げた一九四五年五月三〇日の『ニューヨーク・タイムズ』の記事がそうだったように、対日戦もそろそろ終わるという時期に、世界で最も人口の多い都市のひとつである東京を「焼失」させ、一〇〇万ないし二〇〇万の日本の一般市民を殺したという「ニュース」が、新聞トップの大見出しになることもなく、一面記事にさえならず、ましてや道義上の怒りを呼ぶこともなかったのである。戦後の『フォーチュン』誌の論説が述べたように、日本空爆は原子爆弾を頂点とする新しい戦争の始まりであり、それは「都市を次から次へと日常的に抹消すること」を特徴とする「史上初の、制約なき空の戦争」であった[56]。

しかし、対独戦・対日戦に従事した人々のなかには、正義の戦争というアメリカの理念が根本から危機にさらされていることを憂慮した人が、少数ながらいた。当時、そうした思いは内輪のやりとりで語られるほかなかったが、たとえば、フィリピンでマッカーサーの情報参謀であったボナー・フェラーズ准将は、一九四五年六月一七日――偶然にも、日本の約六〇の中小都市への爆撃が開始された日――の覚書に、アメリカによる空爆は「すべての歴史のなかで、もっとも非情かつ野蛮な非戦闘員殺戮のひとつ」であると書いている。[57]

対日戦争時、ルメイ将軍のもとで若き爆撃計画官の一人であったロバート・マクナマラ(ベトナム戦争時の米国防長官)は、アカデミー賞を受賞したベトナム戦争のドキュメンタリー映画のなかで、こう語っている。日本の都市への徹底的な焼夷弾攻撃を指揮したルメイ将軍は、戦後、自分の行為の道徳的かつ法的な問題性を気にしていた。

もしわれわれが負けていたら、われわれは全員、戦争犯罪人として訴追されていただろう。そうルメイは言った。ルメイの所業は――そして私のも――戦争犯罪だったのだ。ルメイは、自分が負けたら自分が不道徳とみなされることを知っていた。しかし同じ所業が、負けたら不道徳とされ、勝ったら不道徳でないことになるのはなぜなのだろう?[58]

マクナマラの問いに対する答えは、それほど遠いところにあるわけではない。歴史書の記述は勝者が決めるのだし、なにが道徳的かの基準も、勝者が決めるからである。

第九章

原爆をめぐる葛藤

1945年8月のグラウンド・ゼロ．1945年8月6日，広島に投下された原爆によって，おそらく約14万人が死亡した．その3日後に長崎に投下された原爆は，投下目標をやや離れた，浦上地区にあるカトリック教会天主堂の上空で爆発した．これによる死者は約7万5000人であった．

一九四五年八月になるまで、B29による焼夷弾の雨をまぬがれた日本の都市がいくつかあった。だが、その幸運は見かけだけであった。ヨーロッパと同様、対日戦でも爆撃目標の選定は現地指揮官にほぼ一任されていたが、ひとつ大きな違いがあった。ワシントンは、日本の中小都市の爆撃リストからいくつかの都市を除外するよう、ルメイ将軍の司令部に指示していたのである。これまでとは質的に違うレベルの恐怖を与えるためであった。

質的に違うレベルの恐怖とは、原子爆弾のことであった。極秘の「暫定委員会」(一九四五年五月初旬、原子爆弾を含む核エネルギーに関連する諸事項を検討し大統領に勧告するため、議会に告げず設置された委員会。委員長はヘンリー・スティムソン陸軍長官。政府に近い高位の政治家・科学者・産業界の委員から構成)が選定した原爆投下目標には、京都、広島、小倉、新潟、遅れて長崎が加えられた。その後、宗教的にも文化的にも建築史的にも貴重な文化遺産が多い古都京都は、スティムソン陸軍長官の強い要請で投下目標から外された。スティムソンは一九二〇年代に京都を訪問して魅了されたことがあり、日本人の心の故郷のような京都を攻撃すれば、日本人の士気を挫くというより、逆に敵愾心(てきがいしん)を高めてしまうと考えた。周囲からの強い抵抗があったが、スティムソンはトルーマン大統領に直訴して、原爆投下が近づいた七月下旬、京都を投下目標から外すことに成功した[59]。

アメリカは一九四五年七月一六日、ニューメキシコ州アラモゴードの砂漠で世界最初の核兵器の爆発実験を行った。トルーマン大統領が実験成功の知らせを受けたとき、彼は、ヨーロッパの将来と対日戦争の方針を話しあうため、ポツダムでイギリスとソ連の指導者に会っていた。米軍は八月初旬には、性質の異なる二種類の同位元素(ウラン二三五とプルトニウム二三九)の核分裂を利用した、二個の原子爆弾を保有していた。ウラン型の「リトルボーイ」と名づけられた爆弾は、八月六日午前八時一五分、広島の真上から投下された。それはちょうど、通勤や早朝の作業のため多くの人が外出している時間帯であった。原子爆弾は、最大の被害をねらって、地上約五八〇メートルで爆発するよう設定されていた。爆心地の熱風は摂氏三〇〇〇度から四〇〇〇度、数万人が一瞬で灰になり、爆心地から半径三キロメートル以内で保護物のないところにいた人は重度の火傷(やけど)を負った。より軽度の火傷の被害は、爆心地から四・五キロメートルにまで及んだ。全域で火災が同時発生し、時速四八キロメートルから六四キロメートルの火事嵐が数時間吹き荒れた。それは三月九日(日本時間三月一〇日)に東京を破壊した焼夷弾による火災に匹敵する火事嵐であった。

それから三日後、厚い雲に覆われていた小倉はあきらめ、長崎が二発目の原爆「ファットマン」(丸みを帯びた形からの命名で、イギリス首相チャーチルの体型を暗示していた)の投下対象になった。投下は午前一一時二分、爆発地点は予定から北西に約三・二キロメートル外れていた。そこは浦上地区の上空約四六〇メートルであったが、爆風と火炎が周囲の丘陵にさえぎられたため、火災の規模は広島ほどではなく、完全に破壊された範囲も広島より狭かった。長崎での爆発は美しい浦上天主堂の近くであり、広島での爆発は大きな病院の真上であったことに、ある種の象徴的な意味を見て取ることも可能であった[60]。

広島では爆心地から約一一・四平方キロ、長崎では約四・七平方キロが壊滅したが、当初、死者数は実際よりかなり低く見積もられた。たとえば、アメリカ戦略爆撃調査団は、一九四六年六月の報告書で、日本側が提供したデータをもとに次のように述べている。「広島の死者は七万―八万人、負傷者はそれと同数、長崎の死者は三万五〇〇〇人、負傷者はそれよりやや多い――これが最も妥当な数字と考えられる」。その後、この数字が繰り返し引用されたが、その原因のひとつは、原爆よりも東京大空襲〔一九四五年三月。死者約一〇万人〕のほうが多数の死者を出したという思い込みがあったためである。近年一般に受け入れられている推定死者数は、広島で一三万―一四万人、長崎で七万五〇〇〇人、その大半が一九四五年末までに死亡したというものである。原爆による全死者数を広島で約二五万人、長崎で約一四万人としている例もある。この高い数字の場合、広島と長崎の各人口の約五〇パーセントに相当する(61)。

どれくらいの男、女、子どもが死んだか、正確にわかることはないであろう。疎開する人、往来する部隊。錯綜した状況のなか、八月初旬における広島と長崎の実際の人口がどれくらいであったか、明らかでない。周辺の居住地帯は完全に壊滅し、再興に役立つ戸籍や地籍などの記録も燃えてしまった。死体を早めに処理する必要があったため、配偶者、子ども、近所の人や同僚の死体を自分で火葬した人もいた。原爆投下の数日後、児童たちは同級生を焼く二度目の不気味な炎を学校で見ることになった。身元不明者については、死体を焼却する大きな薪の山が組まれ、そのまま火が付けられた。数年経っても、このような二度目の炎が忘れられない人がいた。とくに広島では、夜になると、町のそこかしこで火葬するオレンジの炎が点々と見えた。その後、自分が原爆の犠牲者であることを明かさないまま死去する人が絶えなかったのは、自分がこうしたぞっとするような運命に出会った人間であることを隠そうとした被爆者や、その親族がいたからである。

大半の人は、核爆発の熱線による火傷、瓦礫の落下などの「爆風の二次的影響」、火災による火傷によって死亡した。アメリカ戦略爆撃調査団の臨床的表現によると、「一人がいくつもの致死的外傷を負ったため、理論上は、明らかに何度か繰り返し死んだ者が多くいた」。大多数は即死ないし数時間で命を落としたが、数日、数週間、数カ月と苦しんで亡くなった者も少なくなかった。投下直後、医療といえるものはなく(大半の医師・看護婦が死亡、大方の医療施設が壊滅)、軟膏、治療薬、鎮痛剤もなく、相当な時間が経っても医療はまったく不十分なままであった。その後何年も、数十年たっても、原子爆弾による外傷あるいは疾病で亡くなる人が続いた。

熱線による火傷のほか、原爆に特有の死因として、核分裂で放出されたガンマ線による被曝があった。爆心地の近くにいて生き延びた人は、被爆から二、三日以内に放射線症を発症した。爆心地からかなり離れたところで被爆した人や無傷と思われた人も、おおむね一週間から四週間後に重い症状が出た。発熱、嘔吐、下痢、吐血、臓器出血、血尿の他、アメリカ戦略爆撃調査団の表現によると、「脱毛、歯茎の炎症・壊疽、口腔・咽頭の炎症、下部消化器潰瘍、皮下出血による浅黒い斑点、……歯茎、鼻、皮膚からの出血」が見られた。検死では、「血液中の白血球のほぼ完全な消失、骨髄の劣化、喉、肺、胃、腸の急性炎症」が観察された。

何年かたって、広島の被爆者の男性が、死の床にあった弟の膨れあがった顔を絵に描いたことがある。かなり後になって放射線症と診断されたが、絵には、鼻や口からあふれた血で一杯になった洗面器が描かれている。弟は原爆投下の瞬間には防火帯をつくるため建物を壊す作業をしており、その後、

57　広島上空のきのこ雲.

58　広島の交差点の荒涼とした風景.

59 長崎上空のきのこ雲.

60 長崎の荒涼とした風景，浦上天主堂付近.

救援活動に召集された。男性によると、弟は「八月二〇日　家に帰り　歩ける程元気になっていたが八月二五日頃、鼻血が出る　髪が抜ける　体中に赤い小さなはんてんが出る　八月三一日　血を吐きながら死亡」した。これと同じような家族の死の絵を描こうと思えば描けた被爆者は、何千人といたかもしれない[62]。

アメリカ戦略爆撃調査団の報告(一九四六年)によると、「死因の約一五パーセントから二〇パーセントが放射線によるもの」であり、その後の調査もほぼそのように見ている。調査団によると、「原爆による爆風と火災の影響がまったくなかったとしても、爆心地から半径八〇〇メートル以内の死者数は(放射線だけによる場合と)ほぼ同じであり、一・六キロメートル以内でも、ほんの少し下回っただけであろう。違いがあるとすれば、それは死期であったと思われる。実際には即死が多かったが、放射線症だけなら、死亡するまで二、三日、あるいは三、四週間、生き残った可能性がある」。

残留放射能の影響については評価が難しいが、原爆投下から一〇〇時間以内に市内に入った者は、残留放射線を浴びた可能性がある。原爆投下のとき、広島は晴天、長崎は曇がかかっていた。そして広島でも長崎でも、原爆の爆風で大気の状態が変化し、灰と埃が舞い上がって水蒸気が凝縮され、放射能を含む「黒い雨」が降った。原爆の晩発性影響としては、異常な発生率での白内障、白血病、多発性骨髄腫のような血液がん、甲状腺がん、乳がん、肺がん、胃がん、唾液腺がん、悪性リンパ腫などがある。火傷は、醜い形で傷跡が隆起するケロイドとなることが多かった。

放射線は生殖にも影響を与えた。広島の爆心地から一・五キロメートル以内で被爆した男性の精子は激減した。妊婦と胎児への影響はさらに目にみえて深刻であった。アメリカ戦略爆撃調査団は以下のように要約している。

爆心地(グラウンド・ゼロ)から九〇〇メートル以内で被爆した妊婦は、全員流産した。二キロ以内でも、被爆した妊婦は流産、または早産の直後に新生児は死亡した。爆心地から二キロから三キロで被爆した場合、見たところ正常な新生児を出産した割合は約三分の一であった。原爆投下から二カ月後の、広島市内における流産、中絶、早産の発生件数は、通常の六パーセントに対して二七パーセントであった。

妊娠一八週以内の女性が放射線を浴びた場合、先天性障害をもつ新生児が生まれるケースがかなりあった。約六〇人の胎内被爆児が小頭症となり、これには知的発達障害がともなうことがあった。原爆の悲しい遺産の象徴は多数あるが、小頭症のまま青年となり大人に成長する彼らの姿は、そのひとつとなった(63)。

一生身体障害者となり、火傷の跡が残り、醜い姿となることがどういうものか。自分の血液が放射能に汚染されていないか、もしそうなら、どこで汚染されたのか、子どもと、まだ生まれていない世代にも放射能の影響が及ぶのではないか。そのように心配しながら生きるとは、どんなものか。被爆から一〇年以上、日本の国内外を問わず、そのようなことを尋ねたり、考えたり、話を聞こうとする一般の人はまれであった。原子爆弾が引き起こした精神的トラウマと社会的汚名は、日本語で「精神の白血病」「心のケロイド」などと言い表されることがあったが、その苦痛は数字で測れるようなものではない。多くの被爆者が、最愛の人を含む周囲の人を助けることができず、自分だけが生き残ったという負い目を引きずった。精神科医のロバート・ジェイ・リフトンの言葉を借りれば、一九四五年八月以降、彼らは「死との永遠の出会い」を続けるほかなかったのである。(64)

「ゼロ」を予期する

このように見てくると、原子爆弾が人間に及ぼした影響は、ほとんど異常ともいうべき悪意の結果であるようにも思われる。事実、こうした影響は事前に予想されていた。たとえば、一九四四年九月、原爆投下に選ばれた搭乗員を訓練するために、第五〇九混成部隊が結成されたが、この部隊は高度八〇〇〇メートルから九六〇〇メートルという例外的な高さからの精密爆撃に訓練の重点を置いていた。ある記録によれば、「リトルボーイ」と「ファットマン」の一五五個の模擬爆弾を砂漠に投下し、原爆の爆風で墜落しないよう、爆弾投下直後に機体を完璧に傾ける訓練を延々と行った。危険地域とみなされたのは爆発地点から八キロメートル以内であったが、B29の「退避距離」はその倍とされた。

新型爆弾の実験まで二カ月となった一九四五年五月初め、「マンハッタン計画」科学研究部門の責任者であったJ・ロバート・オッペンハイマー(アメリカの理論物理学者。一九〇四―一九六七)は、搭乗員にふりかかる原爆特有の危険について、こう述べている。「例の物(ガジェット)による放射線効果」(「ガジェット」は、原爆の試作品を指して当時使われた隠語)に関して軍の計画者たちに説明した資料によれば、基本的な注意点は次の二つであった。「(一)放射線との関係では、爆撃機はゼロ地点(爆発点)から四キロメートル以内に近づかないこと(爆風との関係では、この距離はさらに大きくなる)。(二)爆撃機は、放射性物質の雲を回避しなければならない」。オッペンハイマーはその後、放射線は非常に高い確率で「少なくとも半径一・一キロメートルの範囲で……危険である」と暫定委員会（前出の極秘委員会）に知らせていた(65)。

一九四五年七月中旬、ニューメキシコ州の砂漠で爆発実験が行われた際にも、爆撃機搭乗員に対するのと同様の、綿密な注意が払われた。約一五〇人の軍の将校と科学者たちが、ゼロ地点から一四・四キロメートル離れた「ベース・キャンプ」に掘った深さ〇・九メートル、幅二・一メートル、長さ七・六メートルの細長い複数の退避壕から爆発を観察した。原子爆弾は高さ三〇メートルの鉄塔に設置され、そこから約九・二キロメートル離れたところに司令センターなど最も近い観測施設が置かれた。そこにはセメントで補強され何層も土で覆ったシェルターが作られた。三二キロ離れた場所で観察していた人たちに対してさえ、「爆発(ゼロ)二分前」にサイレンが鳴れば「ただちに地面にうつ伏せになり、顔と目は地面に向け、頭はゼロ地点のほうに向けない」よう指示が出された。最初の閃光のあとの光景を見るために、溶接工用の濃い遮光メガネが配布され、飛来する瓦礫で負傷しないよう、二分間はうつ伏せでいるよう告げられた。爆風に備えて、車の窓は開けておくよう指示された。

トリニティ（三位一体）と呼ばれた爆心地から半径一・六キロ以内の生き物――爬虫類、動物、昆虫――は、すべて死んだ。暗い夜空に出現した閃光は、一時的に失明を起こすほど強烈であった（広島と長崎への任務内容がテニアン島で初めて説明されたとき、搭乗員たちに特殊な偏光ゴーグルが配られた。そこにいた搭乗員の記録によると、原爆実験では「三二キロ離れたテントにいた兵士が一人、閃光で失明した」という説明があった）。原爆の開発・使用を計画・実行した米英の科学者と、ヨー

61 トリニティ核実験.
爆発から 0.025 秒後の火の玉.

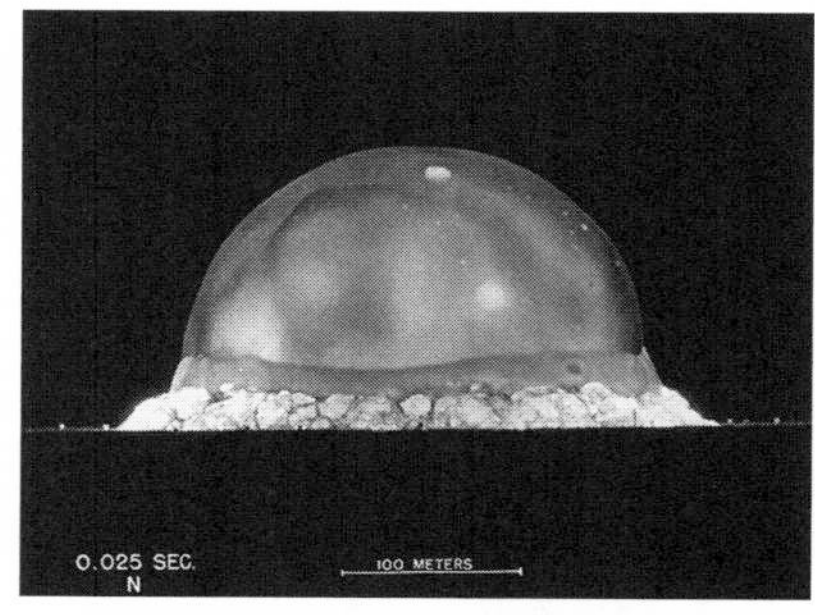

62 爆発から 0.09 秒後の火の玉.

63 爆発から 2 秒後.
きのこ雲ができつつある.

64 爆発から 10 秒後のきのこ雲.

ロッパからの亡命科学者からなるエリート集団は、新たな大量破壊兵器の時代を開いた。彼らは自分たちの目を保護しながら、爆発をしっかりと観察していたが、彼らに見えなかったのは、正確にはいったいどういう人たちを、どういう機会に、どれくらい殺戮するのか、ということであった。オッペンハイマーは、原爆ひとつで死ぬ日本人はせいぜい二万人だろうと予測していた。(66)

だが、彼ら科学者も米英の指導者たちも、新兵器が世界を変えるほどの大破壊をもたらす可能性を、すでに認識していた。この時点ではまだ、ドイツと日本で何百機もの爆撃機が都市を破壊したのと同じことが、原爆一個で可能であることが実際に証明されたわけではない。二つの被爆都市を目のあたりにした者もいなければ、粉々になった二つの都市の「爆心地」の航空写真を見た者もいなかった。アメリカ戦略爆撃調査団は「広島と長崎への原子爆弾の効果」に関する、のちに有名になる報告書をまだまとめていなかった。技術者たちが「標準化死亡率 Standardized Casualty Rate」と呼ばれる計算方法を案出し、広島の「リトルボーイ」が通常の高性能爆弾の六五〇〇倍の死傷者を生む能力があったことを確認したわけでもなかった。それでも、これらすべてが起こる前に、「世界の終末(アポカリプス)」という言葉が、関係者たちの語りに登場していた。(67)

たとえば、七月一六日の原爆実験に立ち会ったトマス・ファーレル准将は、その場で神性、破滅といった言葉を思い出した。「長く強く恐ろしい轟音(ごうおん)。この世の終わりの警告。ちっぽけな存在である人間が、全能の神にのみ許された力をもてあそぶ。そんな冒瀆を犯した。……われわれはそう思わずにはいられなかった」。化学者で、爆発物の専門家であったハーバード大学のジョージ・キスチャコフスキーは、トリニティ実験場の光景を見て、「およそ想像できるかぎり、これは世界の終末に最も近い」と述べた。トリニティ実験に立ち会ったただ一人の記者によると、このときキスチャコフスキーは「世界終末のとき、最後の人間は地球最後の一〇〇〇分の一秒で、われわれが見たものを目にするだろう」と言った。英国のチャーチル首相は、ポツダムで原爆実験成功の知らせを聞いたとき、「神の再臨だ。天罰のための……」と言ったという。トルーマンも七月二五日、紙片を日記がわりにしてこう書いた。「われわれは史上最も恐ろしい爆弾を発見した。それはノアとその伝説の箱舟のあと、ユーフラテス渓谷時代に預言された破滅の火かもしれない[68]」〔悪徳の蔓延によって神の怒りをかったソドムとゴモラの町が、天からの火で全滅したという聖書の話を指す〕。

オッペンハイマーも、太古の神がもたらす終末のイメージをもちだした。彼の場合、それはヒンドゥー教の聖典であった。今では有名な話になっているが、原子の破壊力を利用することをどう思うかと聞かれたときのことを、彼はこう回想している。「もはや世界はこれまでと同じではありえない。〔そう私がいうと〕何人かは笑い、何人かは大きな声をあげた。大半の人は沈黙していた。私はヒンドゥー教の聖典『バガヴァッド・ギーター』の一節を思い出した。ヴィシュヌ神は、義務を果たすよう王子を説得しようとして無数の腕を持つ姿に変身し、こう言う。「われは死神、全世界の破壊者なり」。そこにいた人たちはみな、多少なりともこれに似た感覚を抱いていたと思う[69]」。

死神になる

死神となった政策決定者、科学者、軍の将校たちは、世界の終末の予感を抱きながら、きれいな言葉でそれを包み、心で打ち消してすませようとした。彼らは、この新兵器を使わないという選択肢を一度たりとも本気で検討しなかった。母たちを灰にし、胎児に放射線をあびせることについても語らなかった。中堅以下の多くの科学者たちの要請にもかかわらず、投下目標の再検討もしなかった。最初の原爆のあと、二発目を投下する前に、動揺した日本の指導者たちに時間を与えるべきかどうか。それも真剣に吟味しなかった。理論科学者、兵器設計者、爆弾製造者、戦争立案者は、破壊の対象は「軍事目標」だと言い続けた。「軍事目標」とは、広島・長崎以前に六四都市を焼き払った絨毯爆撃のなかで、彼らが磨きあげた心地よい偽装語であった。

一九四五年四月末までに、暫定委員会は原爆投下目標の選定基準を定めた。それはルメイ将軍の指揮のもと、日本の中小都市への焼夷弾攻撃が始まる数カ月前にあたる。マンハッタン計画の軍事面の総責任者であったレズリー・グローヴス将軍の表現によると、投下地選定の「支配的要素」は、「日本国民の戦争継続意志を最大限に打ち砕く地点であること」であり、これは焼夷弾爆撃の場合と同様であった。この要素に比べれば、軍の司令部や駐屯地があるか、軍需工場があるかといった純軍事的要素は二の次であった。全体にもっとも重視されたのは、完璧な実験に必要な条件、つまり原爆投下まで空襲を受けておらず、かつ「原爆の威力ができるだけ明確に判定できるよう、被害が市街地の範囲に集中するサイズ」の都市であることであった[70]。

トルーマン大統領の信頼を受けた軍の指導者の一人で、戦争の道義的側面についても真摯な態度をもっていたスティムソン陸軍長官の記録は、言い逃れ的な言葉で原爆投下を正当化した典型的な例である。彼の記録によれば、〔原爆投下について陸軍長官に助言するための〕暫定委員会は五月三一日、「日本に対して事前警告はしない。民間人の居住地域を主要な標的にしない。……ただ、できる限り多数の住民に深い心理的衝撃を与えるよう努めるべきである」との結論を下した。この委員会には、一九三三年以来ハーバード大学学長であったジェームズ・コナントがいたが、コナントは「多数の労働者を雇用し、労働者の住宅に囲まれている枢要な軍需工場が、最も望ましい標的だ」と述べ、スティムソンもこれに同意した。ボストンの教養人や象牙の塔の知識人は――そして暫定委員会にいた政治家たちも一人残らず――「民間人の居住地域を主要な標的にしない」と言いながら、工場労働者が密集する住宅地を史上最も破壊的な兵器で攻撃すると述べ、それが矛盾していることに気づかないかのようであった(71)。

人口が密集する二つの都市を完全に壊滅すると決定しながら、それが民間人に対する意図的な攻撃ではないと言うのは、カイ・バードとマーティン・シャーウィンが「なんとも絶妙な言い換え」と呼び、ジェラルド・デグルートが「テロ爆撃は愉快なものではないと思った者が、自己の罪悪感を和らげるための虚飾」と呼んだ、言葉の軽技によるものであった。スティムソンは、公的な場だけでなく、日記や他人との会話でも直截な表現を避けた。全世界の破壊を計画しながら、他方では自分の行為を理想化するスティムソンの態度が、トルーマン大統領にも乗り移ったことは間違いない。トルーマンは、「史上最も恐ろしい爆弾」を手に入れたと書いた七月二五日の「ポツダム日記」に、次のように記している。

この兵器は、今から八月一〇日までの間に、日本に対して使用される予定だ。私はスティムソン陸軍長官に対し、女性や子どもではなく、軍事施設と陸海軍の将兵を目標としてこの兵器を使用するよう命じた。たとえ日本人(ジャップス)が野蛮で、残忍で、冷酷で狂信的でも、われわれは世界の安寧を守る指導者として、この恐るべき爆弾を古い都(京都)や新しい都(東京)に投下することはできない。

スティムソンと私の意見は一致している。標的は純粋に軍事的なものとするし、われわれは日本人に警告を発して、降伏し人命を救うよう要求するつもりだ。それでも日本人は絶対に降伏しないだろうが、われわれは、彼らに機会を与えたことになるだろう。ヒトラーやスターリンといった連中が原子爆弾を発明しなかったのは、世界のために間違いなく良いことである。原子爆弾はこれまで発見されたもののなかで最も恐ろしいものと思われるが、しかし、最も有用なものにすることもできるのだ。(72)

アメリカ、イギリス、中国は、七月二六日に公表したポツダム宣言において、指定された条件を無条件に受諾するよう日本政府に要求し、さもなくば「迅速かつ完全なる壊滅」に直面するだろうと警告した。これはトルーマンが前の日記で述べている原爆投下についての事前の「警告」にあたるものであったが、これだけの表現では曖昧であったため、実際には原爆投下について事前警告はしないという五月三一日の暫定委員会の決定にむしろ近かった。だが、それよりも注目すべきことは、トルーマンが原爆の目標は「純粋に軍事的」で、女性や子どもは含まれていないと述べたことである。広島への原爆投下直後のラジオ演説においてトルーマンは、標的は「……軍事的基盤であり、この最初の投下で、われわれはできる限り民間人の殺害を避けようとした」と言い、のちの回顧録でも、広島は

「枢要な軍需生産の拠点」であったと記している。

トルーマンの日記――原爆関係者どうしの会話も含め――からわかることは、このような虚偽的な表現は、たんなる意図的歪曲ではなかったということである。むしろ、自分をごまかし、対象から目をそらし、道徳的問題を避けようとした結果とみるほうが理解しやすい。これは「戦略爆撃」全般に、ほとんど不可避的につきまとった心理であった(たとえばトルーマンの前記の「ポツダム日記」は、日々の率直な思いの記録であり、こうした回避的心理が表れているが、ポツダム会談に同行した下僚スタッフの書類のなかに数十年間埋れていたため、研究者に知られることがなかった)。自国の大義を信じるがゆえに、そして個人としての不安を回避するために、彼らは現代の戦争がどこまで来ているかを正面から想像しないようにする必要があったのである(73)。

日本の大きな都市がすべてそうであったように、広島と長崎も、たしかに総動員体制の一部に組み込まれていた。そこには軍需工場も、軍の駐屯地もあったし、とくに広島には重要な軍司令部があり、中国大陸や南方に向かう部隊の出発地となっていた。だが一九四五年八月までに、日本の商船や軍艦は海底に沈められ、沖縄は連合国側の手に落ち、国外からの補給は途絶え、六大都市と約六〇の中小都市は焼夷弾攻撃ですでに灰になっており、日本の指導者が戦争からの出口を必死で模索していることはわかっていた。この状況下で広島や長崎を「軍事的攻撃対象」と呼ぶことは、通常の戦争の観念からは、すでに意味がなかった。広島と長崎は「別の口実をもうけて」(チャーチル)、すなわちまったく新たな恐怖を与える心理戦争の標的とされたのである。

アメリカ戦略爆撃調査団の報告書は、「広島と長崎への原爆投下は日本全体をまきこむ事件となったし、投下の意図もそこにあった。連合国は、広島と長崎の住民だけでなく、日本国民と指導者の戦闘意欲を打ち砕こうとした」と記している。原爆開発に貢献したオッペンハイマーは、戦争終結から四カ月も経たない頃、原爆投下後の世界について、より明瞭にこう書いている。「原爆をどう使うか。その原型が広島で作られた。原爆は侵略と奇襲と恐怖のための兵器である。もし再び使われるとすれば、何千個、何万個の単位かもしれない。原爆の運搬手段は迎撃方法が新しくなるにつれて変化していくだろう。原爆の使用戦略は、すでに敗北したに等しい敵に投下する場合とは異なったものになるかもしれない。だが、原爆は侵略者のための兵器であり、奇襲と恐怖というその根本性格は、分裂性の原子核がもつ物性と同様、原爆が本来的にもつものである」[74]。

トルーマンは引退したあと、飾り気のない言葉づかいと常識的な考え方をした大統領として、やや誇大ともいえる賞賛を受けることが多かった。トルーマンのような実利的な考えの持ち主が、戦争の大釜のなかで最高権力者となったとき、ある時は人口密集都市を原爆の標的にすることを承認し、ある時は恐るべき新兵器を旧約聖書の「破滅の火」になぞらえ、またある時は、それでも「女性と子ども」にほとんど危害はないだろうと空想したのである。このことは、現代の心理戦が、いかに事実否認と妄想願望から切り離せなくなっているかの例証である。

戦争を終わらせ、アメリカ人の命を救う

事実否認や妄想願望ということとは別に、戦争を早く終わらせて米兵の生命を救うことが原爆投下の具体的な目的であったという理解が、いまも主流である。たしかに、原爆投下の表向きの目的は、

史上最も恐ろしい大量破壊兵器を爆発させることによって戦争を終わらせ、アメリカ人の犠牲を減らすこととされた(これとは逆に、九・一一事件後のイラク戦争では、テロリストが広島・長崎のように核兵器を爆発させないようにして、アメリカ人の生命を救うのが目的とされた)。

二発の原爆を投下して日本の降伏を早め、本土上陸作戦を実行せずにすんだことによって、どれくらいのアメリカ人の生命が救われたか。これが日本降伏後、激しい議論の的になった。トルーマンは、回顧録のある箇所で〔原爆がなければさらに米兵に〕五〇万の死傷者が出ると予測していたと書き、別の箇所では五〇万の死者を想定したと書いている(戦時の予測では、戦死者、戦闘による負傷者、心的障害や病気など戦闘以外の原因による死傷者の違いは、区別されなかったり容易に混同されたりした。戦後の集計では、そうした傾向はさらに増した)。トルーマンの発言の典型的な例をあげると、戦後何年も経ってからのコロンビア大学での対話集会で、いったん原爆投下を決断したあとは考え直したことはないときっぱりと言い、救われた人数をさらに大きくして、「原子爆弾は、もうひとつの正義の兵器でした。それが、数百万の生命を救ったのです。……原爆投下は、戦争終結に向けた純軍事的決定でした」と語った[75]。チャーチルは、原子爆弾が一二〇万の連合国軍兵士(そのうち一〇〇万は米兵)の生命を救ったと回想し、名著とされる『第二次世界大戦史』の最終巻では、原爆投下を独特の雄弁で、こう正当化した。「広域的で無際限な殺生を避け、戦争を終幕に導き、世界に平和をもたらすこと、数回の爆発で圧倒的な力を見せ、苦悩を強いられた人びとに癒しの手をさしのべること——こうしたことは、われわれが味わった辛苦と危難のあとでは、解放の奇跡のように思われた[76]」。

原爆投下の決定に加わった他の人たちも、対日戦で払う犠牲の大きさと、日本本土侵攻で予想される米兵の損失をもっとも憂慮したと述べている。軍人でなくても、責任ある地位にある者ならば皆、そのことを考えないわけにはいかなかった。たとえば、つねに内省的であった（もっとも、常に言行一致で前向きとはいえなかったが）スティムソンは、陸軍長官を辞任したあと、一九四七年の『ハーパーズ』誌に載せた有名な文章のなかでこう述べている。「私の主要な目的は、私が育ててきた兵士たちの生命をできる限り犠牲にすることなく、戦争を勝利のうちに終結させることであった[77]」。同じく高潔な人柄で尊敬されていたジョージ・マーシャル陸軍参謀総長（戦争当時）は、沖縄での日本軍の徹底抗戦ぶりと、東京への大空襲とその後の焼夷弾攻撃でも、日本人の士気に衰えが見えなかったことを指摘し、次のように説明した。「だから日本人にショックを与えることがどうしても必要と思われた。われわれは戦争を終わらせなければならなかったし、アメリカ人の生命を救わねばならなかった[78]」。

これらは、後になって原爆投下を合理化しようとした言葉ではなく、日本の降伏拒否方針を理解したうえでの考えであった。日本の指導者たちは、一九四四年中頃のサイパン戦、硫黄島、沖縄で見せたような玉砕的防衛戦によって、連合国に完全勝利はありえないことを悟らせ、なんらかの妥協によって和平にもちこもうとしていた。つまり日本の指導者たちは、アメリカが心理的にもろく、妥協的であるという真珠湾以来の願望的思考に、まだとらわれていた。一九四五年初め、天皇裕仁は、戦争終結を求める（近衛元首相の）提言を採用せず、沖縄の死守を唱える軍の指導者を支持した。沖縄での戦闘によって、日本が徹底抗戦を辞さない覚悟であることをアメリカにわからせようとしたのである（地上の一カ所での決戦で事を決めようというこの種の発想は、海上の一回の決戦で敵の戦意と戦力

65 パプア・ニューギニアのブナ・ビーチの米兵3名の死体.『ライフ』誌1943年9月20日号のページいっぱいに掲載されたこの写真は，アメリカにおける太平洋戦争の報道の転換点となった．ジョージ・ストロックがこれを撮影したのは掲載よりも7カ月前であったが，その時点では死者や重傷を負ったアメリカ兵の生々しい写真は公表せず，戦争の積極面に重点を置くというアメリカ政府の方針により，この写真の公表は差し控えられた．その後，この写真が掲載されたことは，もはや政府の検閲がなくなったことを示したと同時に，人命犠牲のおぞましさ，それに責任がある日本に対する怒りを高揚させることになった.『ライフ』誌は，この写真とともに長文の論説を掲載し，この米兵3人を「われわれがアメリカン・ライフと呼ぶ生命(ライフ)の3つの断片，自由の3つの構成要素」と表現した．戦争が終わるまで，この米兵たちの顔，氏名，所属部隊の記章は公表されなかった．彼らの姿は戦争の犠牲者全員の象徴となった．

66 『ライフ』誌 1945 年 4 月 9 日号の表紙．W. ユージン・スミスが撮影した写真をトリミングしたもので，海兵隊のチームが硫黄島「382 高地」の日本軍トーチカと洞窟要塞を爆破している．この写真は，太平洋戦争の代表的イメージのひとつとなった．382 高地は米軍が制圧に 5 回失敗した場所で，「ミンチ製造器」というあだ名がついた．『ライフ』誌は，硫黄島は「初めて見るすべてのアメリカ人に陰鬱な悪の世界を思わせ，地獄への上陸地点のように見えた」と書いている．そして「世界大戦関連写真」の特集には，「『ライフ』には長い歴史があるが，その表紙を飾ったなかで最も暴力的な写真のひとつ」がこれであると解説している．また，スミスが撮った，白い十字架が並んだ墓地の写真(硫黄島の戦闘で死亡した 6800 人以上の米兵を象徴する)が，この号の 1 ページ全体を割いて掲載されている．米陸軍航空軍が日本の諸都市を計画的に爆撃した背景には，こうした写真によって醸成されたアメリカ社会の気分があった．

を完全に打ち砕けるという「艦隊決戦派」提督たちの誤信に似ている)。一九四五年四月初め、日本本土決戦の基本計画である「決号作戦」が承認され、部隊司令官たちに伝えられた。この作戦は、本土に侵攻してくる艦船への神風特攻に始まり、上陸地点での激しい軍事的抵抗、そして必要に応じ、男であれ女であれ、天皇の忠実な臣下すべてが積極的に自己犠牲を払うというものであった。当然、「沖縄」の状況が上陸のたびに繰り返されると予想された。実際、アメリカ側の内部文書を見ると、戦争計画者たちがこの恐れを深く気にかけていたことがうかがえる。[79]

死傷者数の予測は、さしあたりの根拠によるほかなかった。アメリカの日本侵攻計画は何度も修正されたし、軍の多くの部署や下部組織も、それぞれに予測をたてていた。なかでも、一九四四年七月初めのサイパン陥落から一九四五年春まで、軍部に影響を与えたと思われる算定基準が存在する。「サイパン比率」と言われるもので、一九四四年八月三〇日付の統合参謀本部作戦計画文書では、次のように定義されている。「サイパンの作戦では、米兵の死者一人と負傷者数人によって日本兵を七人殺した。これを基準にすると、日本本土では……だいたい五〇万の米兵が死亡し、その何倍もの負傷者が出る可能性がある」。原子爆弾が投下されるまでの公式の軍事計画では、侵攻は二段階で計画され、一九四六年に入ってからも戦闘は続くと予測されていた。[80]

当然、死傷者の予測は時間とともに変動した。アメリカの諜報機関は「決号作戦」の内容はつかんでいなかったが、暗号を解読しなくても日本の考え方はほぼ推測できた。一九四四年半ばのサイパン、一九四五年春の沖縄が衝撃的に示したように、日本政府は自国の戦闘員や民間人に犠牲を強要し、一九四四年一〇月に開始した神風特攻作戦など、玉砕的な行動に出ていた。日本が本土防衛のため数百万の予備役を召集したとの情報もあった。日本政府は、成人男女をすべて本土防衛に動員するという布告を一九四五年春に出し(寄せ集めの人員ではあるが、警戒は必要であった)、祖国と天皇中心の「国体」を守るために勇ましく死のうという「一億」臣民への呼びかけを強めていた。また、ドイツ降伏への最終段階で連合国軍に多大な人的犠牲が出たこと、対ドイツ戦ではソ連軍が連合国側の犠牲の大半を引き受けたが、日本本土侵攻では米軍が大半の犠牲を払うことになることから、日本侵攻による犠牲者は相当数になると予想された。一九四五年初め、アメリカ徴兵局が月間徴兵数を増やしたのは、対日戦の準備のためであった[81]。

こうしたなか、一九四五年五月、ハーバート・フーバー元大統領は、スティムソン陸軍長官とトルーマン大統領に、日本との和平が今成立すれば「アメリカ人の五〇万から一〇〇万人が死なずにすむ」(するとアメリカの死傷者総数は二〇〇万から四〇〇万人の間となる)との書簡を送った。陸軍省は六月四日、マーシャル参謀総長の同意のもと、フーバーの予測は「どうみても数が大きすぎる」と返答した。もし日本本土侵攻作戦が実行されれば指揮官になっていたはずのマッカーサー将軍は、最初の九〇日間の死傷者数を、フーバーよりもはるかに低めに見積もっていた。

六月中旬、「サイパン比率」はその後の硫黄島や沖縄、レイテ、ルソン作戦での死傷者数を元に全面改訂され、米兵の予測死者数は数万のレベルに引き下げられたが、はじめの頃の大きな数字は強く印象に残り、ほとんどシンボルのようになった。一九四五年七月下旬、ポツダム会談の休憩時にスティムソン陸軍長官と会話を交わしたアイゼンハワー将軍は、「日本本土侵攻の成功には一〇〇万の米兵を犠牲にしなければならないと軍部が言ったため、スティムソンは依然としてその影響を受けてい

67　神風特攻隊の６名のパイロット．出撃前の集合写真．

68　1945年4月11日　沖縄沖の米戦艦ミズーリ号に神風戦闘機が突撃する瞬間．これから５カ月足らず後，日本は東京湾のミズーリ号上で降伏文書に調印した．

69 1944 年 11 月 25 日　フィリピン沖の米戦艦イントレピッド号に突撃し炎上する神風戦闘機.

70 1945 年 4 月 9 日　米戦艦ハンコック号に神風戦闘機が突撃し，亡くなった米軍水兵が沖縄沖の海上で葬られる.

るようだった」と、戦後の回想に書いている。[82]

死傷者の見積りは再検討され、かつての一〇分の一から二〇分の一まで引き下げられた例もあった。しかし、受け入れがたいほど大量の死傷者が出るという圧倒的なイメージは、変わらずに残った。「二〇万」といい、「一〇〇万」といい、「五〇万」といっても、要するに「膨大」ということを数字で表現したにすぎなかったのである。これは日本政府が日本帝国の臣民を「一億」と誇張し、一九四五年五月三〇日付の『ニューヨーク・タイムズ』が、軍の情報に基づいて、東京大空襲の死者数を「一〇〇万」、いや「二〇〇万」かと、不用意に水増しして報道したのと大差なかった。アメリカが日本と根本的に違ったのは、大事なのはアメリカ人の生命だと考えていたことであった。[83]

どんな数であれ、できるかぎり犠牲は避けねばならなかった。たとえば、マンハッタン計画に関する「科学顧問団」は六月一六日、「対日戦においてアメリカ人の生命を救うため、われわれは国に対し、新兵器を使用させる義務を負っている」と述べて、原子爆弾をただちに使用すべきだと暫定委員会に提言した。[84]二日後の六月一八日、沖縄戦の終結が近づいたとき、ホワイトハウスでの重要会合のひとつでマーシャル参謀総長は、日本本土侵攻は「ドイツへの侵攻よりもはるかに困難がともなうだろう」と述べた。これは出席者に共通の思いであった。トルーマンはこの機会をとらえて、「日本の端から端まで沖縄戦のようになるのを避ける見込み」があればいいのだがと発言した。[85]その一カ月後、トリニティでの爆発実験のときファーレル将軍がグローヴス将軍に最初に言った言葉は、「戦争は終わったな」であった。グローヴスは、「そう、日本に二発落としたらね」と答えたという。広島に原爆を投下したB29、エノラ・ゲイ号の機長・ポール・ティベッツ大佐は、離陸前の搭乗員との打ち合わせで、この任務に選ばれたのは光栄であり、原爆は戦争を半年あるいはそれ以上短縮するかもしれないと語った。「機長は、この爆弾がこれっきりで戦争を終わらせると本当に思っている。自分はそう感じた」と、搭乗員の一人は日記に書いている。(86)

八月九日にラジオで放送されたポツダム会談に関する報告で、トルーマン大統領は広島に投下された「原子爆弾の悲劇的重要性」について言及したが、ここでは大きな数字を避けて、「戦争の苦痛を短縮するために、何千もの若いアメリカ人の生命を救うために」原爆を使用したと語った。トルーマンは一〇月三日の原子力に関する議会宛メッセージでも、原爆が「戦闘で殺されたかもしれない何千もの無数の米兵と連合国兵士の生命を救った」と述べている。(87)

「何千もの……」といった表現は、たんに「あまりにも多い」ことを表すレトリックであった。それは同時に、数年前まで心にかけていた道義的な配慮から、アメリカの戦争計画者たちがいかに遠く離れてしまったかを表してもいた。たとえば真珠湾攻撃の前には、フランクリン・ルーズベルト大統領はこう述べていた。「空からの残酷な爆撃が……身を守るすべのない何千人もの男、女、子どもを不具にし、死に至らしめている。このことは、文明国の市民の心を痛めさせ、人類の良心に深い衝撃を与えてきた」。空爆の初期に精密爆撃を計画したアメリカ人たちもまた、敵の非戦闘員に何千もの死傷者を生まないよう、できる限りのことをしようと真剣に検討していた。

こうした時代は永遠に過ぎ去った。その代わりに出現したのは、恐怖の創出、最大限の無差別的軍事力の展開、空前の破壊力をもつ兵器の開発、そうしたものに依拠した現代の心理戦であった。

注

第I部

第一章

(1) ルーズベルト大統領本人の書き込みのある演説原稿の複製は、軍事関係の博物館で購入可能な場合がある。*America's Entry into World War II* (Awani Press, 1995). 最近のものでは、次の書籍にも掲載されている。Emily S. Rosenberg, *A Date Which Will Live: Pearl Harbor in American Memory* (Duke University Press, 2003), 84-85[エミリー・S・ローゼンバーグ／飯倉章訳『アメリカは忘れない——記憶のなかのパールハーバー』法政大学出版局、二〇〇七年]。ローゼンバーグの本は、九・一一以後に真珠湾の比喩が使われるようになった経緯とテロの歴史的背景を説明しており、有用である。なお、議会で行った実際の演説でルーズベルトは、「神よ、我らを助けたまえ"so help us God."」とつけ加えたが、この文句は演説原稿にはない。

(2) Bob Woodward, *Plan of Attack* (Simon & Schuster, 2004), 24[ボブ・ウッドワード／伏見威蕃訳『攻撃計画——ブッシュのイラク戦争』日本経済新聞出版社、二〇〇四年]。クルーグマンの『ニューヨーク・タイムズ』二〇〇二年九月一〇日付のコラムは、以下の書籍に所収。Paul Krugman, *The Great Unraveling: Losing Our Way in the New Century* (Norton, 2003), 242.

(3) このスローガンを生々しく描いた絵が、一九四二年の初め、米海兵隊員向けの月刊雑誌 *Leatherneck* に掲載された。つり目で出っ歯、カギ十字の付いた服を着た日本兵が銃の照準にとらえられ、そのまわりに「真珠湾を忘れるな——奴らをぶっ殺し続けよう。"Remember Pearl Harbor—Keep'em dying."」というスローガンが書かれている。同じ絵は次の書籍にもある。John W. Dower, "Race, Language, and War in Two Cultures: World War II in Asia," in Lewis A. Erenberg and Susan E. Hirsch, eds., *The War in American Culture: Society and Consciousness during World War II* (University of Chicago Press, 1996), 174.

(4) シカゴの看板については、ブルース・カミングスの叙述がある。Bruce Cumings, Ervand Abrahamian, and Moshe Ma'oz, *Inventing the Axis of Evil: The Truth about North Korea, Iran, and Syria* (New Press, 2004), 5.

(5) ブッシュ大統領は、九月一一日夜のアメリカ国民向けの演説で、「テロリズムに対抗する戦争」について語った。しかし、演説に携わったスタッフは、この演説は効果が薄かったとみていた。ブッシュが「戦時大統領」という役割を明確にしたのは九月二〇日の議会での演説以降だと、彼らは考えている(このとき「対テロ戦争」という表現を使った)。たとえば次を見よ。David Frum, *The Right Man: The Surprise Presidency of George W. Bush* (Random House, 2003), ch. 8, esp. 127, 135, 141-42.

(6)「悪の枢軸」に関する論評としては、Woodward, *Plan of Attack*, 86-88; James Mann, *Rise of the Vulcans: A History of Bush's War Cabinet* (Penguin, 2004), 242, 317-21[ジェームズ・マン/渡辺昭夫監訳『ウルカヌスの群像——ブッシュ政権とイラク戦争』共同通信社、二〇〇四年]:政権内部からの叙述として、David Frum's *The Right Man*, ch. 12. がある。初めの演説草稿では、キーフレーズは「憎悪の枢軸 axis of hatred」であった。ブッシュの主任スピーチライターのマイケル・ガーソンは敬虔な福音派キリスト教徒で、彼が「憎悪の枢軸」を「悪の枢軸 axis of evil」に変更した。信仰を持つ保守的なアメリカ人にとって、この言いかえは三重の効果があった。第二次世界大戦を想起させ、旧約聖書の神学的な響きがあり、さらにロナルド・レーガン大統領がソ連を「悪の帝国」と糾弾した冷戦期のレトリックを思い出させたのである。

イラク侵攻の前後、保守派の間で流行したのは、ブッシュ政権の戦争政策に対する批判者を「宥和の枢軸 axis of appeasement」とこきおろすことであった。「宥和の枢軸」という痛烈な物言いは、一九三八年に英首相ネヴィル・チェンバレンがミュンヘンでヒトラーと会談し、チョコスロヴァキアのズデーテン地方をドイツに割譲した「宥和政策」に由来する。この割譲が翌年のナチス・ドイツによるチェコスロヴァキア全土掌握への道を開いた。「反宥和」という考え方は、二〇〇六年にも米政権内で再燃した。そのときは、ジェームズ・ベーカー元国務長官とリー・ハミルトン元下院議員が共同議長を務めた著名識者による研究グループが出したイラク調査報告(*The Iraq Study Group Report*)への反発であった。この報告は、テロリズムとイラクを中東の広い文脈に位置づけ、イスラエルと占領地区の問題も視野に入れて、「新しい外交攻勢」と「より広い国際的な支持の構築」を呼びかけたもので、イスラエルとシリアを組み込んで包括的解決を模索すべきだとしていたが、これらの提言はほとんど無視された。二〇〇八年五月一五日、イスラエル建国六〇周年にブッシュ大統領はエルサレムを訪問し、「宥和」という表現を再び強調した。「テロリストや過激派と交渉すべきだと言う人がいますが、その正体は、宥和政策が生む偽りの安心感にすぎません」。この言葉は、当時民主党の指名が有力視された大統領候補バラク・オバマに対する攻撃と受け取られ、メディアの注目を集めた。しかし、もっと重要だったのは、誤った歴史観を正当化の道具にして創造的な外交を敵視したことであり、これはブッシュ政権の外交の一貫した特質であった。「宥和の枢軸」については、次を見よ。William Kristol, "The Axis of Appeasement," *Weekly Standard*,

August 26-September 2, 2002; Daniel Pipes, "[Appeasement and]Why Europe Balks," *New York Post*, January 28, 2003; Thomas L. Friedman, "Axis of Appeasement," *New York Times*, March 18, 2004.

(7) マッカーサーの九月二日のメッセージは、日本占領に関する、次の公式報告に掲載されている。*Political Reorientation of Japan, September 1945 to September 1948: Report of Government Section, Supreme Commander for the Allied Powers* (Government Printing Office, 1949), vol. 2: 737.『ワシントン・ポスト』のボブ・ウッドワードは、マッカーサーの演説がブッシュ大統領のスピーチライターに影響を与えたと指摘している。Bob Woodward, *State of Denial: Bush at War, Part III* (Simon & Schuster, 2006), 186〔ボブ・ウッドワード/伏見威蕃訳『ブッシュのホワイトハウス(上下)』日本経済新聞出版社、二〇〇七年〕。政治哲学者のシェルドン・ウォーリンは、ブッシュによる「使命達成」の映画的な演出を、一九三四年のナチスのニュルンベルク党大会を讃えたレニ・リーフェンシュタール監督の映画『意志の勝利』のオープニングと比べるという、挑発的な類比をしている。Sheldon Wolin, *Democracy Incorporated: Managed Democracy and the Specter of Inverted Totalitarianism* (Princeton University Press, 2008), 1-3.

(8) ここに引用した二〇〇五年八月三〇日の演説は、本書で紹介する大統領の他の発言と同じく、ホワイトハウスがオンラインで公表した発言記録によっている。ブッシュ大統領退任後は、次のアーカイブに移された。"The Bush Record" at georgewbush-whitehouse. archives. gov. なお、私の著書『敗北を抱きしめて』(*Embracing Defeat: Japan in the Wake of World War II*) を元にして、ホワイトハウスが日本占領に言及したことがあり、その後ブッシュ大統領が二〇〇七年八月二二日の復員軍人組織(VFW)の全国大会の演説でも再び同書を利用したので、それに対して私の側から見解を述べたことがある。たとえば"Historian: Bush Use of Quote 'Perverse'" on the politico. com website for August 23, 2007.

(9) 一九九八年二月二三日のファトワーは、以下に所収されている。Osama bin Laden, *Messages to the World: The Statements of Osama bin Laden*, ed. by Bruce Lawrence (Verso, 2005), 58-62〔ブルース・ローレンス編/鈴木主税・中島由華訳『オサマ・ビン・ラディン発言』河出書房新社、二〇〇六年〕。九・一一事件における情報機関の失態に関する公的あるいは半公的な文書として、以下のようなものがある。*The 9/11 Commission Report: Final Report of the National Commission on Terrorist Attacks upon the United States* (Norton, 2004); the "House-Senate Joint Inquiry Report on 9/11" (*Report of the Joint Inquiry into the Terrorist Attacks of September 11, 2001—by the House Permanent Select Committee on Intelligence and the Senate Select Committee on Intelligence*, issued December 2002. オンラインで入手できるものとしては、とくに gpoaccess.gov and news.findlaw.com/nytimes); Steven Strasser, ed.,

The 9/11 Investigations (PublicAffairs, 2004)（九・一一調査委員会のスタッフによる報告、上下院合同調査報告からの抜粋、一四人の重要参考人の証言を含む）; *OIG Report on CIA Accountability with Respect to the 9/11 Attacks*（二〇〇七年八月に公表された監察総監室報告の一部を編集したもの）; Thomas H. Kean and Lee H. Hamilton (the co-chairs of the 9/11 Commission), *Without Precedent: The Inside Story of the 9/11 Commission* (Knopf, 2006); Bob Graham, *Intelligence Matters: The CIA, the FBI, Saudi Arabia, and the Failure of America's War on Terror* (Random House, 2004). 著者のグレアム上院議員（民主）は、上下両院合同調査委員会の共同議長を務めた。彼による調査結果の総括は、二〇〇二年一二月に公表された報告書よりも踏み込んでブッシュ政権を糾弾している。次も見よ。Philip Shenon, *The Commission: The Uncensored History of the 9/11 Investigation* (Twelve, 2008). シェノンは『ニューヨーク・タイムズ』の記者として調査委員会の取材を担当していた。

(10)『新しい世界の到来』の要旨は *New World Coming: American Security in the 21st Century* available online at, among other sites, fas.org and au.af.mil. この研究を準備した二一世紀国家安全保障委員会は一九九八年に設立され、元上院議員のゲリー・ハートとウォーレン・ラドマンが議長を務めた。九・一一以前の警告の簡潔な一覧は、*The 9/11 Commission Report*, ch. 8 (esp. 254-64); Shenon, *The Commission*, 151-55; グレアム上院議員の著書 *Intelligence Matters*, xv, 3-79, 113（九・一一の陰謀が事前に発見できたかもしれない「一二の機会」に言及）、さらに 112, 173, 204（「航空機を武器として使用したいというテロリストの願望」について）。「システムは赤信号を点滅していた "The system was blinking red."」という表現は、CIAの当時のジョージ・テネット長官が九・一一調査委員会での証言で使ったもので、委員会報告書のひとつの章のタイトルになった。真珠湾攻撃については、後でふりかえれば真珠湾への攻撃のこととともとれる情報機関のデータが、第二次世界大戦後に長々と行われた公聴会で明らかにされた。その的確な要旨は、公聴会に関連して提出された少数派意見に掲載されている。次を見よ。*Report of the Joint Committee on the Investigation of the Pearl Harbor Attack, and Additional Views of Mr. Keefe Together with Minority Views of Mr. Ferguson and Mr. Brewster* (Government Printing Office, July 20, 1946), 493-580.

(11) キャンセルされたライス大統領補佐官のスピーチは、二年半後に『ワシントン・ポスト』がその抜粋を報道した。*Washington Post* April 1, 2004.『ニューヨーク・タイムズ』のシェノン記者は、「来たるべき新しい世界」委員会の共同議長であったウォーレン・ラドマン上院議員が大統領と面会するのを阻んだのは、ライスであったと指摘している。また同記者は、司法省の優先政策項目からテロリズムが外されたことにも注意を促している。Shenon, *The Commission*, 56, 246-48.

(12) Arthur Schlesinger Jr. "Today, It Is We Amer-

icans Who Live in Infamy," *Los Angeles Times*, March 23, 2003. シュレジンガーは、後にこの比喩を次のように言い直している。「冷戦の四〇年間を振り返るとき、頭の狂った連中が東西どちらの陣営でも力をもたなかったことに、われわれは永久に感謝してよいだろう。……ところが二〇〇三年、愚か者が国防総省を動かし、先制戦争すなわちブッシュ・ドクトリンが公的政策となった。六〇年前、日本は真珠湾のアメリカ海軍を攻撃して、ブッシュ・ドクトリンを先取りした。ルーズベルト大統領が述べたように、この日本の所業はアメリカが受けた屈辱として歴史に生き残るはずであった。だが、アメリカが日本と同じことをした今、明らかにアメリカは、日本の所業だけが屈辱として歴史に生き残るとは言えなくなった」。また、シュレジンガーの記事よりも数カ月前、日本特派員の経験があり、二〇〇二年にはホワイトハウスを担当していた『ニューヨーク・タイムズ』のデイヴィッド・サンガー記者は、同じように真珠湾とイラク攻撃を結びつけた記事を書いている。David Sanger, "Eyeless in Iraq," *New York Review of Books*, October 23, 2003. 多くの学者にとって、「イラク戦争は先制攻撃という以上に先制戦争〔イラクによる大量破壊兵器の使用を封じ込めるための戦争〕でもあった。ホワイトハウスは認めないだろうが、先制戦争の古典的事例は真珠湾攻撃である。日本の小学生はみな、アメリカ主導の禁輸政策が日本経済をジリ貧に追い込み、日本の自衛力が失なわれつつあったと習っている。だから、真珠湾の英雄を顕彰する展示館〔靖国神社・遊就館〕が、いまだに日本にはあるのだ」。David Sanger, "Beating Them to the Prewar," *New York Times*, September 28, 2002.

(13) Samuel Eliot Morison, *History of United States Naval Operations in World War II*, vol. 3: *The Rising Sun in the Pacific* (Little, Brown, 1953), 132. モリソンはのちにこう繰り返している。「この卑怯な作戦で日本海軍が見せた戦術的な技量、秘守能力、そして攻撃精度には敬服せざるをえない。しかし、その戦術の背後にあった戦略は最悪であり、結果からみれば、ほとんど痴愚imbecileであった」。October 28, 1961, *Saturday Evening Post* "The Lessons of Pearl Harbor."

(14) U.S. Department of State, *Foreign Relations of the United States: Japan, 1931–1941* (Government Printing Office, 1943), vol. 2: 648, 704, 706; Joseph C. Grew, *Ten Years in Japan: A Contemporary Record Drawn from the Diaries and Private and Official Papers of Joseph C. Grew, United States Ambassador to Japan, 1932–1942* (Simon & Schuster, 1944), 439, 469, 470, 472, 479, 484. グルーが戦争中に出したもう1冊の著作は、次の短い本である。*Report from Tokyo: A Message to the American People* (Simon & Schuster, 1942). グルーは一九四四年の国務次官就任の際の公聴会で、次のように得意の主張を述べた。「過去の過ちを繰り返さないためには、以下のことを忘れてはなりません。日本人の態度や反応が、なにか唯一の、価値ある普遍的なふるまいの型や標準に合致したことは、これまでないということです」。この証言は、グルーの以下の本に収録されている。

Turbulent Era: A Diplomatic Record of Forty Years, 1904-1945 (Houghton Mifflin, 1952), 1417. 米側が解読した日本の外交暗号の内容は当時秘密だったため、一九四三年に公開された外交文書には含まれていない。戦後の真珠湾公聴会でのグルーの発言については、Wohlstetter, *Pearl Harbor: Warning and Decision* (Stanford University Press, 1962), 354. モリソンは、「日本人が正気かどうかは、われわれの論理基準では判断できない」というグルーの表現に着目して、「戦略的痴愚」の議論を展開した。Morison, "Lessons of Pearl Harbor."

(15) フェラーズの分析は、私の次の本で詳しく論じた。John W. Dower, *Embracing Defeat: Japan in the Wake of World War II* (Norton and New Press, 1999), 280-86 [ジョン・ダワー／三浦陽一・高杉忠明・田代泰子訳『増補版 敗北を抱きしめて(上下)』岩波書店、二〇〇四年]。

(16) U.S. Department of State, *Foreign Relations of the United States: 1955-1957*, vol. 2: *China*, 285; この箇所は、以下にも引用されている。James Peck, *Washington's China: The National Security World, the Cold War, and the Origins of Globalism* (University of Massachusetts Press, 2006), 5.

(17) L. Paul Bremer III, *My Year in Iraq: The Struggle to Build a Future of Hope* (Threshold Editions, 2006), 190.

(18) Wohlstetter, *Pearl Harbor*, 69, 356-57. ウォルステッターは、ここで日本人についても同じ見解を述べている。

(19) ブッシュ大統領がイラク人の死者数をしきりに知りたがったことについては、豊富な証言がある。たとえば Bob Woodward, "10 Take Aways from the Bush Years," *Washington Post*, January 18, 2009. ここには、二〇〇四年から二〇〇七年までイラク駐在のアメリカ軍の司令官だったジョージ・W・ケイシー・ジュニア将軍の言葉が引用されている。次も見よ。Woodward's *State of Denial*, 319-20, 483-84.

(20) 「天の恵み」としての真珠湾攻撃については、本書第六章で論じる。

第二章

(21) 以上は、真珠湾攻撃直前の日米関係の非常に簡略な説明である。一九四一年の日米開戦、とりわけ真珠湾攻撃に関して入手可能な主な資料は、次の通りである。Gordon W. Prange, in collaboration with Donald M. Goldstein and Katherine V. Dillon, *At Dawn We Slept: The Untold Story of Pearl Harbor* (McGraw-Hill, 1981) [ゴードン・W・プランゲ／土門周平・高田久志訳『真珠湾は眠っていたか』全三巻、講談社、一九八六―八七年]。Gordon W. Prange, with Donald M. Goldstein and Katherine V. Dillon, *Pearl Harbor: The Verdict of History* (McGraw-Hill paperback edition, 1986); Wohlstetter, *Pearl Harbor*, Dorothy Borg and Shumpei Okamoto, eds., *Pearl Harbor as History: Japanese-American Relations, 1931-1941* (Columbia University Press,

1973); Akira Iriye, *The Origins of the Second World War in Asia and the Pacific* (Longman, 1987); Waldo Heinrichs, *Threshold of War: Franklin D. Roosevelt and American Entry into World War II* (Oxford University Press, 1988). 以上の資料には、それぞれ詳しい参考文献の記載がある。二次資料のほか、一次資料を含む基本文献については、次を見よ。John W. Dower with Timothy S. George, ed., *Japanese History and Culture from Ancient to Modern Times: Seven Basic Bibliographies*, 2nd edition (Markus Weiner, 1995), 249-372. 日本のトップレベルの極秘協議を英訳したものとして、次のものはとりわけ貴重である。Nobutake Ike, transl. and ed., *Japan's Decision for War: Records of the 1941 Policy Conferences* (Stanford University Press, 1967); Donald M. Goldstein and Katherine V. Dillon, eds., *The Pearl Harbor Papers: Inside the Japanese Plans* (Brassey's, 2000; originally published in 1993). 日米戦争の均衡のとれた軍事史的叙述としては、Ronald H. Spector, *Eagle against the Sun: The American War with Japan* (Vintage, 1985)〔ロナルド・H・スペクター／毎日新聞外信グループ訳『鷹と太陽——太平洋戦争勝利と敗北の全貌(上下)』TBSブリタニカ、一九八五年〕。

(22) Wohlstetter, *Pearl Harbor*, 258, 265-66(第二次大戦後、議会公聴会に提出されたスティムソンの日記からの引用)。一一月の終わり頃、日米交渉は破綻したが、そのとき国務長官ハルは一一月二六日付の「一〇項目覚書Ten Point Note」(日本では「ハル・ノート」と呼ばれてきた)によって、日本側のぎりぎりの譲歩案を拒絶した。この覚書は日本側の譲歩案にはこたえず、その時点までにアメリカが日本に要求していた内容を端的な表現で列挙したものであった。「一〇項目覚書」は、しばしばアメリカによる日本への「最後通告」であったとされるが、それも理由のあることである。それまでアメリカ政府内では日本との妥協案も検討されていたが、ハルはなぜか最後の瞬間に、それまでの妥協案を投げ捨てたのであった。

(23) プランゲは、ハワイへの攻撃が「超極秘」だったというのは、戦後の東京裁判で日本側が作った神話であると指摘している。*At Dawn We Slept*, 28; 兵棋による机上演習も含めて、真珠湾攻撃の情報が共有された具体的事例については、同書の次の箇所も参照。110, 184, 200, 225, 266, 284, 344. 占領軍当局は、占領政策を日本国民が受け入れやすくするには裕仁を皇位につけておく必要があると考えた。そのため占領軍当局は、昭和天皇が真珠湾攻撃の計画をよく承知していたことが知られないよう、注意深く隠していた。プランゲによれば、天皇が真珠湾攻撃について説明を受けたのは一〇月二〇日から二五日の間であり(309)、このことは後に刊行された日本側資料でも確認されている。一九八九年に昭和天皇の死後に出版された侍従長の日記には、天皇が日本の戦争計画を熟知していたことを示す生々しい記述がある。以下を参照。Dower, *Embracing Defeat*, 291-92. 東条については、次を見よ。Alvin D. Coox, *Tojo* (Ballantine's Illustrated

History of the Violent Century, War Leader Book No. 30, Random House, 1975), 119; Wohlstetter, *Pearl Harbor*, 380.

(24) 「パープル」と呼ばれた日本の外交暗号の解読については、Prange, *At Dawn We Slept*, ch. 9.

(25) Wohlstetter, *Pearl Harbor*, 341-43.

(26) 山本五十六については、Goldstein and Dillon, *The Pearl Harbor Papers*, 116; 同様の記述は118, 140. また、Prange, *At Dawn We Slept*, 16, 21. 一九四一年一一月一五日の文書は、Ike, *Japan's Decision for War*, 247-49.

(27) Goldstein and Dillon, *The Pearl Harbor Papers*, 124 (October 1941 letter). 一九四〇年九月、日独伊三国同盟締結の直後、当時連合艦隊司令長官だった山本五十六は近衛文麿首相に対して、日米戦争について次のような予言的発言をしている。「それは是非やれと云われれば初め半年や一年の間は、ずいぶん暴れて御覧に入れる。然しながら二年三年とならばまったく確信は持てぬ。三国条約ができたのは致し方ないが、かくなりましては日米戦争を回避するよう極力努力願いたい」。(*Reports of General MacArthur: Japanese Operations in the Southwest Pacific Area* (Government Printing Office, 1966), vol. 2, part 1: 33. これは復員省の記録から編纂した英文資料で、表現は近衛の記録による〔日本語原文は『近衛文麿公手記』〕)。このような状況で、山本は真珠湾攻撃を構想したのである。一九四一年九月になっても山本は、海軍は戦争に反対すべきだと主張していた。Spector, *Eagle against the Sun*, 78.

(28) Wohlstetter, *Pearl Harbor*, 371 (war games); Goldstein and Dillon, *The Pearl Harbor Papers*, 182-83 (crew and wills); *Kodansha Encyclopedia of Japan* (Kodansha, 1983), vol. 6: 169 (Japanese losses). 米側は、四隻の戦艦を含む七隻が沈没、他に一一隻が破損した。航空機は一八八機が破壊され、一五〇機以上が損害を受けた。死傷者の総数は三五八〇人前後であった。

(29) William J. Casey, *Scouting the Future: The Public Speeches of William J. Casey* (Regnery Gateway, 1989), 11 (from a May 21, 1982, speech).

(30) 二つのファトワーの英訳は、bin Laden, *Messages to the World*, 23-30, 58-62.

(31) ＡＢＣ放送のジョン・ミラー記者による、二月のファトワー後のビン・ラディンへのインタビューは、次で見ることができる。pbs. org. May 1998. この時点では、ビン・ラディンは「すべてのイスラム教国から」米軍を追い出すことが主な目的だと語っており、テロ攻撃によって合衆国United Statesは「分裂国separated states」になることだろうとも預言していた。一九九八年一二月、ビン・ラディンはアルジャジーラ・テレビで九〇分間のインタビューに応じた。そのなかでビン・ラディンは、アフリカでの二件の大使館爆破について、そのような行為を扇動はしたが、自分に直接の責任はないと述べ、イスラム教徒には生物化学兵器と核兵器を手にする「義務がある」とも述べている。また、一九九三年の「ブラック・ホーク・ダウン事件」〔ソマリアの首都モガディシュに派遣された米軍のヘリコプター・ブラックホーク二機が撃墜された事件)の後、米軍がソマリアから撤退したことをとりあげて、「米兵は信じられないほど弱く、臆病」だと嘲笑し、アフガニスタンではソ連に対するジハードに勝利したと言い、「思うに、ロシアよりアメリカのほうがはるかに弱い」と断言した。九・一一事件後、アルジャジーラはこの長いインタビューの全体を再放送した。Bin Laden, *Messages to the World*, 65-94 を参照。

(32) Richard A. Clarke, *Against All Enemies: Inside America's War on Terror* (Free Press paperback edition with new foreword, 2004), 148.

(33) Lawrence Wright, *The Looming Tower: Al-Qaeda and the Road to 9/11* (Knopf 2006), 368. 真珠湾攻撃による死者は、普通、六八人の民間人を含む二四〇三人とされる。九・一一事件の死者は、二〇〇一年一二月二〇日、米連邦上院に上程された九・一一関連法案(S. 1847)によると、ニューヨークでは二機のハイジャック機搭乗者を含めて二八二三人、ワシントンの国防総省ではハイジャック機搭乗者も含めて一八九人、ペンシルバニア州で墜落した四機目は四五人となっている。世界貿易センタービルで亡くなった非アメリカ人は約二三五人である。ライトの著書は、九月一一日に至るテロリストと米国の双方の経緯に関する優れた概論になっている。九・一一以前のアメリカの情報活動について、内部観察者による痛烈な批判としては、とりわけ次の二冊を見よ。Clarke, *Against All Enemies*, and Michael Scheuer, *Imperial Hubris: Why the West Is Losing the War on Terror* (Potomac Books, 2004). マイケル・ショイヤーは一九九六年からCIAのビン・ラディン担当チームを率いた人物で、九九年、解職された。

(34) Bin Laden, *Messages to the World*, 104, 112.

(35) *Hearings before the Joint Committee on the Investigation of the Pearl Harbor Attack*, 79th Congress (Government Printing Office, 1946), 39 volumes; and *Report of the Joint Committee on the Investigation of the Pearl Harbor-Attack*. 真珠湾攻撃に関する様々な調査報告にアクセスできる便利なサイトとして、the Pearl Harbor History Associates, Inc. website at ibiblio.org/pha/pha.

(36) フィリピンでのマッカーサーについては、本書第五章(注129)。

(37) John Toland, *Infamy: Pearl Harbor and Its Aftermath* (Doubleday, 1982)[ジョン・トーランド/徳岡孝夫訳『真珠湾攻撃』文藝春秋、一九八二年]。修正主義の文献およびそれに対する批判は、この本の第六章に引用があり、簡潔に批評が加えられている。

(38) プランゲとウォルステッターの研究は、主に米議会の公聴会資料に依拠している。プランゲは、日本占領中、アメリカ極東軍総司令部情報部戦史課に勤務していた当時から、真珠湾攻撃の参加者に精力的に聴き取り調査を行ったが、一九八〇年に死去した。彼の膨大な研究が刊行されたのは、共同研究者のドナルド・ゴールドスタインとキャサリン・ディロンの貢献によるところが大きい。プランゲの *At Dawn We Slept* (1981) の第三部つまり最終部分(551-738)は、様々な公聴会の分析である。知名度はやや低いが、プランゲの *Pearl Harbor: The Ver-*

dict of History (1986) は、英文資料だけでなく日本語の資料も活用し、「歴史の審判」についてバランスのとれた、客観的な分析をしている(一九七〇年の日米共同制作映画『トラ! トラ! トラ!』は、主にプランゲの調査に基づいたもの)。ウォルステッターの著作 *Pearl Harbor* は、すべて英文資料に依拠しているが、システム分析の手法による模範的業績とみなされており、アメリカの国務省・軍部の諜報担当部局が奇襲攻撃について適切な警告を発することができなかったのは、組織のあり方に主な問題があったとしている。「全員がミスを犯した "all made mistakes."」という言葉は、次の箇所にある。Prange, *Pearl Harbor*, xiv.

(39) Wohlstetter, *Pearl Harbor*, 55. ライスについては、次を見よ。Seymour M. Hersh, *Chain of Command: The Road from 9/11 to Abu Ghraib* (Harper Perennial, 2005), 88, also 93, 97.「チャター」に関する詳しい分析は、Patrick Radden Keefe, *Chatter: Dispatches from the Secret World of Global Eavesdropping* (Random House, 2005). 次も見よ。Keefe's "Cat-and-Mouse Games," *New York Review of Books*, May 26, 2005 (William M. Arkin, *Code Names: Deciphering US Military Plans, Programs, and Operations in the 9/11 World* の書評); また、Michael Hirsh, "So Much Chatter, So Few Clues," *Washington Post National Weekly*, January 9-15, 2006. 情報収集に関するキーフの前掲書およびその他の書籍についての鋭い論評は、Thomas Powers, "Black Arts," *New York Review of Books*, May 12, 2005, 21-25.

(40) Wohlstetter, *Pearl Harbor*, 230. 九・一一事件以前、ブッシュ政権が優先課題としていたのは、弾道弾迎撃ミサイル制限条約の廃棄、「スター・ウォーズ」防御システムの推進、地球温暖化防止のための京都議定書およびその他の国際公約からの撤退、ソ連に代わる超大国・中国への対応、そしてイラクの「体制転換」の促進であった。

(41) *Report of the Joint Committee on the Investigation of the Pearl Harbor Attack*, 252-54, 264.

(42) こうした見方は少数意見の報告書全体に浸透している。とくに次の箇所を見よ。*Report of the Joint Committee on the Investigation of the Pearl Harbor Attack*, 523, 538, 572-73.

(43) Wohlstetter, *Pearl Harbor*, 47, 105, 168, 186, 229, 246, 278, 393-95.

(44) *Report of the Joint Committee on the Investigation of the Pearl Harbor Attack*, 261; Wohlstetter, *Pearl Harbor*, 186, 394.〔真珠湾当時〕アメリカは日本の外交暗号を解読しており、その解読内容を「手品(マジック)」と呼んでいたが、〔戦時機密として〕この解読作業の存在自体を秘密にする必要があったため、真珠湾攻撃をめぐる議会の調査は複雑になった。〔日米戦争中に開かれた〕七つの調査委員会では、手品(マジック)の資料は直接使用できず、キンメル大将とショート中将は、一二月七日の攻撃を予想できなかった主な理由は、重要情報へのアクセスが許されていなかったからだと主張した。〔日本敗戦後の〕一九四五—四六年の議会公聴会には、アメリカが傍受した重要な通信の一部が提出されたが、その出所は曖昧にされた。Prange, *At Dawn We Slept*, 628ff, 637, 670ff.「手品(マジック)」は一九七七年に解禁され、その膨大な抜粋が国防総省から八巻本で刊行された。*The "Magic" Background to Pearl Harbor.* 機密文書をめぐる同様の問題ゆえに、九・一一事件における情報活動の失敗に関しても、調査や情報開示が阻まれた。

(45) 超党派調査委員会の共同議長による「回想」である Kean and Hamilton, *Without Precedent* を見よ。この超党派調査はホワイトハウスの承認は得ていたが「公的」な調査ではなかったため、機密文書を入手することは難しかった。その結果、*Without Precedent* の記述は、行政府の諸機関の協力に感謝しつつ、委員会が直面した政治的な圧力や障害も記録するという両面性をもっている。こうしたことは、共和党がホワイトハウスと連邦議会をコントロールしている場合、普通のことであった。委員会の調査結果に対して寄せられた多様な批判については、調査の刊行から一年後の二〇〇五年六月二二日、連邦下院での一日公聴会の議事録と、報告書を参照。この報告書には、次のような長くて複雑なタイトルがついている。*The 9/11 Commission Report One Year Later—A Citizen's Response: Did the Commission Get It Right? 9/11 Families, Government Workers and Scholars Respond.* フィリップ・シェノンは、様々な政府高官や政府機関が超党派調査委員会の調査に対して非協力的であったこと、そしてテロリストの危険についての部下からの警告を受けたのに、きちんと調査しなかったトップレベルの責任についての議論を、共同議長キーンとハミルトンが注意深く回避したことを指摘している。Shenon, *The Commission*, esp. 38, 99, 130, 404-6. この報告書作成の裏方の一人であったハーバード大学のアーネスト・メイ教授は、この点について手厳しく批判している。"Government Writes History," *New Republic*, May 23, 2005. 一九四五—四六年の議会公聴会が直面した妨害については、少数意見報告書に簡潔な要約がある。*Report of the Joint Committee on the Investigation of the Pearl Harbor Attack*, 497-502.

(46) Thomas Powers, "Secret Intelligence and the 'War on Terror,'" *New York Review of Books*, December 16, 2004. ボブ・グラハムが同趣旨を詳細に述べている。Bob Graham, *Intelligence Matters.*

(47) Clarke, *Against All Enemies*, ch. 10 (227-46); ウォルフォウィッツの引用は、232.

(48) 七月一〇日のやりとりの重要性を初めて強調したのは、ボブ・ウッドワードである。Bob Woodward, *State of Denial*, 49-52, 79-80. 大統領が八月六日に受けた、今ではよく知られている定期報告は、*The 9/11 Commission Report*, 260-63; Kean and Hamilton, *Without Precedent*, 89-97. クラークとショイヤーによる政府内部からの批判の後、縄張り争い、個人的反目、中間レベルからの警告に対するトップレベルの無関心によって、いくつもの「機会が失われた」ことを指摘する文献が続々と出ている。たとえば、Wright, *The Looming Tower*, esp.

279, 315, 329, 341–44, 350–51, 362. グラハムは、九・一一の計略を暴き、未然に防げたかもしれない一二の機会を列挙している。Graham, *Intelligence Matters*; esp. xv, 3-79, 113.

(49) *The 9/11 Commission Report*, 406. 本文で引用した多くの短い表現は、この報告書の様々な箇所からのものである。とくに、次の頁を見よ。89, 95, 401–17.

第三章

(50) Prange, *Pearl Harbor*, 515. モーガンは一九七六年一〇月のインタビューで、この話をプランゲに語った。

(51) *Report of the Joint Committee on the Investigation of the Pearl Harbor Attack*, 259; Prange, *At Dawn We Slept*, 689; Wohlstetter, *Pearl Harbor*, 392.

(52) Prange, *Pearl Harbor*, 552; Goldstein and Dillon, *The Pearl Harbor Papers*, 121.

(53) Goldstein and Dillon, *The Pearl Harbor Papers*, 122.

(54) 二〇世紀への変わり目における、日本に関する相反するイメージについては、Massachusetts Institute of Technology のウェブサイトにある John W. Dower および Shigeru Miyagawa による "Visualizing Cultures" (visualizingcultures. mit. edu)を見よ。ふんだんに画像を使ったこのサイトはいくつかのユニットからなるが、なかでも "Throwing Off Asia"(三部), "Asia Rising," "Yellow Promise/Yellow Peril" を参照されたい。後者の二つのユニットは、the Museum of Fine Arts, Boston の the Leonard Lauder Collection 所蔵の日露戦争の絵葉書を収録している。とくに "Yellow Promise/Yellow Peril" は、帝国日本の驚くべき台頭に対するヨーロッパの相反した反応をよく示している。

(55) *Business Week*, September 1, 1945. この広告は John W. Dower, "Graphic Japanese, Graphic Americans: Coded Images in U.S.-Japanese Relations," in Akira Iriye and Robert A. Wampler, eds., *Partnership: The United States and Japan, 1951–2001* (Kodansha International, 2001), 304–5 にも収録されている。

(56) 以上の全般的な流れについては、Akira Iriye, *Pacific Estrangement: Japanese and American Expansion, 1897–1911* (Harvard University Press, 1972) および Spector, *Eagle against the Sun*, esp. chs. 1–5 を参照。「オレンジ」計画の一二七回の改訂は、ibid., 57.

(57) B17爆撃機については、Prange, *Pearl Harbor*, 145–52, 290–93 および Spector, *Eagle against the Sun*, 74–75. パールハーバーに対する三回の緊急警告は、Wohlstetter, *Pearl Harbor*, 71–169 に詳述されている。

(58) 例えば、Michael A. Barnhart, *Japan Prepares for Total War: The Search for Economic Security, 1919–1941* (Cornell University Press, 1987)を参照。

(59) Prange, *Pearl Harbor*, 537, 555–56; Wohlstetter, *Pearl Harbor*, 336–38; E. Kathleen Williams, "Air War, 1939–41," in Wesley Frank Craven and James Lea Cate, eds., *The Army Air Forces in World War II*, vol. 1: *Plans and Early Operations, January 1939 to August*

1942 (University of Chicago Press, 1948), 79-80. 三菱零戦の開発の経緯については、主任設計者堀越二郎による説明の英訳 Jiro Horikoshi, *Eagles of Mitsubishi: The Story of the Zero Fighter* (Washington University Press, 1980), および Akira Yoshimura, *Zero Fighter* (Praeger, 1996)を参照。

(60) Prange, *Pearl Harbor*, 550, 569; H. P. Willmott, *The Second World War in the Far East* (Smithsonian Books, 1999), 54, 66, 78, 83-84; Russell F. Weigley, *The American Way of War: A History of United States Military Strategy and Policy* (Indiana University Press, 1973), 276.

(61) 第二次世界大戦のアジアにおけるイギリス人の人種差別意識に鋭く切り込んだ実証的分析は、Christopher Thorne, *Allies of a Kind: The United States, Britain, and the War against Japan, 1941-1945* (Oxford University Press, 1979)を参照。アメリカ人のアジア人への差別意識は、多くのアメリカ人が一九三〇年代末までに中国に対して肯定感を抱くようになったために、複雑なものになった。「反東洋(アンチ・オリエンタル)」の運動や立法が一九世紀と二〇世紀初頭のアメリカの歴史に深く染みこんでいたが、中国の抗日闘争に対するアメリカ人の同情は強かった。それはノーベル賞作家パール・バックのような人気作家によって、中国人の良いイメージが効果的に広められたことにもよる。この点については、拙著 *War Without Mercy: Race and Power in the Pacific War* (Pantheon, 1986)[斎藤元一訳『容赦なき戦争』平凡社ライブラリー、二〇〇一年]でも詳しく考察している。

(62) なお、現代戦では奇襲攻撃は珍しくないことに留意すべきである。たとえば、一九四一年のドイツのソ連への攻撃、一九五〇年の北朝鮮による韓国への攻撃、その直後の中華人民共和国の朝鮮戦争参入、一九六八年ベトナム戦争におけるテト攻勢などである。

(63) ここに記した「基本的前提」については Ike, *Japan's Decision for War*, 78, 80, 82, 148, 152, 160 に挙げられた例を参照。

(64) Ike, *Japan's Decision for War*, 238, 246.

(65) Katharine Sansom, *Sir George Sansom and Japan: A Memoir* (Diplomatic Press, 1972), 156 (マッカーサーの言葉)。

(66) Goldstein and Dillon, *The Pearl Harbor Papers*, 155. ミズーリ艦上での降伏受諾については、Samuel Eliot Morison, *History of United States Naval Operations in World War II*, vol. 14: *Victory in the Pacific* (Little, Brown, 1960), 362-63. 一九四一年一二月七日、ワシントンのキャピトル・ヒル[米連邦議会の建物]に翻った星条旗は、カサブランカ(一九四三年一月、連合軍の「無条件降伏」方針が宣言された都市)のほか、ローマ、ベルリンでも掲揚された。

(67) 日本が軍事的・経済的に必要と考えた物資は、一九三一年の満洲事変から一九三七年の日中戦争開始、一九四〇年半ばのフランス領インドシナ北部侵攻、そして一九四一年、「南進論」が極まって真珠湾攻撃に至るまで、着実に増大した。日本帝国の膨張につれて、政治のレトリックも必然的に膨張していった。すなわち、一九三八年の「新秩序」(日本、中国、傀儡国家満洲国を指す)は、一九四〇年には「大東亜共栄圏」へと変化した。ソ連極東の戦略資源獲得を目的に、対ソ「北進」を唱えた者たちは、一九三六年前後まで「南進論」の提唱者たちと激しい内部抗争を続けた(陸軍のほうが海軍よりも「北進論」寄りであった)。「北進論」の主張は真珠湾攻撃直前まで続いており、アメリカは日本の外交暗号を傍受していたため、それを十分認識していた。このことは、日本の意図の分析を困難にしたひとつの攪乱要因――「雑音」――となった。アメリカの戦争計画立案者の一部(戦争計画部のリッチモンド・ターナー少将など)は、日本の「北進」に注目するあまり、的確な情報分析ができなかった。この点は Prange, *Pearl Harbor*, 326-31 に詳しい。満洲事変から日中戦争まで、日本を軍事的拡張に駆り立てた経済自給圏・排他的支配権の「合理的」追求については、James B. Crowley, *Japan's Quest for Autonomy: National Security and Foreign Policy, 1930-1938* (Princeton University Press, 1966)に詳しい。

(68) *The 9-11 Commission Report*, 341-42; Clarke, *Against All Enemies*, ch. 6 (133-54), esp. 148. 国外の合衆国関連施設を標的としたテロ攻撃も、この時期の特徴であった。たとえば、ベイルート(一九八三年)、リビア(一九八八年「パンナム一〇三便」事件)、ソマリア(一九九三年。後にアルカイダの関与が判明)、サウジアラビア(一九九五―九六年)、そしてケニアおよびタンザニア(一九九八年、アルカイダの教唆による)など。

(69) この真珠湾攻撃計画の過程は、Prange, *At Dawn We Slept*, 15, 27-28, 101, 106, 157-58, 223-31, 299, 309, 324, 328, 345, 372 による。アルカイダの計画については、*The 9-11 Commission Report*, 365.

(70) Warren I. Cohen, "The Role of Private Groups in the United States," in Borg and Okamoto, *Pearl Harbor as History*, 421-58. 当時、日本との和解を唱えた著名な極東問題の研究者には、Payson Treat, A. Whitney Griswold, Paul Clyde がいる(ibid., 452-53)。コーエンは詳しい調査を行い、「アメリカ国民は極東のいかなる紛争や戦争への関与にも、圧倒的に反対であった」と結論している(ibid., 456)。

(71) 「青信号(グリーンライト)」と呼ばれた、一九四〇年九月一〇日付国務省宛の有名な電信をもって、グルーは日本に対する宥和方針を一般論として放棄した。しかし、日本が利益とするものに対して合衆国が好感を表せば、日本政府内の「穏健派」が影響力を増すだろうという期待は捨てなかった。一九四一年九月のグルーの「建設的な和解」提案は、ルーズベルト大統領と近衛首相の直接会見を進言した際のものである。

(72) Mira Wilkins, "The Role of U.S. Business," in Borg and Okamoto, *Pearl Harbor as History*, 341-76. これは優れた分析で、有用な図表も含まれている。たとえば『フォーチュン』誌の世論調査 350-51 を参照。この調査は一九四〇年九月号に掲載されたが、実施されたのはおそらく七月初めであったとウィルキンスは推測している。これはルーズベルト政権が日本への戦略物資の輸出に最初の大幅な制限をかける直前にあたる。

(73) Steve Coll, *Ghost Wars: The Secret History of the CIA, Afghanistan, and Bin Laden, from the Soviet Invasion to September 10, 2001* (Penguin, 2004). この本はピューリッツァー賞を受賞した。ケーシーについてはとくに92-93, 97-98. クルアーンの翻訳については90, 104. アメリカによるアフガン戦士への武器提供その他の支援については11, 125-37, 149-51, 175. アフガン以外のムジャーヒディーン(イスラム原理主義派)への精神的支援については155. アフガニスタンのムジャーヒディーンの誕生にアメリカが果たした役割は、Robert Dreyfuss, *Devil's Game: How the United States Helped Unleash Fundamentalist Islam* (Metropolitan, 2005), esp. ch. 11に詳しく描写されている。レーガン大統領とアフガニスタンの「自由戦士(ムジャーヒディーン)」との会見写真は、Eqbal Ahmad, *Terrorism: Theirs and Ours* (Seven Stories Press, 2002)の表紙になっている。

(74) Benazir Bhutto, *Reconciliation: Islam, Democracy, and the West* (HarperCollins, 2008), ch. 3, esp. 81-85, 149-55. タリバンへの秘密支援にブットが役割を果たしたことは、Coll, *Ghost Wars*, 289-94, 298-300.

(75) Bin Laden, *Messages to the World*, 48 (March 1997), 65, 82 (December 1998), 109 (October 21, 2001), 192-93 (February 14, 2003). 米軍には民衆の反抗に備えた戦略も訓練もなかったことについては、本書第五章(注176—178)を参照。

(76) Clifford J. Levy, "Poker-Faced, Russia Flaunts Its Afghan Card," *New York Times*, February 22, 2009.

(77) フリーマンのこの回想は、Dreyfuss, *Devil's Game*, 290-91(二〇〇四年四月、著者とのインタビュー)に記されている。

(78) Scheuer, *Imperial Hubris*, 197-98.

(79) Clarke, *Against All Enemies*, 30-32, 232.

(80) *The 9-11 Commission Report*, 339-48.

(81) *The 9-11 Commission Report*, 364; Hersh, *Chain of Command*, 91-92; Michael A. Sheehan, *Crush the Cell: How to Defeat Terrorism without Terrorizing Ourselves* (Crown, 2008), 6, 14. 保守派の法律家で、二〇〇三年一〇月に大統領法律顧問になったジャック・ゴールドスミスは、九・一一後のブッシュ政権を突き動かした「強迫観念に近い恐怖」について、自著の一章を丸ごと使って述べている。Jack Goldsmith, *The Terror Presidency: Law and Judgment inside the Bush Administration* (Norton, 2007), ch. 3 (esp. 71-76), also 165-67.

(82) Nathaniel Pfeffer, "Japanese Superman? That, Too, Is a Fallacy," *New York Times Magazine*, March 22, 1942. 筆者は以前の著書で、チビ野郎 little men からスーパーマン supermen への日本人イメージの変容など、太平洋戦争時の日米の互いのイメージを詳しく考察したことがある。*War Without Mercy*, とくに第五章を参照。こうしたイメージは日米関係だけの特異な現象ではないし、必ずしも人種が関わるものでもない。たとえば、一九五七年のソ連のＩＣＢＭ(大陸間弾道弾)実験後の、いわゆるミサイル・ギャップ危機においても、同じような

「チビ野郎からスーパーマンへ」のイメージ変容が見られた。

第四章

(83)『一二月七日』のオリジナル八二分版は、政府の検閲の際、「戦意に悪影響がある」とされ、劇場公開されてアカデミー賞を受賞した三四分版では、役者が演じた部分——とりわけ「サム」と「C」の長いやりとり、すべての戦争を終わらせるための戦争についての墓地での会話、様々な職業の日系アメリカ人が日米二重の忠誠心を抱えながら破壊工作を行っている様を描いた長い冒頭部分——がすべて削除された。その一方で、見る者に苦痛を与える真珠湾のパニックや人が殺傷される場面は残された。

(84)『一二月七日』が制作された一九四二年は、大統領令九〇六六号が発令され(二月)、その結果、カリフォルニア、オレゴン、ワシントン州在住の日系市民と日本人が一斉に強制収容された年でもあった。これはある意味、キンメル大将とショート中将に罪を着せたのと同じく、パールハーバーでアメリカ政府が虚を突かれたことへの責任(これはフォードのオリジナル版のテーマのひとつでもある)から人々の目を逸らすためであったとも解釈できる。さらに皮肉なことに、この強制収容はハワイ在住の日本人には及ばなかった。大統領令九〇六六号については、その歴史的背景、ルーズベルトの果たした役割、および彼の人種差別的姿勢について詳しい分析が、Greg Robinson, *By Order of the President: FDR and the Internment of Japanese Americans* (Harvard University Press, 2001)にある。フォードの映画と、それに付随する多くの資料を収めたDVDとして、*December 7th: The Pearl Harbor Story* (Kit Parker Films, 2001).

(85) Jeanine Basinger, *The World War II Combat Film: Anatomy of a Genre* (Wesleyan University Press, 2003).

(86) アーミテージは、TV番組*Frontline*の"Return of the Taliban"と題する回で、Inter-Services Intelligence chiefのマフムード・アーマドに、本文のようなコメントをした。この発言の記録は二〇〇六年一〇月三日現在、pbs.org/wgbhに掲載されている。パールの言葉は、George Packer, *The Assassins' Gate: America in Iraq* (Farrar, Straus & Giroux, 2005), 41. 九・一一後に「歴史は今日始まる」が常套句となったことについては、David Bromwich, "Euphemism and American Violence," *New York Review of Books*, April 3, 2008 に指摘がある。

(87) Frum, *The Right Man*, 145. 九月一一日以前にビン・ラディン・ユニットの責任者の地位から外されたマイケル・ショイヤーは、九・一一の攻撃とオサマ・ビン・ラディンの反アメリカ思想が過去および現在のアメリカの政策への直接的な反応であることを頑として認めようとしないアメリカ政府の態度を、詳細に告発している。Michael Scheuer, *Imperial Hubris* (Potomac Books, 2005)の最新ペーパーバック版、とくに11-14と261-74 (the "New Epilogue")を参照。たとえばショイヤーはこう述べている。「アメリカを相手に戦争をしている理由を、ビン・ラディンはわれわれに正確に語っている。どれも、アメリカのフリーダム、リバティ、デモクラシーとはなんの関係もない。すべての理由は、ムスリム世界におけるアメリカの政策や行動に直接関わっている」。ibid., x.

(88) 九月一六日の会見でのこの挑発的な発言の全文は、「この十字軍、このテロとの戦いは、しばらく時間がかかる "This crusade, this war on terrorism is going to take a while."」であった。この発言がイスラム教徒とヨーロッパに引き起こした警戒心と批判は、*Christian Science Monitor*, September 19, 2001 に要約されている。多くのコメンテーターは、事態をこのように〈悪対十字軍〉という枠でくくると、「文明の衝突」的な言動に火をつけることになると懸念した。それから間もなく合衆国は、テロとの戦いの作戦名を「無限の正義作戦 Operation Infinite Justice」から「恒久の自由作戦 Operation Enduring Freedom」へと変更した。その理由についてラムズフェルド国防長官は、九月二五日、イスラムの信者たちにとって「無限の正義」といった究極のものは、神によってのみ与えられるとされているからだと述べた。ベイルート在住の、あるレバノン人学者は、名称を変更するなら「無限の不正義作戦 Operation Infinite Injustice」のほうが適切だっただろうと述べた。イランのある新聞は、「無限の帝国主義作戦 Operation Infinite Imperialism」という名称を提案した (news.bbc.co.uk), September 25, 2001.

(89) ファドルがアルカイダのために書いた、ジハードについての暴力的教義を後に撤回したことについては、Lawrence Wright, "The Rebellion Within," *New Yorker*, June 2, 2008 が優れた分析をしている。「あの人殺したちの怒りは……」以下は、二〇〇五年一〇月六日、National Endowment for Democracy での大統領の演説による。ブレマーの指摘は、一九九八年八月二五日に放映された PBS NewsHour with Jim Lehrer の "The Coming War" と題されたパネル・ディスカッションにおいてなされた。

(90) Victor Davis Hanson, "War Myths," *National Review*, September 20, 2001.

(91) このウエストポイントでの演説は、現実的な予想と、高邁な理想と、毅然とした軍事的解決をうまく融合させたもので、ブッシュはこのレトリックをイラク戦争への支持調達に効果的に使った。ブッシュ・ドクトリンが含んでいた軍国主義の兆しについては、James Carroll による新聞コラム集 *Crusade: Chronicles of an Unjust War* (Metropolitan, 2004), とくに 6-7 ("sacred violence"), 115 (the West Point speech) に予見的批評がある。より軍事的な観点からの批判として、Andrew J. Bacevich, *The New American Militarism: How Americans Are Seduced by War* (Oxford University Press, 2005), およびそれ以後に書かれたバスヴィッチの多くのエッセイや記事がある。全世界を覆う米軍の「基地帝国」に注目して新しいスタイルの軍国主義を論じたものとして、Chalmers Johnson, *The Sorrows of Empire:*

Militarism, Secrecy, and the End of the Republic (Metropolitan, 2004). これらとは対照的に，ブッシュ政権の軍事政策を支持した人たちが「邪悪 evil」という表現にこだわっていたことは，どんなに強調してもしすぎることはない。たとえば，「悪の枢軸 axis of evil」演説の起草に関わったスピーチライター David Frum と，ネオコンのリーダー的なスポークスマン Richard Perle が共同執筆した本のタイトルは，*An End to Evil: How to Win the War on Terror* (Random House, 2003)であった。他方，リベラル派の戦争支持者 Michael Ignatieff の本のタイトルは，*The Lesser Evil: Political Ethics in an Age of Terror* (Princeton University Press, 2004; reissued with a new preface in 2005)であった。

(92) *Report of the Defense Science Board Task Force on Strategic Communication* (Office of the Under Secretary of Defense for Acquisition, Technology, and Logistics: September 2004), 2, 17, 29, 40. これはオンライン(fas.org/irp/dod/dsb)で閲覧可能。

(93) *Transition to and from Hostilities: Supporting Papers* (Defense Science Board 2004 Summer Study, Office of the Under Secretary of Defense for Acquisition, Technology, and Logistics: January 2005), 68. これらの"supporting papers"はオンライン(books.google.com)で入手可能であったが，同じタイトルで二〇〇四年一二月に発行されたバージョンでは，この引用部分は削除されている。

(94) Bhutto, *Reconciliation*, 84;「影」の比喩は96にもある。

(95) これらについての詳細な考察は，Cemil Aydin, *Politics of Anti-Westernism in Asia: Visions of World Order in Pan-Islamic and Pan-Asian Thought* (Columbia University Press, 2007). 同著者によるオンライン記事"Japan's Pan-Asianism and the Legitimacy of Imperial World Order, 1931-45"およびマイケル・ペンによるインタビュー"Imperial Japan's Islamic Policies and Anti-Westernism"もあり，二〇〇八年時点では両方とも japanfocus.org のウェブサイトで読める。さらに Ian Buruma and Avishai Margalit, *Occidentalism: The West in the Eyes of Its Enemies* (Penguin, 2004), 論争的な John Gray, *Al Qaeda and What It Means to Be Modern* (New Press, 2004)も参照。

(96) グアンタナモは一九〇一年，米西戦争の後，スペインとの一八九八年条約のいわゆる「プラット修正」によって合衆国の手に渡った。このときスペインの支配下にあったキューバは名目上独立したが，フィリピンと同様，現実には合衆国に従属した。グアンタナモは，表向きはパナマ運河を警備する軍事基地として合衆国に与えられたものであるが，「両国」の合意があればキューバに返還されるという但し書きがあった。これとほぼ時を同じくして，日本が帝国主義強国として台頭した。決定的だったのは，一八九四年から一八九五年にかけての日清戦争(これによって台湾が日本の植民地となった)と，一九〇四年から一九〇五年にかけての日露戦争(これで日本はアジア大陸での地歩を固め一九一〇年の韓国併合への道を開いた)での勝利であった。日本が太平洋へ拡張してくるという恐怖が、一八九五年のアメリカによるハワイ獲得とその三年後の併合にいかに大きな役割を果たしたかについては、入江昭が実証している。Akira Iriye, *Pacific Estrangement* を参照。

(97) このようなレトリックは、二〇世紀への変わり目におけるアメリカ帝国主義をとりあげた記述にはよく見られる。ここに引用した多くのレトリックを含めて、Stanley Karnow, *In Our Image: America's Empire in the Philippines* (Random House, 1989), esp. 9–20, 87, 100, 104, 128–29, 134. べヴァリッジその他の上院議員たちについては、Julius Pratt, *Expansionists of 1898: The Acquisition of Hawaii and the Spanish Islands* (Quadrangle Books, 1964; originally published by the Johns Hopkins Press in 1936), 227–28, 314. フィリピン獲得についてのアメリカの宗教界の反応は、この本の第三章で考察されている。他にもていねいに注が施された著作として、Stuart Creighton Miller, *"Benevolent Assimilation": The American Conquest of the Philippines, 1899–1903* (Yale University Press, 1983) および Richard E. Welch Jr., *Response to Imperialism: The United States and the Philippine-American War, 1899–1902* (University of North Carolina Press, 1979) がある。1899年に出版されたキプリングの詩 "The White Man's Burden" のサブタイトルは、"The United States and the Philippines" である。

(98) 「慈善的グローバル覇権 benevolent global hegemony」というフレーズは、九・一一よりもかなり前に、ウィリアム・クリストルとロバート・ケイガンの記事で使われて以来、ネオコンの外交政策専門家たちが唱える呪文(マントラ)になった。"Toward a Neo-Reaganite Foreign Policy," *Foreign Affairs*, July/August 1996 を参照。「白人の重責」といううぬぼれは、イラク侵攻の三カ月足らず前に *New York Times Magazine* (January 5, 2003) が掲載したマイケル・イグナティエフの「アメリカ帝国――その重責 "The American Empire: The Burden"」によって、「白」を脱色させたかたちで復活した。イグナティエフのこの記事は、アメリカによる先制攻撃を擁護して論争を呼んだ。イグナティエフは、二〇〇三年に出版された Michael Ignatieff, *Empire Lite: Nation-Building in Bosnia, Kosovo, and Afghanistan* (Penguin Canada) と題するエッセイ集で、帝国主義の終わりと、アメリカ合衆国の率いる「人道的帝国」という信念について詳述している。

(99) 一八九八年、アメリカのデューイ提督がマニラ湾でスペイン艦隊に勝利したと知らされたマッキンレー大統領は、地図をとりだしてこう言ったと伝えられる。「二〇〇〇マイル圏内のどこにフィリピンがあるか、私は知らなかったな-!」Pratt, *Expansionists of 1898*, 326. マッキンレーと神の話は、316, 334–35 にある。ただし、Lewis L. Gould, *The Presidency of William McKinley* (Regents Press of Kansas, 1980), 140–42 は、「全能の神」うんぬんの話は、マッキンレーがメソジストたちと会ってから三年余りも後、一九〇三年一月に出版された思い出話が根拠になっているとし、「フィリピンをめぐるこの有名な宗教的逸話は、きわめて事実性が疑わしい」と結論している。「自由と法、平和と進歩」というマッキンレーのフレーズは、Iriye, *Pacific Estrangement*, 59-60にある。

(100) アギナルドは九〇歳代まで生き、アメリカと和睦したが、第二次世界大戦中は日本のフィリピン占領に協力した。

(101) セオドア・ルーズベルトの評伝Edmund Morris, *Theodore Rex* (Random, 2001)は、フィリピン征服の残虐性をよくとらえている。本文でとりあげた事実については、97-104, esp. 98-100. Yates Stirling, *Sea Duty: The Memoirs of a Fighting Admiral* (Putnam's Sons, 1939), ch. 5, esp. 79. スターリングは「フィリピン反乱」の際の「水療法 water cure」に触れており、村をそっくり焼き払うことを司令官が「黒ペンキ塗り black paint」と呼んだことも記している(「黒ペンキとは何か、諸君も承知していることと思う。たっぷりと塗りたくるがいい」)。アメリカにとって都合の悪いこの秘密報告は、フィリピンのある州の軍政府長官だったコーネリアス・ガードナー少佐によるもので、一九〇二年四月一一日に公開され、*Gardener Report*として知られるようになった。

(102) Morris, *Theodore Rex*, 100-1; William Safire, "Waterboarding," *New York Times Magazine*, March 9, 2008.

(103) ルートの書簡の全文は、"Cruelty Charges Denied," *New York Times*, February 20, 1902. 他の引用箇所については、Morris, *Theodore Rex*, 97, 101-2, 604(n. 102)を参照。

(104) Karnow, *In Our Image*, 194; also 12, 140. 飢饉が起きたのは、水牛(注101のスターリングはフィリピン語で"carabaos"と呼んだ)の九〇パーセントが殺されて、米(農村部の主食)を植えることも収穫することもできなくなったためであった。同書は、フィリピン人を鎮圧するために七万人以上の米軍が動員され、米軍の戦死者は四二三四人、負傷者は二八一八人、帰国後に戦争が原因で死んだ者が数千人と記している。この戦争にアメリカがかけたコストは当時六億ドル(同書執筆当時の一九八〇年代後半の四〇兆ドルに相当)であり、それに加えて、退役軍人やその家族への年金として、数百万ドルが支出された。在フィリピン米軍司令部は戦況についての報道を制限しようとしたが、アメリカのジャーナリストたちが検閲に抗議したため、米軍の窮状や度を越えた残虐性は広く知られることになった。アメリカが十分な部隊を派遣したといえるかどうかも、当時論争の種となった。ibid., 12, 148-50. イラク戦争の明確な支持者であるマックス・ブートMax Bootは、著書*The Savage Wars of Peace: Small Wars and the Rise of American Power* (Basic Books, 2003)において、一八九九年から一九〇二年のフィリピン戦争に一章を割いている。ブートは米比双方に「汚い dirty」(100)「恥ずべき inglorious」(119)残虐行為があったことを認めているが、同時にこの戦争は、「近代西洋の軍隊が行った暴動鎮圧のなかでもっとも成功した例のひとつ」(127-28)であったと結論している。このように、「反逆を鎮圧する戦略はすべての基本である」といった、植民地獲得の経験から得た「教訓」は、イラクにおけるアメリカの苦境を逆転させるためのカギとして、保守派に知られるようになっていった。どれくらいのイラク人がアメリカによる侵略後の暴力行為によって死んだかは、推計によって大きく異なる。たとえばファン・コールは、ブッシュ政権終了後に出版した本で様々な人口統計を検討し、「イラク人の死亡数を三〇万超とするのが……妥当な最小推定値と思われる」と結論づけている。Juan Cole, *Engaging the Muslim World*(Palgrave Macmillan, 2009), 127.

(105) チャルマーズ・ジョンソンの集計によると、「一八九八年から一九三四年にかけて、合衆国は海兵隊をキューバに四回、ホンジュラスに七回、ドミニカ共和国に四回、ハイチに二回、グアテマラに一回、パナマに二回、メキシコに三回、コロンビアに四回、ニカラグアに五回、派遣した」。Chalmers Johnson, *The Sorrows of Empire*, 190-93. これらの軍事介入は「モンロー・ドクトリン」の名のもとに実施されるのが通例であった(「モンロー・ドクトリン」は南北アメリカのこれ以上の植民地化に反対する、という一八二三年の合衆国の宣言で、その後一九〇四年のいわゆる「ルーズベルト推論」によって、合衆国がラテンアメリカ諸国に介入する権利とされた)。日本が自国の軍事的・経済的安全を以前にも増して追求した一九三〇年代には、日本はしばしばみずからの政策を「アジアのモンロー・ドクトリン」と呼んだ。アメリカが聞こえぬふりをすると、日本はこれも西洋のダブル・スタンダードの一例だと宣伝した。

(106) "Remarks by the President to the Philippine Congress," October 18, 2003; *New York Times*, October 19, 2003.

(107) Robert Fisk, *The Great War for Civilization: The Conquest of the Middle East* (Knopf, 2005), xviii. Bin Laden, *Messages to the World*, 181. アメリカについてのビン・ラディンの決まり文句は、「サタンの兵 soldiers of Satan」「悪魔の味方 devil's supporters」(61)、「人間の悪魔、鬼、とくに十字軍の兵 devils and demons among mankind, and especially the Crusaders」(88)、「悪の世界同盟 global alliance of evil」(182;二〇〇三年二月一一日、ブッシュ大統領の「悪の枢軸 axis of evil」演説に加えたひねり)、「不信心者の支配 hegemony of the infidels」(196)、「シオニストと十字軍の悪の連鎖 Zionist-Crusader chain of evil」(214)といったものであった。日本の軍国主義者たちも、「鬼畜米英」に対抗して、日本の純粋な民族性と天皇の「皇道」をもって「聖戦」を戦っているのだと主張した。聖戦とジハードの比較については、本書下巻第一二章を見られたい。

(108) ラシード・ハリディは、二〇〇三年四月、バグダッド占領から一カ月後にラムズフェルド国防長官が米軍部隊を慰労した言葉(すぐに疑問符がついたが)を、ナポレオンやモード少将の有名な文句と肩を並べるものとして取り上げている。「世界の多くの軍隊とは異なり、諸君が来たのは征服するためでも、占領するためでもない。

解放するためである。イラクの人びともそれを知っている」。Rashid Khalidi, *Resurrecting Empire: Western Footprints and America's Perilous Path in the Middle East* (Beacon Press, 2004), 37, 43.

なお、自分たちが外国に蹂躙されたことだけに注意を集中してしまうと、現状の責任を誰かに転嫁したり、誰かの陰謀のせいにする議論 conspiracy theories に陥りやすい。そうなると、イスラエル以外の中東諸国の多くが「西洋の興隆」に太刀打ちできなかった理由が、中東の人々自身の目に入らなくなってしまう。過去や現在の自分たちの受難を理由にして、人道に反するテロ犯罪が正当化できるわけではないのはもちろんである。この「責任転嫁」に関しては、歴史家バーナード・ルイスがしばしば引用される。もっとも評判の高いルイスの著作のひとつ(九・一一を受けて出版された講演やエッセイ集)にある次の部分は、彼の主張のエッセンスをよく伝えている。「世界の多くの地域が西洋のインパクトを受け、経済的自立性、文化的正統感、さらに一部では政治的独立まで失った」「しかし、中東を含め、こうした地域のすべてにおいて西洋の支配が終わってから、それなりの時間が経過している。とくに東アジアや南アジアでは、人々は独自の仕方で西洋に立ち向かい、今では西洋を凌駕することさえあるし、商業、工業、そして政治あるいは軍事においても、存在感を発揮している。なかでも目覚ましいのは、西洋科学の達成を、彼らが受容し内在化したことである。この点で、中東はいまだに遅れをとっている」。Bernard Lewis, *What Went Wrong? Western Impact and Middle Eastern Response* (Oxford University Press, 2002), 148.

ルイスは一九五六年、「文明の衝突 clash of civilizations」という表現を最初に使った人物である。やがて彼は、ブッシュ政権に強い影響力をもったネオコン集団の教祖的存在となった。このことについては、たとえば Dreyfuss, *Devil's Game*, 330-35. しかし、深刻な病理が中東のほぼ全域で見られるとしても、中東の人々が外部からの軍事的介入を支持するとは限らない。イラク戦争に反対し、西洋の侵略の負の遺産を強く批判しているハリディのような歴史家たちは、自国中心的で専制的な中東国家に対しても手厳しい。たとえば、Khalidi, *Resurrecting Empire*, 60-73.

(109) 九・一一の四年以上前、ビン・ラディンはCNNのインタビューで、西洋は「ダブル・スタンダード」を使い、その不正義に反対する者をすべてテロリスト呼ばわりする」と断じ、「傲慢」と非難した。Bin Laden, *Messages to the World*, 51. ビン・ラディンは、第二次世界大戦中の日本への原爆投下のような、西洋が中東以外で行った破壊行為にしばしば言及している。彼は預言者風に、「おお、自由を叫ぶ者たちよ、おまえたちはいかに多くの圧政の、残虐の、不正義の行為をしてきたのか?」(168)といった独特の呼びかけを使った。また、「お前たちにとって、価値や原理は単に他者に要求するもの。自ら守るべきものではないのだ」(170)とアメリカ人を罵倒し、それによってイスラム教徒とアラブの聴衆を扇動することを好んだ。

(110) 三月一七日に始まり四月一一日に終わった"World-wide Intelligence Update"のフルカラーの表紙一一枚が、Robert Draper, "And He Shall Be Judged," GQ.com によって、二〇〇九年五月一七日に初めてオンラインで公開された。この記事によると、聖書からの引用句はペンタゴンの内部で多少の異論を引き起こした。

(111) Thomas E. Ricks, "The Dissenter," *Washington Post National Weekly Edition*, February 16–22, 2009（「殺せ、さもなくば捕えよ」と「ＭＡＭｓ」についての記述がある）。この記事の元になった本は、Ricks, *The Gamble: General David Petraeus and the American Military Adventure in Iraq, 2006–2008* (Penguin, 2008).「アルカイダ」とみなされた死体と投獄されたイラク人についてはCole, *Engaging the Muslim World*, 117–18. コールは、ベトナム戦争時、銃撃戦が終わった時点で死んでいるベトナム人は、すべて「ベトコン」と宣告されたという、元グリーンベレーの回想を引用している。二〇〇四年二月、赤十字の調査員たちが、「イラクで自由を剝奪された人たちの七〇パーセントから九〇パーセントは誤逮捕だった」と多国籍軍の軍事情報部員から聞いたという報告がある。*Report of the International Committee of the Red Cross (ICRC) on the Treatment by the Coalition Forces of Prisoners of War and Other Protected Persons by the Geneva Conventions in Iraq during Arrest, Internment and interrogation* (icrc.org で閲覧可能)。

(112) Bin Laden, *Messages to the World*, 114, 128, and 175 も参照（「おまえたちが殺すだけ、おまえたちは殺される。おまえたちが爆撃するだけ、おまえたちも爆撃される。そして、事はそれでは終わらない」）。この二〇〇一年一〇月二〇日のインタビューは、二〇〇二年一月三一日まで放映されなかった。このときビン・ラディンが「裏切り者」と呼んだのは、アメリカを支持するイスラム教徒とアラブの諸国、政権のことであった。

(113) Bin Laden, *Messages to the World*, 51. 日本への原爆投下については 40, 44, 66–67, 105, 168–69.「アメリカには「ヒロシマ」を……」については、*The 9/11 Commission Report*, 116 および *New York Times*, October 14, 2001. 元ジハード戦士たちのアルカイダからの離反は、二〇〇七年頃から顕著になった。Peter Bergen and Paul Cruickshank, "The Unraveling: The Jihadist Revolt against bin Laden," *New Republic*, June 11, 2008 および Wright, "The Rebellion Within." 前者の記事に引用されている「我が兄弟オサマよ……」の演説は「ビン・ラディンのかつてのヒーローのひとり」シーク・サルマン・アルオーダによる。後者の Wright の記事は、サイイド・イマーム・アルシャリーフという偽名で書かれ、のちに本人によって否定されたアルカイダの基本教義書 *Compendium of the Pursuit of Divine Knowledge* の重要性に注目している。

(114) Bin Laden, *Messages to the World*, 113–20, 129, 239–240. 同旨の直接的・間接的反復部分は、51, 73, 104, 134, 175, 234. ビン・ラディンの「破壊されたレバノンの塔……」うんぬんの語り（二〇〇四年一〇月）は、アメリカの「リメンバー・パールハーバー」や「九・一一—私たちは決して忘れない"9-11—We Will Never Forget."」に相当する象徴(コード)的表現として、「リメンバー・レバノン Remember Lebanon」を提唱しているかのようにも響く。

(115) Bin Laden, *Messages to the World*, 40, 117, 164-65, 239-40, 266-68. ビン・ラディンは一九九六年、「ボイコットと制裁の結果、食料と医薬品が不足し、そのために死んだイラクの子どもたち六〇万人以上」について述べたことがある。それ以来、彼はこの死亡数を毎年一〇万人ずつ増やしていき、九・一一後の最初の長い演説では、「イラクでは一〇〇万人以上の子どもたちが死に、今もその数は増え続けている。なのになぜ〔合衆国の〕人びとがそれを叫び、抗議し、慰め、子どもたちを悼む声が、われわれには聞こえないのか」と述べた。ビン・ラディンが挙げた数値は、当時広く報じられていた一九九〇年から一九九五年の新生児、幼児、子どもの「過剰な」死亡数である合計五〇万人を五年間で割って、毎年一〇万人と計算したものと思われる。

(116) Bin Laden, *Messages to the World*, 255; Barton Gellman, "Allied Air War Struck Broadly in Iraq; Officials Acknowledge Strategy Went beyond Purely Military Targets," *Washington Post*, June 23, 1991; Paul Lewis, "After the War; U. N. Survey Calls Iraq's War Damage Near-Apocalyptic," *New York Times*, March 22, 1991; "Gulf War Is Said to Have Cost the Region $676 Billion in 1990-91," *New York Times*, April 25, 1993.

(117) U.S. Defense Intelligence Agency, "Iraq Water Treatment Vulnerabilities as of 18 Jan 91"(globalsecurity.org で閲覧可)。「戦略的麻痺 strategic paralysis」については、David S. Fadok, *John Boyd and John Warden: Air Power's Quest for Strategic Paralysis* (Maxwell Air Force Base, Alabama: Air University Press, 1995) の Chapter 1 に要約的記述がある。「長期的制圧力 long-term leverage」(下記のウォーデン Warden の表現)は、Gellman, "Allied Air War Struck Broadly in Iraq"(注116)に引用されている。「戦略的麻痺」を論じたウォーデンの論文は、「指導部」を中心に、「有機的本質的要素」「インフラストラクチャー」「住民」「出動した軍隊」という具合に広がる同心円を「システム全体」とみなし、これを集中的に標的にする必要を強調して反響を呼んだ。ただし、ウォーデン自身は、「民間人に対する直接的攻撃は道徳的に非難されるべきであり、軍事的にも困難とわれわれは考える」と強調している。Col. John A. Warden III, "The Enemy as a System," *Airpower Journal*, vol. 9 (Spring 1995), 40-55, esp. 51. これによると、制裁措置とは、結局は一般市民に対する間接的攻撃であった。

(118) Gellman, "Allied Air War Struck Broadly in Iraq"(前出。「罪なき人の定義」について); Bin Laden, *Messages to the World*, 47.

(119) フセインについては "Speech of His Excellency President Saddam Hussein on the 30th Anniversary of 17-30 July 1968 Revolution in the Name of God, the Compassionate, the Merciful," July 17, 1998. フセインは、

イラクの敵たちがイラク人を「暗殺」しようとしていると述べたあと、敵がアラブ民族の輝かしい歴史をかえりみるならば、禁輸その他の脅しによっても、イラクの魂と敵の「悪および彼らを悪へと駆り立てる魂」とのあいだの「深淵」が明らかになるだけだろうと述べた。湾岸戦争一〇周年の二〇〇一年一月一七日に行われたフセインの演説はよく引用されるが、そこでも彼は従来どおりの白黒二元論を用いて、「神の預言者を生む文明の民」と「あまりに邪悪に傾いたがゆえに、その行動において、その人格の欠如において、サタンの見本のようになってしまった者たち」の衝突として、湾岸戦争を描いた。このような型にはまったフセインの演説は、オンラインでキーワード検索すれば閲覧できる。

(120) Colin Powell with Joseph E. Persico, *My American Journey* (Random House, 1995), 519–28. 一九九七年二月四日、PBSが放映したドキュメンタリー、*Frontline* "The Gulf War" に、シュワルツコフの一九九六年のコメントが登場する(その字幕はオンライン pbs.org/wgbh で入手できる)。George Bush and Brent Scowcroft, *A World Transformed* (Knopf, 1998), ch. 19 (488–92, esp. 489).

(121) *This Week with David Brinkley*, ABC News, April 7, 1991 の字幕を参照;"Interview with the Vice President by Jonathan Karl," ABC News, February 23, 2007. チェイニーが、なぜ湾岸戦争でイラクに侵攻したら泥沼になっていたかを説明した発言は、このほかにも、以下のものがオンラインで参照できる。"Address by Secretary of Defense Dick Cheney to the Electronic Industries Association," Federal News Service, April 9, 1991; Susanne M. Schafer, "Cheney: No Ground Troops to Assist Kurds," Associated Press, April 12, 1991; Patrick E. Tyler, "After the War: U.S. Juggling Iraq Policy," *New York Times*, April 13, 1991; Editorial, "And Again: Once More into the Breach," *Washington Times*, April 19, 1991; Richard Cheney, "The Gulf War: A First Assessment," address to the Washington Institute for Near East Policy, April 29, 1991. チェイニーは一九九四年四月一五日、American Enterprise Institute での講演でもこの主張を繰り返している。これは C-SPAN によって録画され、二〇〇七年にオンラインで再放映された。Juan Cole, *Engaging the Muslim World*, 136–42 は、チェイニーの百八十度の転換についてかなり詳しく考察している。

(122) "Effect of the Gulf War on Infant and Child Mortality in Iraq," *New England Journal of Medicine*, vol. 327, no. 13 (September 24, 1992), 931-36. 論争を呼んだ高い推計値については、Sarah Zaidi and Mary C. Smith Fawzi, "Health of Baghdad's Children," *Lancet*, vol. 346 (December 2, 1995), 1485. 同じ号の 1439 にも論説がある。ザイディは一九九七年一〇月に *Lancet* (vol. 350: 1105) 誌に掲載した書簡で、当初の推定値を(きわめて技術的な手法で)下方修正した。

(123) コロンビア大学の公衆衛生学者リチャード・ガーフィールドによる一九九一―二〇〇二年の推計値が、

"Iraq, Truth and Lies in Baghdad: The Debate over U. N. Sanctions," on the PBS "Frontline/World" website, November 2002に引用されている。このサイトには、このテーマについての基本的情報源が多く紹介されている。ブッシュ大統領とブレア首相は共同記者会見で、フセイン体制の残虐性(「少しでも人間性をもちあわせている者の理解を超える」とブレアは表現した)と、ワシントンとロンドンの「人道的な」配慮(ブッシュの表現では「これは緊急の人道問題であり、政争の具にしてはならない」)とのあいだに鮮明な違いがあることを強調した。これについては、"President Bush, Prime Minister Blair Hold Press Availability," March 27, 2003のホワイトハウス作成の記録を参照。ホワイトハウスは続くプレスリリース"Life under Saddam Hussein: Past Repression and Atrocities by Saddam Hussein's Regime," April 4, 2003にも、子どもの死亡率についてのブレアのコメントを掲載している。オンラインにはこの問題について膨大な資料がある。なかでも有益な概観として、以下を参照。Rahul Mahajan, "'We Think the Price Is Worth It,'" the Fairness and Accuracy in Reporting website at fair.org, November/December 2001; David Cortright, "A Hard Look at Iraq Sanctions," *Nation*, November 15, 2001; Matt Welch, "The Politics of Dead Children," *Reason Magazine*, March 2002.

(124) "Punishing Saddam: Sanctions against Iraq Not Hurting Leaders of the Country, but the Children Are Suffering and Dying," CBS News Transcripts, *60 Minutes*, May 12, 1996. このときインタビュアーをつとめたレズリー・スタールのレポートは、エミー賞およびコロンビア大学ジャーナリズム賞を受けた。オルブライトはこのエピソードを回想録で取り上げている。*Madame Secretary* (Miramax, 2003), 275. また、"Albright 'Apologizes,'" Future of Freedom Foundation online commentary at fff.org, November 7, 2003も参照。

(125) "Speech of His Holiness Pope John Paul II in Reply to the New Year Greetings of the Diplomatic Corps Accredited to the Holy See," January 10, 1998, on the official Vatican website (vatican.va). ハリデイについてはYoussef M. Ibrahim, "Higher Hopes in Baghdad for Ending U. N. Embargo," *New York Times*, October 18, 1998; Stephen Kinzer, "The World: Smart Bombs, Dumb Sanctions," *New York Times*, January 3, 1999. ハリデイが辞任後最初に公の場で発言したのは、一九九八年一一月五日のハーバード大学での"Why I Resigned My UN Post in Protest of Sanctions"と題されたスピーチ(オンラインではleb.net/~iac/oldsite/harvard.htmlで入手可)および"Iraq and the UN's Weapon of Mass Destruction," *Current History*, February 1999, 65–68. であった。ハリデイは辞任後、多くの場で繰り返しジェノサイドを告発した。もっとも頻繁に引用される例として、"John Pilger on Why We Ignored Iraq in the 1990s," *Newstatesman*, October 4, 2004, at newstatesman.com および Pilger, "The Media Culpability for Iraq," *Zmag*, October 11, 2004, at zmag.org. フォン・スポネック von

Sponeck については、BBC News, at news. bbc. co. uk, February 14, 2000.

(126) William F. Donaher and Ross B. DeBlois, "Is the Current UN and US Policy toward Iraq Effective?" *Parameters: US Army War College Quarterly*, vol. 31, no. 4 (Winter 2001-2002), 112-25.

(127) Bremer, *My Year in Iraq*, 17-18, 28, 34-38, 61-66.

(128) Fisk, *The Great War for Civilization*, 702-3.

第五章

(129) Spector, *Eagle against the Sun*, 106-8, 117; John Costello, *The Pacific War, 1941-1945* (Quill, 1981), 651-54; Prange, *Pearl Harbor*, ch. 28 (518-30); Prange, *At Dawn We Slept*, 558, 583; Wohlstetter, *Pearl Harbor*, 357-67; Morison, "The Lessons of Pearl Harbor." 一二月六日、日本軍来襲の前日、マッカーサーは、日本がフィリピンを攻撃する恐れはないと述べていた。「敵〔日本〕はこちらの島々を空襲する能力がない。これがわれわれの最大の安全保障である。〔日本軍の〕大半の戦闘機は航続距離が短い。……敵は空からわれわれを攻撃できないだけでなく、機械化あるいは車両化された部隊を送り込むこともできない。だから現状の間に合わせの戦力でも、われわれはまったく危険を感じていない」。Prange, *Pearl Harbor*, 521. 陸軍参謀総長ジョージ・C・マーシャルは日本軍によるフィリピン攻撃後の一二月九日、次の電報をマッカーサーから受け取ったと報告している。「敵機は優れて効率的に操縦されていた。敵の急降下爆撃機の少なくともその一部には、白人の操縦士が乗り込んでいた模様である」。ibid., 528. 同趣旨の報告は、Dower, *War Without Mercy*, 105-6 (n. 16).

(130) 米軍占領下のイラクでの反乱が、宗派間の対立、民族的な怒り、アメリカが誘発した通常の犯罪が入り混じったものであることはほとんど無視され、ブッシュ政権はかねてからの固定観念によって、これはバース党員が最後まで抵抗しているからだとか、国外の扇動者がいるからだとみなした。こうした事実は、「外国人操縦士がいた」と述べたマッカーサーに似た発想が、ブッシュ政権にもあったことを示唆している。

(131) ダグラス・ファイスは自身の回想録のなかで、イラク戦争が正当であったといえる根拠をあげ、かつ「省庁間の不一致」に悩まされ続けたことを詳しく書いている。Douglas Feith, *War and Decision: Inside the Pentagon at the Dawn of the War on Terrorism* (Harper, 2008). ファイスのイラク戦争弁護は、とくに ch. 3, およびファイスが上司に見せるために作成した二〇〇二年九月一二日付の一〇頁の文書 "Presentation-The Case for Action" を参照。この文書はウェブサイト waranddecision.com/documents_and_articles/ に掲載されている。

(132) 当時、国務省の政策企画室長であったリチャード・ハースは、辞任から五カ月後の二〇〇三年一一月二三日、『ワシントン・ポスト』に掲載した論説で、「選んだ戦争 wars of choice」というフレーズの生みの親は自分だと述べている。戦争準備にあたった内部当事者としての彼の説明は、官僚機構のなかで良き闘士たらんとする者が直面する現実的・道徳的ジレンマを、率直に語っている。Haass, *War of Necessity, War of Choice: A Memoir of Two Iraq Wars* (Simon & Schuster, 2009), esp. 11, 15, and 246-50 (当時なぜ抗議の辞任をしなかったかについて)。

(133) *Republic of Fear* は、カナン・マキヤがサダム・フセインのイラクを糾弾した本のタイトルである。一九八九年当初、この本は匿名で出版された。イラク解放運動に対するマキヤの影響力については、Packer, *The Assassins' Gate* が詳しく述べており、そこでは、マキヤは悪魔的な人物として描かれている。

(134) 合衆国が守ろうとしていた無数の価値のひとつは、ホワイトハウスが二〇〇二年九月一七日に公表した "The National Security Strategy of the United States of America" の大統領序文を参照。日本が唱えた使命を説明した基本文書は、Joyce Lebra, ed., *Japan's Greater East Asia Co-Prosperity Sphere in World War II* (Oxford University Press, 1975). *Kokutai no Hongi: Cardinal Principles of the National Entity of Japan*, translated by John Owen Gauntlett and edited by Robert King Hall (Harvard University Press, 1949).

(135) "At O'Hare, President Says 'Get On Board,'" September 27, 2001; "Press Conference by the President," December 20, 2006. どちらの演説もホワイトハウスのウェブサイトに掲載されている。

(136) 日本の右翼急進主義は、対外的にはいわゆる「東亜新秩序」を追求し、国内的には政治と経済の「新体制」を作ろうとした。海外、とくに満洲での占領政策は、国内での急進的な政策やイデオロギーを移植し、発展させようとする試みでもあった。日本とブッシュ政権の右翼急進主義との比較は、Dower, "The Other Japanese Occupation," *Nation*, July 7, 2003.

(137) Bob Woodward, *Plan of Attack* の索引をみると、ブッシュの「ボディランゲージ」は大きな項目となっている。東条については、Ike, *Japan's Decision for War*, 129-63, 208. ジャーナリストのロン・サスキンドは、情報機関の匿名の情報提供者から聞いた次のような話を記している。侵攻の数カ月前、ブッシュ政権はイラク内部の情報源から、イラク侵攻の論拠となっていた武器計画をフセインが実行していないという証拠を提供された。しかし、それは直ちに偽情報とみなされた。サスキンドによれば、その理由は、大統領自身が「くそくらえ。われわれは行くんだ "Fuck it. We're going in."」と言ったからであった。*The Way of the World: A Story of Truth and Hope in an Age of Extremism* (Harper, 2008), 179-84.

(138) Mark R. Peattie, *Ishiwara Kanji and Japan's Confrontation with the West* (Princeton University Press, 1975); Earl H. Kinmonth, "The Mouse That Roared: Saitō Takao, Conservative Critic of Japan's 'Holy War' in China," *Journal of Japanese Studies*, vol. 25, no. 2 (Summer 1999), 331-60; Shigeo Misawa and Saburo Ninomiya, "The Role of the Diet and Political Parties," in Borg and Okamoto, eds., *Pearl Harbor as History*,

321-40, esp. 337-40. 米連邦下院は二〇〇二年一〇月一一日のいわゆる「イラク戦争決議」を二九六対一三三で可決した。翌日の上院では七七対二三であった。

(139) これらの英訳は、Nobutake Ike, *Japan's Decision for War*.

(140) Feith, *War and Decision*, 53-55, 531(フローチャートはここにある)。ファイスはこう述べている。「実際には、次官、長官が出席する省庁間会議や国家安全保障会議での結論の記録はおおざっぱで、議題のリストとほとんど同じだった」(305)。

(141) Feith, *War and Decision*, 245, 385-86. 縄張り争いについてのファイスの長い概嘆は、chapter 8("Discord in Washington")およびそれ以下の部分、とくに171-78(国防省内の縄張り争い)、245-50(国防省と国務省の不一致)、249-50(NSCでの縄張り争いに対応できないコンドリーザ・ライス)、289-93および360-66(ペンタゴンとCENTCOMの軋轢)、385-89(イラク政策に関して、国務省に不満を抱いたラムズフェルドによる、もっとも「有毒な」妨害工作の具体例)。ファイスの記述は、官僚機構の内輪揉めや機能不全を、リチャード・クラークやマイケル・ショイヤーのような反テロリズム専門家とは異なる角度から再確認するものとなっている。官僚機構の政治化については、Packer, *The Assassins' Gate*, とくにch. 4(100-48)が細部までメスを入れている。

(142) 二〇〇四年、副大統領室が違法な監視を指揮した件について、バートン・ゲルマンは、司法省のある法律家が要旨次のように語ったと述べている。「チェイニー〔副大統領〕とその主席顧問デイヴィッド・アディントンは、批判派が独自の調査を行えないよう、守秘義務を盾にとったり脅迫的手段を使って、制度を悪用した」。"From Dissent to Rebellion," *Washington Post National Weekly Edition*, September 22-28, 2008 に引用された Gellman, *Angler: The Cheney Vice Presidency*(Penguin, 2008)から抜粋。

(143) Wolin, *Democracy Incorporated*. ウォリンによると、「この〔帝王的大統領制という〕倒錯した一種の全体主義は、企業の政治的権力が成熟に達し、市民が政治的に動員解除された〔用済みになった〕ということを意味する」。これによって「集団的健忘症の勝利」(x)がもたらされる。大統領権限を無制限に拡張することによる政治の強硬化については、Gellman, *Angler*; Jane Mayer, *The Dark Side: The Inside Story of How the War on Terror Turned into a War on American Ideals* (Doubleday, 2008)に詳しい。「帝王的大統領制」という言葉は、ニクソン政権期によく使われるようになり、ニクソン辞任の前年に出版されて広く読まれた Arthur Schlesinger Jr., *The Imperial Presidency* (Houghton Mifflin, 1973)によって学術的概念として深められた。アーサー・シュレジンガーは *War and the American Presidency* (Norton, 2004)でも、ブッシュ政権について、再度このテーマを論じている。

(144) イラク侵略後の「外部」イラク人の役割は本書下巻第一三章でも取りあげているが、ファイスの *War and Decision* の中心テーマでもある。「ウルカヌス」については、Mann, *Rise of the Vulcans* (Norton, 2004)［ジェームズ・マン／渡辺昭夫監訳『ウルカヌスの群像——ブッシュ政権とイラク戦争』共同通信社、二〇〇四年］。

(145)「作戦会議 War Council」については、Mayer, *The Dark Side*, 65-66; Goldsmith, *The Terror Presidency*, 22-23. ゴールドスミスは、イラク侵略開始から七カ月後に法律顧問局長になったが、前任者たちの書いた法的見解の「理由づけのいい加減さ、過剰な一般化、思慮不足」に衝撃を受けたことを詳しく述べている。ibid., 10.（ゴールドスミスは「作戦会議」のメンバーの度を越えたふるまいについても記しているが、これは本書下巻第一四章でとりあげる）。実際には、大統領のスピーチを書く過程で政策が決められていたことについて、ファイスはこう書いている。「大統領の公式声明はもっとも重要な政策の宣明となることが多かったが、省庁間の非常に有意義な検討結果も、スピーチライターたちへの提案程度で終わり、彼らがその場で採用したり破棄したりできた」。*War and Decision*, 309. ボブ・ウッドワードも、ブッシュの下では「政策はスピーチで作られた」と書いている。*Plan of War*, 216.

(146) Paul R. Pillar, "Intelligence, Policy and the War in Iraq," *Foreign Affairs*, March/April 2006; Pillar, "The Right Stuff," *National Interest*, September/October 2007. ハースについては Haass, *War of Necessity, War of Choice*, 234.

(147) ウィルカーソン陸軍大佐が「大統領執務室（オーバル・オフィス）の陰謀団（カバル）」というフレーズを初めて使ったのは、二〇〇五年一〇月一九日、ニューアメリカ基金が主催した講演会"Weighing the Uniqueness of the Bush Administration's National Security Decision-Making Process: Boon or Danger to American Democracy?" においてである。

(148) 戦時下の天皇の役割については、以下を参照。Dower, *Embracing Defeat*, ch. 10-12; Herbert Bix, *Hirohito and the Making of Modern Japan* (HarperCollins, 2000)［ハーバート・ビックス／吉田裕監修／岡部牧夫・川島高峰訳『昭和天皇(上下)』講談社学術文庫、二〇〇五年］; Peter Wetzler, *Hirohito and War: Imperial Tradition and Military Decision Making in Prewar Japan* (University of Hawaii Press, 1998); Stephen Large, *Emperor Hirohito and Shōwa Japan: A Political Biography* (Routledge, 1992); Edward J. Drea, *In the Service of the Emperor: Essays on the Imperial Japanese Army* (University of Nebraska Press, 1998), esp. ch. 12; Kentaro Awaya, "Emperor Shōwa's Accountability for War," *Japan Quarterly*, vol. 38, no. 4 (October–December 1991), 386-98. 天皇は議会にみずから出向いて「お言葉」を述べたが、それが一般向けに放送されることはなかった。

(149) Bob Woodward, "Portrait of a President Changed by His Wars," *Washington Post National Weekly Edition*, September 22-28, 2008.

(150) ブッシュ大統領(および他の政府高官たち)の汚い言葉づかいの例は、数知れない。たとえば、Clarke, *Against All Enemies*, 24; Packer, *The Assassins' Gate*,

45; Woodward, *State of Denial*, 73, 134, 221, 232（ほとんどが肛門関係の俗語）; Suskind, *The Way of the World*, 184（既述の注137を参照）。「かかってこい "Bring'em on."」という大統領の表現は悪評の対象になり、大統領自身につけが回ってきたが、もっと前の彼の尊大な表現「生きていようが死んでいようが dead or alive〔殺しても報償金を出すという含みがある〕」は、本来、きちんとしたアメリカの政治家が言うことではなく、ハリウッドの西部劇からきたものと思う人が、国外では多かった。しかし、ウォーターゲート事件の録音テープなど、ニクソン大統領の辞任に関連した資料は、アメリカの政治家は熱くなると俗語や下品な言葉を使うことを実証しており、ブッシュだけが例外であるわけではない。他方、一九四一年九月六日の重要な御前会議で裕仁が読み上げた有名な歌〔明治天皇の作〕は、「四方の海みな同胞と思ふ世になど波風の立ちさはぐらむ」であった。Ike, *Japan's Decision for War*, 151.

(151) 一九四五年二月、元首相の近衛文麿が連合国側との和平を探るよう天皇に懇請した「近衛上奏文」については、Dower, *Empire and Aftermath: Yoshida Shigeru and the Japanese Experience, 1878-1954* (Council on East Asian Studies, Harvard, 1979), ch. 7〔ダワー／大窪愿二訳『吉田茂とその時代（上下）』中公文庫、二〇一四年〕。「玉座近接作用」は、日本でも屈指の影響力をもつ政治学者・丸山眞男が戦後まもなく指摘したことがある。Masao Maruyama, *Thought and Behaviour in Modern Japanese Politics* (Oxford University Press, 1963). 天皇を現状否認から覚醒させるには、一九四五年八月の原爆投下とソ連の対日参戦が必要であった。ブッシュ政権の場合、侵略から三年以上がたち二〇〇六年も遅くなって、ようやく大統領とＮＳＣはイラクの暴力的状況が内戦の域に達したと認識し、イラク政策の真剣な見直しと変更を開始した。その結果、翌年にデイヴィッド・ペトレイアス将軍の指揮による「増派」が実施された。増派によって暴力は減ったが、二〇〇八年六月の政府監査院による報告書は、「多少の進展」を認めながらも、イラクにおける安全保障環境は「不安定かつ危険」で、改善は「ひ弱」であり、「多くの未到達のゴールと困難が残っている」と評価している。United States Government Accountability Office Report to Congressional Committees, *Securing, Stabilizing, and Rebuilding Iraq—Progress Report: Some Gains Made, Updated Strategy Needed*, esp. the cover summary and 1, 3, 59.

(152) 「部族的」といった概念で相手を理解しようとするのは、そのような概念なしでも十分理解できる振る舞いを文化の違いで説明しようとする悪癖の一例である。たとえばイラクで泥沼状態が深まった頃、米軍のある将軍が、反乱者を殺害するばかりでなく、破滅状態の国の再建にもっと焦点を当てる必要があると強調した。そしてこの人物は、次のように言ったという。「われわれがイラク人の一人をねらって撃ったとします。しかしその人間は、どっちにつくか決めかねている人間かもしれません。イラクの文化は、復讐の文化、名誉の文化ですよ。その人間はテロリストや外国から来た戦士のほうにつく可能性があることになります」。*New York Times*, April 1, 2006. とはいえ、自国を占領されてねらい撃ちされ、自宅に押し入られ、外国の兵士(たいてい自分自身が恐怖を感じている)に家族を脅かされてそれに抵抗するには、復讐の文化も名誉の文化も必要ない。第二次世界大戦中、日本人に人種差別的かつ似非(えせ)科学的な「国民性」のレッテルが貼られたことについては、拙著 *War Without Mercy*, とくにその六章と七章でかなり詳しくとりあげた。当時しばしば使われた蜂の巣、昆虫の群れ、羊の比喩は、Grew, *Turbulent Era*, 1409, 1418.

(153) Bix, *Hirohito and the Making of Modern Japan*, 308-10. この本は、日本の戦争関連の文書には「両論併記」の傾向があると指摘した日本人の研究を引用している。ibid., 724, n. 66.

(154) Feith, *War and Decision*, 143-44, 249-50, 439. 意見の対立を回避しようとするライス国家安全保障担当大統領補佐官の手法は、Elisabeth Bumiller, *Condoleezza Rice: An American Life* (Random House, 2007) からもはっきりとうかがえる。たとえばライスは自分を大統領への「伝送(トランスミッション)ベルト」と呼んでいた(134)。他に、205, 217-18, 225. ホワイトハウス報道官であったマクラレンも、大統領の願望を実現するために、異論の存在を書類上の文言で隠し、大統領を「甘やかす」存在としてライスを描写している。Scott McClellan, *What Happened: Inside the Bush White House and Washington's Culture of Deception* (PublicAffairs, 2008): 144-46. リチャード・ハースも、大統領補佐官という自分の役割についてのライスの解釈を、国務省の立場から厳しく批判している。Haass, *War of Necessity, War of Choice*, 184-85, 209, 213-14. 戦後のイラクを予想したまともな計画がなかった背景には、米政府内の意見の不一致があったが、その不一致が存在しないかのようにライスが書類の上で取り繕ったことについては、本書下巻第一三章でもとりあげている。

(155) アメリカには画一的態度(conformity)あるいは同調的思考(consensual thinking)が強く存在するという認識は、トクヴィル(一八三〇年代にアメリカを旅行して『アメリカの民主制』などを著したフランス人)までさかのぼる。その後第二次世界大戦後の数十年間に、「会社人間」「組織人間」「グレー・スーツの人間」といった言葉が学術的文献や一般向けの書き物に使われ、そうした認識は深められた。「グループ思考 groupthink」という用語は、社会学者のウィリアム・ホワイトが一九五二年に発表した論文(ホワイトはこれを「画一的態度の合理化」と定義している)で使ったもので、心理学者ジャニスが一九七二年の有名な本 Irving Janis, *Victims of Groupthink* (Houghton Mifflin) において、アメリカの外交政策の事例研究に適用した。そして、九・一一事件調査委員会報告書がアメリカの諜報活動の失敗を説明するためにこの概念を使って以降、イラク侵攻についての批判的(あるいは自己批判的)コメントの際にも使われるようになり、この概念の使用範囲は一気に広がった。イラク侵略から一年以上たった二〇〇四年七月、上院情報委員会が公表した五一一頁にわたる全会一致の報告書も、イラクが違法な武器を所持しているという主張に疑問を投げかけなかった情報関係省庁には「グループ思考」の文化があったと指摘して、この概念を補強した。この報告書を報道した『ニューヨーク・タイムズ』は、記事のタイトルにこの語を使った。サブタイトルは「全会一致の調査団　グループ思考がイラク戦争を後押しと結論」となっていて、そのあとに一連の社会学的、実体験的、語源的観点からの関連記事を並べた。同年七月一五日には『タイムズ』が、バーバラ・エーレンライヒの「もうみんな一緒 All Together Now」と題したゲスト・コラムを掲載したが、そのサブタイトルは「グループ思考――アップルパイと同じくらいアメリカ的」であった。その翌日の『タイムズ』の論説記事は「後知恵のために」と題して、こう述べている。「私たちは反論に注意深く耳を傾けなかった。あそこ[イラク]に武器があると私たちが確信したのは、圧倒的多数の現在・過去の政府関係者、情報機関の高官、そのほかのエキスパートがそう思っていたからである。私たちもグループ思考をしていたのだ」。翌月の初め(八月八日)には、ウィリアム・サファイアも「言葉について」と題する定期コラムでグループ思考を取り上げている。イラク侵攻から二年目の記念日には、侵攻を支持していた週刊誌『エコノミスト』が、「イラクと九・一一の両方での諜報活動の大きな失敗」の原因は、九・一一事件調査委員会報告書がいうように、「グループ思考への偏愛」のせいだったと述べた(March 19, 2005)。イラク戦争を支持したジョージ・パッカーも、後になって、ブッシュ政権の対イラク諜報活動をあれほど惨憺たるものにした「気密性の高いグループ思考の、知らぬ間に蔓延する効果」について論じている。Packer, *The Assassins' Gate*, 116.「グループ思考」は九・一一やイラクの説明にあまりによく使われたので、ほとんど自明のことのように思われるようになった。しかし、それと同じくらい注目すべきは、強靭な個人主義的精神はけっして失われていないという、グループ思考とは真逆のアメリカ的神話は、これだけの指摘があるにもかかわらず根本的には変わっていないという事実である。グループ思考は、無数の実例があるにもかかわらず、アメリカの個人や組織にあっては、不正常で突発的なものとあいかわらず思われている。この現象自体、ソ連のような全体主義社会や日本のような「同調的」社会、あるいは原始的な「部族」社会に適合するとされてきたオーウェル的病理にほかならない。グループ思考、群れ行動といった侮蔑的な言葉は、後に経済金融部門における体制順応型の有害な行動を説明するときにも頻繁に用いられた。これについては本書下巻のエピローグでふれている。

(156)　"National Security Strategy of the United States of America," September 17, 2002. このよく知られた文書は、二〇〇一年九月一四日から二〇〇二年九月一七日までに公表された大統領声明をテーマごとに抜粋して編集したものである。通常、先制攻撃のドクトリンは、ジョージ・H・W・ブッシュ(父ブッシュ)政権の政策担当国防次官であったポール・ウォルフォウィッツが一九九二年に起草した防衛大綱にさかのぼるとされる。この大綱は、その内容が知られると批判され、却下された。

(157) ラムズフェルドの補佐官だったスティーブン・キャンボンのメモが二〇〇二年九月四日、CBSニュースで報道され、CBSNews.com にも掲載された。手書きの実物メモの写真も二〇〇六年にオンラインで見られるようになった(outragedmoderates.org のサイトの二〇〇六年二月一六日付 "DoD Staffer's Notes from 9/11 Obtained Under FOIA")。ラムズフェルド国防長官は、二〇〇一年七月二七日、九・一一事件の六週間前に、イラクの政権交代を主張する四頁の覚書をコンドリーザ・ライスに提出していたから、彼が九・一一に際して「S・H(サダム・フセイン)を同時にやれるか」と述べたことは理解できる。この文書は Feith, *War and Decision*, 535-38, およびこの本と連動したウェブサイトにも掲載されている。ファイス自身は、イラク攻撃の正当化に多くの頁を割いている(とくに chapter 6, 7)。ブッシュがいつ決定的にイラクとの「戦争を決断した」のかに関する議論は膨大にあるが、この種の議論は、公式の政策決定は非公式かつ不可逆的なコミットメントが何度も繰り返されたあとになされるという事実を見えなくさせる傾向がある。ブッシュ政権は二〇〇二年春、すなわちイラク侵略の丸一年前には「戦争に進むことを確固として決意していた」とジョージ・パッカーが述べている(*The Assassins' Gate*, 45, 61)が、この見方を裏づけるその後の調査結果は豊富にある。

(158) たとえば、Ike, *Japan's Decision for War*, 131, 132, 135, 152, 193, 202, 211, 272.

(159) 南進論が優勢になった後も、日本が北進の志向を捨てなかったことについては、Ike, *Japan's Decision for War*, 79, 81, 87, 141-42, 158-59, 191-93, 207 および Prange, *At Dawn We Slept*, 235, 237. ハワイ再攻撃の計画については John J. Stephan, *Hawaii under the Rising Sun: Japan's Plans for Conquest after Pearl Harbor* (University of Hawaii Press, 1984). 一九四二年一二月、厚生省研究所人口民族部が「大和民族を中核とする世界政策の検討」と題する報告書をまとめた。これは北はソ連のバイカル湖から東、南はオーストラリアとニュージーランド、西はインドと中東の大部分に広がる「東亜共同体」を構想したもので、「八紘一宇(はっこういちう)〔全方位の世界をひとつ屋根の下におさめる、という意味の漢語〕」の宣伝文句のほとんど文字どおりの実現に等しかった。この膨大な報告書(総計約四〇〇〇頁)については、Dower, *War Without Mercy*, ch. 7 (262-90, とくに 273-74) で分析している。イラク後の軍事行動の標的としての「悪の枢軸」、およびその他の多くの可能性についてのアメリカ政府の構想は、Wesley K. Clark, *Winning Modern Wars: Iraq, Terrorism, and the American Empire* (PublicAffairs, 2003), 130 (クラークはこれを「沼地の水抜き」戦略と呼んでいる)、および Johnson, *The Sorrows of Empire*, 286. 九・一一事件からひと月余りたった頃、チェイニー副大統領はBBCに対して、「アルカイダの下部組織をかくまっている国は、四〇カ国も五〇カ国もあるかもしれない。そうした国は経済的、外交的、軍事的な、幅広い行動の標的となりうる」と語った。*Guar-*

dian International, November 17, 2001.

(160) 日本の開戦時の攻撃についてはWohlstetter, *Pearl Harbor*, 341-43. 太平洋戦争が進展するにつれ、アメリカの軍事技術の進歩は日本を凌ぐようになったが、日本軍も、アメリカに対して優位に立つためのプロジェクトを推進していた。世界最大の軍艦「武蔵」と「大和」を進水させた(武蔵は一九四四年、大和は一九四五年に沈没)だけでなく、一九六〇年代まで世界最大となる潜水艦も建造した。これは「潜特(せんとく)伊四百型」と呼ばれた潜水空母で、全長約四〇〇フィート〔約一二〇メートル〕、八〇〇キログラムの爆弾を投下できる三機の特殊爆撃機を翼を折りたたんで搭載し、燃料無補給で地球を一周半航続できた。戦争が日本に不利に傾いた一九四二年、山本五十六海将の発案で、この「伊四百型」を使って、アメリカ大陸の東西両岸の主要都市のほかパナマ運河を攻撃する計画が持ち上がった。さらに、アメリカの攻撃目標を爆撃して病原菌をばら撒く(腺ペスト、コレラ、デング熱、チフスなどに感染させたネズミや昆虫を投下する)計画も進められたが、実現には至らなかった。「伊四百型」の巨大潜水艦は一九四四年、一九四五年に三隻が就役したが、アメリカの日本本土襲撃が激化したため、パナマ運河攻撃などの計画は実行できなかった(「伊四百型」潜水艦については、インターネット上に多くの記事がある。例えば、*the Star Bulletin* website[starbulletin.com], March 20, 2005 の "UH Team Locates Huge Japanese Sub"; the MilitaryHistoryonline.com website, 2007 の Irwin J. Kappes, "Japan's WWII Monster Sub").

日本のもっとも悪名高い生物化学兵器開発プロジェクトは、一九三〇年代後半から終戦まで、満洲に本拠をおく「七三一部隊」によって実施された。捕虜を使った致死的実験も行われていたが、戦後、人体実験の成果を教えることと引き換えに、七三一部隊の活動はアメリカ当局によって隠蔽された。Peter Williams and David Wallace, *Unit 731: Japan's Secret Biological Warfare in World War II* (Free Press. これは一九八五年のイギリスのTVドキュメンタリー *Unit 731—Did the Emperor Know?*の制作にあたって行った調査を本にしたもの)。戦争の進行とともに、日本の科学者たちも原子爆弾が開発可能かどうか、真剣に探るようになった。"NI and 'F': Japan's Wartime Atomic Bomb Research," in John W. Dower, *Japan in War and Peace: Selected Essays* (New Press, 1993), 55-100〔「二号研究」と「F研究」日本の戦時原爆研究」ダワー/明田川融監訳『昭和——戦争と平和の日本』みすず書房、二〇一〇年〕。日本は「殺人光線」(熱線)兵器や無人の遠隔操作による運搬手段も研究したが、結局のところ、日本の戦術のなかでもっとも革新的であったのは、もっとも粗野で、もっとも死に物狂いのやり方——すなわち戦争の最後の一年間に導入された神風特攻であった。日本の様々な兵器プロジェクトの詳細は、Walter E. Grunden, *Secret Weapons and World War II: Japan in the Shadow of Big Science* (University Press of Kansas, 2005). グランデンは、結論としてこう述べている。「日本政府の多頭支配的(ポリクラティック)な性格と政府内部の対立の蔓延」が、戦争に科学技術を動員しようとする日本の試みを大きく阻害したが、そのなかでも細菌戦の研究が「もっともビッグ・サイエンスのプロジェクトに近いといえる兵器プログラム」であった。ibid., 10, 46–47. 戦争中の日本は、「一億一心」の神話とは裏腹に、ほとんどあらゆるレベルで激しい縄張り争いと権益の囲い込みに悩まされていた。日本軍は「ハイテク」化していったが、その反面では伝統的な戦術思想も根強く残った。空軍力を海軍に活用するという山本五十六の発想は革新の頂点であったが、他方で帝国海軍は、山本が一九四三年に死去する前に、戦艦どうしの砲撃戦による「艦隊決戦」の夢に逆もどりしていた。「ネルソン提督や日露戦争の時代の、古くて時代遅れの概念」を脱することができなかったのである。David C. Evans, ed., *The Japanese Navy in World War II: In the Words of Former Japanese Naval Officers*, 2nd edition (Naval Institute Press, 1986), 499–515.「頭の固い」日本海軍の思考の具体例は、横井俊之・元海軍少将による辛辣な分析 "Thoughts on Japan's Naval Defeat (日本海軍の敗北について)" を参照。Carl Boyd and Akihiko Yoshida, *The Japanese Submarine Force and World War II* (Naval Institute Press, 1995), esp. xi–xiii, 6–7, and ch. 6 (一九四四年の「艦隊決戦」妄想について)。

(161) *Congressional Record*, vol. 87: 9509–13 (一九四一年一二月八日の各紙の論説記事が再掲されている)。

(162) *Congressional Record*, vol. 87: 10118 (チャーチルの演説全文)。

(163) Paul D. Eaton, "A Top-Down Review for the Pentagon," *New York Times*, March 19, 2006. ブッシュ大統領による「ミッション達成」演説から一週間後の二〇〇三年五月九日、イートンは突然、イラク軍を再建せよと命じられた。しかしそのために必要なものは十分に与えられなかった。彼は、「われわれのイラク撤退戦略にとってこれほど重大な命令を、こんなに遅くなってから受けたので、私は驚いた」と、インタビューで明かしている。「そういう準備は、部隊が攻撃を開始するずっと前に済んでいるものと思っていた」。*New York Times*, February 11, 2006. アメリカ国内の対イラク戦争支持者たち、たとえば下院議長で、影響力のある国防政策協議会のメンバーでもあったニュート・ギングリッチは、いわゆる「戦闘行為終了後の作戦」は「私が見たことがないほどの、驚くべき戦略的失策のひとつ」だったと認めている。だが、彼らの見方からすれば、はじめの戦争計画(「装備は軽めに維持し、イラクに入ったら素早く国家を立て直して、出る」)は適切であったが、失敗の原因は主としてポール・ブレマー率いる連合国暫定当局の破滅的な決定(イラク軍の解体、バース党員の追放等々)のせいであって、ホワイトハウスやペンタゴンがそうした過ちを迅速かつ断固として是正しなかったことが事態を悪化させた、ということになる。ギングリッジの言葉は、Peter J. Boyer, "Downfall: How Donald Rumsfeld Reformed the Army and Lost Iraq," *New Yorker*, November 20, 2006. イラクでの大失敗をめぐるその後の保守派の立論の基本は、すでにここにはっきりと表現されている。すなわち、「政策は良かった。実行が不手際だった」

というのである。

(164) 日本の開戦決定経緯を簡潔にまとめた最近の書籍として、Yomiuri Shimbun, *Who Was Responsible? From Marco Polo Bridge to Pearl Harbor*, ed. James E. Auer (Yomiuri Shimbun, 2006), esp. ch. 7［読売新聞戦争責任検証委員会『検証 戦争責任（上下）』中公文庫、二〇〇九年］。この本に、開戦を躊躇する発言がいくつか引用されている。この本は読売新聞の戦争責任検証班による、一年にわたる連載記事の英訳である。この記者チームは、開戦責任は主として二人の総理大臣にあると結論した。第一に東条〔英機〕、第二に近衛〔文麿〕である。それに対して、天皇には「大きな責任はない」としている。ibid., 223–24.

(165) Feith, *War and Decision*, 332–35; Woodward, *Plan of Attack*, 205–6; Woodward, *State of Denial*, 178–79. ファイスの部局が作成し、waranddecision.com website に再録されている"Discussion: Possible Contingencies"と題する二〇〇二年一二月のパワーポイント・リストも参照。

(166) パウエルがこのコメントをしたのは、*GQ*, October 2007 の"GQ Icon: Colin Powell"と題するウォルター・アイザクソンによるインタビューにおいてである。メモは、*GQ* の同じ号のダニエル・レヴィットによるインタビューのなかで、ラムズフェルド本人がもちだしたもの。パウエルが、戦争が提起している諸問題に正面から対応すべきだと大統領を説得しようとしたことは Woodward, *Plan of Attack*, 149–51 に要約されている。ファイスでさえ、事のついでに、といったニュアンスではあるが、こう言っている。「〔国防〕省と政権は、〔戦闘終了後に起こりうる困難を見越した〕政策の実施を真剣に考え、そのために必要な具体的な作業を事前に実行していたのか。そう問う人がいたとしても、もっともなことである」。Feith, *War and Decision*, 335.

(167) Ike, *Japan's Decision for War*, 247–49. 横井元海軍中将は、この「腹案」が「開戦前に作成された唯一の基本戦略」であったと述べている。"Thoughts on Japan's Naval Defeat," 504. 日本の代表的な軍事史家の一人である藤原彰も、帝国陸軍の計画担当者の見方は「しばしば希望的観測に頼っていた」と指摘している。こうして日本陸軍は、「占領した地域の防衛や、太平洋戦域におけるアメリカの陸海空軍共同の作戦に備えた計画を一度も立てたことがない」し、「合衆国と戦争した場合の結果を予想しようとさえしなかった」。Fujiwara, "The Role of the Japanese Army," in Borg and Okamoto, *Pearl Harbor as History*, 194–95.

(168) United States Strategic Bombing Survey, *The Effects of Strategic Bombing on Japan's War Economy* (December 1946), 5.

(169) Jerome B. Cohen, *Japan's Economy in War and Reconstruction* (University of Minnesota Press, 1949), 104; サンソムの見解は、コーエンによるこの分厚い研究書の序にある（viii）.

(170) W. F. Craven and J. L. Cate, eds., *The Army Air Forces in World War II*, vol. 1: *Plans and Early Opera-*

tions, January 1939 to August 1942 (University of Chicago Press, 1958), 81.

(171) スコット・マクラレンの著書 *What Happened* をきっかけに、一時的ながらメディアが歴史に強い関心をもったのは、当時、政治的「忠誠」の問題が論議の的であったからである；Thomas Powers, "The Vanishing Case for War," *New York Review of Books*, December 4, 2003; Frank Rich, *The Greatest Story Ever Sold: The Decline and Fall of Truth from 9/11 to Katrina* (Penguin, 2006); Select Committee on Intelligence, United States Senate, *Report on Whether Public Statements Regarding Iraq by U. S. Government Officials Were Substantiated by Intelligence Information*, 110th Congress, June 2008, および同委員会による二〇〇八年六月五日付添付プレスリリース。

(172) Clark, *Winning Modern Wars*, 88-92.「ダウニング・ストリート・メモランダム」は、二〇〇五年五月当時広く報道され、現在もオンラインの各所で入手可能である。これについてのマーク・ダナーによる鋭い論考は、Mark Danner, "The Secret Way to War," *New York Review of Books*, June 9, 2005, July 14, 2005 ("The Iraq Pretext: Why the Memo Matters"), August 11, 2005 ("Iraq's Buried History: The Memo, the Press and the War"). ダナーの考察は後に *The Secret Way to War: The Downing Street Memo and the Iraq War's Buried History* (New York Review Books, 2006) にまとめられた。

(173) Michael R. Gordon and General Bernard E. Trainor, *Cobra II: The Inside Story of the Invasion and Occupation of Iraq* (Pantheon, 2006), 157; Peter Galbraith, *The End of Iraq: How American Incompetence Created a War without End* (Simon & Schuster, 2007), 90-91.

(174) Thomas F. Ricks, *Fiasco: The American Military Adventure in Iraq* (Penguin, 2006), 72 (Army War College); Pillar, "The Right Stuff." ポール・ピラーの要請で始まったこれら二つの報告書は、上院の長文報告書 *Report of the Select Committee on Intelligence on Prewar Intelligence Assessments about Postwar Iraq* の付属文書AおよびBとして、二〇〇七年五月末、インターネット上に掲載され(gpoaccess. gov)、メディアに広くとりあげられた。ピラーは他の多くの分析と違って、イラク戦争という「アイデアは良かったが、履行がお粗末だったので台無しになった」という見方を退け、それどころかそれは始めから終わりまで、政策決定の基本的手続きを無視したイデオローグたちに煽られた、「愚者の無駄骨」〔無駄足〕であったと主張している。

(175) Feith, *War and Decision*, 277, 284 (占領軍); 335, 361 (責任者委員会); 363-66 (アクション・メモ)。ファイスのウェブサイト waranddecision.com (復興人道支援局による "Day 1" に関するプレゼンテーション) も参照。

(176) *NewsHour with Jim Lehrer*, April 18, 2006 における General Jack Keane へのインタビュー。John A. Nagl, the University of Chicago Press edition of the

Counterinsurgency Field Manual issued by the Army and Marine Corps in December 2006 の前書き(xiii-xv)にも引用されている。この市販版『野戦教範 *Field Manual*』に序文をつけたサラ・シーワルは、ベトナム戦争後、「アメリカの軍指導部は「政治家が軍の手を縛ったから」とか「アメリカ国民が意欲をなくしたから」といった責任回避の弁明をやめず、安易にも、非難と注目の対象をソ連に転じた」と指摘している(ibid., xli-xlii)。この問題については、広く引用されているナグル自身の著作がある。Nagl, *Learning to Eat Soup with a Knife: Counterinsurgency Lessons from Malaya and Vietnam* (University of Chicago Press, 2005; originally published in 2002), esp. ch. 1, 3, 8, and 9. 反乱鎮圧訓練がカリキュラムから除外されたことについては、次も参照。Peter Boyer, "Downfall"; Steve Coll, "The General's Dilemma: David Petraeus, the Pressures of Politics, and the Road out of Iraq," *New Yorker*, September 8, 2008; David Cloud and Greg Jaffe, *The Fourth Star: Four Generals and the Epic Struggle for the Future of the United States Army* (Crown, 2009). こうした文献には、「圧倒的な火力と高度な科学技術」をもって短期に勝利することに米軍が強く執着し、そのためベトナム戦争からゲリラ戦の教訓を引き出すことを毛嫌いした例が、無数に挙げられている。その一例として、クラウドとジャフは、ハーバード大学の博士号を持つアンドルー・クレピネヴィッチ中佐が、*The Army and Vietnam* (1986)という批判的な本を出版したところ、ウエストポイント陸軍士官学校の校長が、同中佐に「キャンパスで口をきくのを禁止」した経緯を書いている。Cloud and Jaffe, *The Fourth Star*, 48, 60-64.

(177) David Kilcullen, *The Accidental Guerrilla: Fighting Small Wars in the Midst of a Big One* (Oxford University Press, 2009), xv-xvi および "Army, Marine Corps Unveil Counterinsurgency Field Manual," Army News Service, December 15, 2006. マイケル・ショイヤーは、アフガン戦争に関する報告書を自著に引用している。これはソビエトの参謀本部がまとめた率直なレポートで、二〇〇一年九月、CIAが使用するために要約が作られ、その翌年、アメリカのイラク侵攻の前に英訳が出版された。当然、アフガニスタンに関する記述が中心になっているが、敵の「歴史的、宗教的、民族的特性」を考慮せずに「性急に」戦争に訴えることに強い警告を発しており、やがてアメリカが陥る事態を予見するような内容であった。Michael Scheuer, *Imperial Hubris*, 30-32. 通常、ソ連との戦争におけるアフガニスタン人の死亡者は一〇〇万人以上、不具、手足切断、あるいは負傷した者は四〇〇万人以上とされている。人口(五〇〇万)のおよそ三分の一が国外に逃れ、二〇〇万人が国内難民となった。

(178) ナグルは、こうした軍独特の特殊な表現を非常にうまく紹介している。たとえば、Nagl, *Eating Soup with a Knife*, 198-206.

(179) Scott Shane, "China Inspired Interrogations at Guantánamo," *New York Times*, July 2, 2008. この記事

は、次のように指摘している。「SEREは、もともとアメリカ人捕虜が嘘の自白をしているのではないかという中国側の懸念から生み出された尋問手法である。SEREの教程を信頼していたアメリカの教官たちは、まさに批評家たちのいう「歴史の健忘症」にかかり、このことを忘れていたようだ」(SEREは“Survival, Evasion, Resistance and Escape〔生存、言い逃れ、抵抗、脱出〕”の頭文字で、捕虜になって敵の拷問を受けるかもしれないアメリカ人パイロットや兵士のための、何十年も前から行われている訓練のひとつ)。それから九カ月余り後、オバマ政権によってブッシュ政権の拷問関係の文書が新たに公表されると、『ニューヨーク・タイムズ』はこのテーマを改めてとりあげた。Scott Shane and Mark Mazzetti, “In Adopting Harsh Tactics, No Inquiry into Their Past Use,” *New York Times*, April 22, 2009. 拷問の問題についてのこうした考察は、ほとんどすべてが虚偽の「自白」の問題をとりあげている。

(180) ノーム・チョムスキーのように、九・一一事件に対するブッシュ政権の反応を公然と批判した人たちでさえ、イラク侵略後にあのような反乱が起きるとは予想していなかった。Noam Chomsky, *Imperial Ambitions: Conversations on the Post 9-11 World* (Metropolitan, 2005), 46-47. もっとも、歴史をさかのぼって、近代の「帝国主義の時代」には、ほんの少数のヨーロッパ人やアメリカ人が、最小限の軍事的・行政的組織を置くだけで、はるか遠国の膨大な人口をもつ植民地を支配できたことも事実である。

(181) 二〇〇三年一月一〇日のブッシュ大統領と亡命イラク人との会見は、後によく知られるようになった。これについては、Woodward, *Plan of Attack*, 258-60 および Packer, *The Assassins' Gate*, 96-97. パッカーの綿密な研究は、いわゆる「大統領執務室の陰謀団」の外にいた立場の異なる人々が、いろいろな政治的・思想的な予想によって戦争支持にまわった事情を理解させてくれる。イラクの亡命者コミュニティや、選択による戦争の支持者たちは、聞きたいことだけを聞く大統領と政権を相手にロビー活動をしていたので、イラクに侵入すれば米軍は大歓迎されるという彼らの「キャンディーと花束」の保証は、とりわけ重要な役割を果たした。このことは、どれほど強調しても強調しすぎることはない。

(182) この参謀総長は杉山元(はじめ)で、このやりとりがあったのは一九四一年九月五日の重要な御前会議(祖父・明治天皇の和歌を裕仁が詠みあげた)の前日であった。杉山と裕仁の、この緊迫したやりとりはよく知られている。たとえば、Watanabe, *Who Was Responsible?*, 120.

(183) 「地獄の門を開くことになる」は、アラブ連盟事務局長アムル・ムーサの発言。Michael Slackman, “Chaos in Iraq Sends Shock Waves across Middle East and Elevates Iran's Influence,” *New York Times*, February 27, 2006 に引用。スコウクロフトの言葉は Jeffrey Goldberg, “Breaking Ranks,” *New Yorker*, October 31, 2005, 57. ポール・クルーグマンも、二〇〇二年秋のワシントンの雰囲気をふりかえって、こう書いている。「エリートたちがなぜあんなにタカ派だったかって? 影響力の

あるコメンテーターたちが堂々と言っていたのと同じことを、プライベートな場で何人もが口にするのを、私は聞いた――。戦争はいい考えだ。それは、イラクが本当に脅威だからではない。中東で誰でもいいから叩きのめせば、われわれが本気だってことをイスラム教徒の連中に見せつけられるからだと……。つまり、マッチョなポーズをとる政策に、いわゆる賢い連中も賛成だったんだ」。Paul Krugman, "Know-Nothing Politics," *New York Times*, August 8, 2002.

セイモア・ハーシュは、「アラブ人のふるまいに関するネオコンのバイブル」は、一九七三年に出版された Raphael Patai, *The Arab Mind* という本だったと述べている。この本には性的タブーについての長い記述があり、ハーシュによると、これが合衆国によるアラブやムスリムの捕虜に対する拷問方法に影響を与えた。ハーシュは続けて、ある匿名の情報提供者の証言を引用している。それによると、ネオコンは主に二つのことを信じていた。「ひとつは、アラブ人は目に見える力 force しか理解しない。もうひとつは、アラブ人の最大の弱点は恥 shame と辱しめ humiliation である」。Seymour Hersh, *Chain of Command*, 38-39. ここで注意すべきは、「恥 shame の文化」と「罪 guilt の文化」という区別は、ユダヤ・キリスト教的伝統と、その他ほとんどすべての伝統を区別するために人類学者が使う古い概念だという点である。たとえば太平洋戦争中、アメリカの人類学者ルース・ベネディクトなどは、日本の「恥」の文化において、個人は(罪の文化におけるような)「普遍的な」価値に忠実であるよりも、その場の状況に合わせて反応するのであり、肝心なのは「体面」であると論じた。

しかし、その一方でハーシュは、ネオコンの有力なスポークスマンであったリチャード・パールの、文化論的な飾り付けをはぎとった単刀直入な言葉も引用している。「アラブ人も、たいていの人と変わらない。勝者が好きだし、いつだって勝者に合わせる」。*Chain of Command*, 182. いずれにせよ、大きな棍棒を振りまわし、いつでも使うぞと見せびらかすことは抑止の理論の基本であり、植民地支配者のメンタリティでもあるし、それは非生産的な力頼みや、むき出しの傲慢につながることがしばしばである。力を誇示すればイスラム教徒やアラブ人が怖気づくという考えの前例として、一九四一年に日本が開戦する前の、英米による「抑止」と「経済的絞殺」政策がある。イギリスはシンガポールの要塞と数隻の軍艦が日本に対する抑止になると期待し、アメリカは戦略物資の対日禁輸と、ハワイ・フィリピンの軍備増強でうまくいくと思っていた。パールハーバーに先立つ数カ月、陸軍参謀総長マーシャル将軍はB17爆撃機をフィリピンに配備したことを「本物の抑止力」と何度も呼び、スティムソン陸軍長官はこの配備がアメリカの「棍棒」であり、「神への恐れを日本人に忘れさせない」だろうと期待していた。一九四一年一〇月、イギリスが戦艦プリンス・オブ・ウェールズと巡洋艦レパルスをインド洋に派遣すると、イギリス外務省のある役人は、これで状況は変わるだろう、日本人はとても「妙な連中」だから「大慌てする」かもしれないと日記に書きこんだ。以上の出典は、Heinrichs, *Threshold of War*, 38, 148, 175–76, 193–98, 203–4. 実際には、合衆国による経済封鎖とハワイとフィリピンへの軍事力配備は、日本の指導層の焦りを強め、「早く攻撃しなければ」と思わせただけであった。また、前記のイギリス海軍の軍艦二隻は、開戦後数日のうちに、日本軍の飛行機によってマレーシア沖に沈められた。

(184) Jonah Goldberg, "Baghdad Delenda Est, Part Two," *National Review*, April 23, 2002. この記事のタイトルは、古代ローマの元老院議員・大カトーが演説の締めくくりに何度も使ったと言われる有名なセリフ「カルタゴ滅ぶべし"Carthago delenda est."」をもじったもので、もとはアメリカン・エンタープライズ研究所の著名人の一人、マイケル・レディーンの表現からきている。保守派や軍関係者の間では、「合衆国は一〇年に一回くらい、部隊に戦闘させて最新兵器をテストする必要がある」といった、もっと不穏当な表現も使われたようである。

(185) おおいに話題になったこの「ケーキ・ウォーク cakewalk」という表現は、はじめラムズフェルドの諮問機関である防衛政策協議会のメンバーで、ネオコンの一人でもあるケン・エイデルマンが言った言葉である。これは『ワシントン・ポスト』の二〇〇二年二月一三日("Cakewalk in Iraq")および二〇〇三年四月一〇日の特集記事("'Cakewalk' Revisited")でも使われた。「われわれは独自の現実を創造する」という発言は、Ron Suskind, "Without a Doubt," *New York Times Magazine*, October 17, 2004. この発言は、ブッシュの「信仰ベースの大統領職 faith-based presidency」を論じた長文の評論で引用されたものであったが、これにはウェブ上でおびただしい反論が集中した。「独自の現実を創造する」という表現はけばけばしくも聞こえるが、実際には、彼らのあいだではありふれた発想であった。たとえばラムズフェルド国防長官も、イラク占領について「われわれは彼らに、われわれの現実(リアリティ)を押し付けるのだ」と明言している。Mark Danner, "Weapons of Mass Destruction and Other Imaginative Acts," *New York Times*, August 27, 2008 (Suskind の *The Way of the World* の書評)。詰まるところ、戦略的軍事思想とはすべてそういうものではある。だがここでの問題は、〔アメリカの〕独善と不遜であった。

(186) 超大国の脆弱性に関するビン・ラディンの言葉は、bin Laden, *Messages to the World*, 82; also 48, 109, 192–93.「われわれのエネルギーをよみがえらせる」云々の演説はアルジャジーラで放送され、AP通信によって翻訳された。*New York Times*, January 19, 2006.

(187) Lawrence Wright, "The Rebellion Within," *New Yorker*, June 2, 2008 ("catastrophe for Muslims"). 本文に引用したインターネット新聞のコメントは二〇〇二年八月の投稿で、Scheuer, *Imperial Hubris*, 22 に引用されている。

第六章

(188) "Rove Speaks at Penn," *The Bulletin: Philadelphia's Family Newspaper*, February 21, 2008.

(189) *Congressional Record*, vol. 87: 9509–13, 9521.

(190) *Henry Lewis Stimson Diaries, 1909–1945*, entry for November 25, 1941. スティムソンの日記や文書はイエール大学図書館に所蔵されており、マイクロフィルムで読むことができる。Prange, *Pearl Harbor*, 519も参照。

(191) *Report of the Joint Committee on the Investigation of the Pearl Harbor Attack*, 251–52.

(192) 修正主義〔アメリカを故意に戦争に引き込んだとしてルーズベルトを批判する議論〕の初期の著作には、とりわけ影響力のある論者(チャールズ・A・ビアード、チャールズ・タンシル、ハリー・エルマー・バーンズなど)が含まれていた。これに対してプランゲは、*At Dawn We Slept* (839–50) および *Pearl Harbor* (38–49) において、詳細に反論している。また、Morison, "The Lessons of Pearl Harbor," *Saturday Evening Post*, October 1961は、「裏口からの参戦」説に対して簡潔かつ根本的な批判を加えた。すなわち、もし裏口からの参戦が事実であれば、ルーズベルトは少なくとも軍部と文民の側近八人の黙認を得る必要があったことになるが、みな忠実で真面目な人間であり、そのようなとんでもない策略に手を貸すようなことはけっしてしない人たちであった。また、たとえアメリカを戦争に引き入れたいという願望がルーズベルトにあったとしても、真珠湾の艦隊を安全な場所に逃がすよう、ハワイの司令官たちに警告を発するのが目的に適っていたであろう。なぜなら、それで日本の真珠湾攻撃が頓挫したとしても、どんなに頑(かたくな)な孤立主義者の議員でも、〔そうした日本の行動は対日〕開戦理由として納得できたであろうからである。この論争についてより詳細に論じた初期の著作として、John McKechney, "The Pearl Harbor Controversy: A Debate among Historians," *Monumenta Nipponica*, vol. 18 (1963), 45–88がある。一九七七年、「手品(マジック)」が傍受した通信文が機密解除されたことを受けて、デイヴィッド・カーンはアメリカの諜報担当者が何を知っていたかを研究し、「真珠湾への攻撃について一言なりともふれた情報はひとつもない」と断定している。David Kahn, "The Intelligence Failure of Pearl Harbor," *Foreign Affairs*, vol. 70, no. 5 (Winter 1991–92), 138–52, esp. 147–50; "Did FDR Invite the Pearl Harbor Attack?" *New York Review of Books*, May 27, 1982. カーンのこうした結論は、修正主義者のみならずウォルステッターに対する批判ともなっている。Spector, *Eagle against the Rising Sun*, 95–100も参照。ここでスペクターは、とくにJohn Toland, *Infamy*の論点をとりあげ、退けている。この論争は、今もウェブ上で活発に続いている。

(193) コンドリーザ・ライスは、九・一一調査委員会における証言のなかで八月六日付「大統領日報」の存在を認めている。この証言内容は、二〇〇四年四月一〇日に政府によって機密解除された。七月のやりとりは、ボブ・ウッドワードが明らかにするまで広く知られることはなかった(*State of Denial*, 49–52, 79–80)。

(194) Project for the New American Century (PNAC), *Rebuilding America's Defenses: Strategy, Forces, and Resources for a New Century* (September 2000), 51. P

NACの主要メンバーには、ディック・チェイニー、ポール・ウォルフォウィッツ、リチャード・アーミテージ、ザルメイ・ハリルザド、I・ルイス・リビイ、エリオット・エイブラムス、ジョン・ボルトンがおり、全員がブッシュ政権で何らかのポストを得ている。他にPNACの有力メンバーとしては、リチャード・パール、ウィリアム・ベネット、ロバート・ケーガン、ウィリアム・クリストルがいた。PNACは、設立後間もない一九九八年一一月の時点ですでに、当時のクリントン大統領に対してサダム・フセインの排除を訴えていた。こうした拡張主義的な構想の起源は、一般にはウォルフォウィッツが起案した一九九二年の「国防計画指針 Defense Planning Guidance」であるとされるが、この「指針」をめぐっては議論が起こり、結局棚上げにされた。たとえば、Packer, *The Assassins' Gate*, 12-15, 23-24 参照。ジェームズ・マンはPNACを「ネオコンの政治部門」と規定している。James Mann, *Rise of the Vulcans*, 238.

「パールハーバー」は、外部世界からの脅威にアメリカを目覚めさせたレトリックであり、軍事費の大幅増額を可能にする比喩でもあるが、保守派は、ほかにも最近の事件を同じように利用している。たとえば、ウィリアム・クリストルとロバート・ケーガンは、一九九六年の有名な論文において、アメリカは「慈善的グローバル覇権 benevolent global hegemony」を積極的に追求すべきだと提唱したが、そのなかで次のような事例をあげている。一九五〇年の朝鮮戦争(NSC68〔国家安全保障会議文書六八〕として知られる有名な計画文書の内容をトルーマン政権が実現する契機となった)、ソ連のアフガニスタン侵攻とイラン人質事件(どちらも一九七九年に始まり、一九八〇年代、保守派が提唱していた軍備増強の契機となった)。William Kristol and Robert Kagan, "Toward a Neo-Reaganite Foreign Policy," 29-30〔この論文は *Foreign Affairs*, vol. 75, no. 4 (Jul.-Aug. 1996) に掲載されている〕。

(195) アーミテージの言葉は、Samantha Power, "The Democrats and National Security," *New York Review of Books*, August 14, 2008.

(196) *Report of the Commission to Assess United States National Security Space Management and Organization*, January 11, 2001(上院と下院の軍事委員会のメンバーに提出されたもの), xv, 25. この報告書は、他の箇所でも次のように強調している。「危機ないし紛争の際、アメリカの宇宙システムの重要部分が攻撃される可能性を除外してはならない。「宇宙の真珠湾攻撃」を回避するには、そうした攻撃の可能性を真剣に考慮する必要がある」。viii-ix. また別のところでは、「アメリカは「宇宙の真珠湾攻撃」の恰好の対象である」とも述べている。xiii, xiv, 22.

(197) 『核態勢見直し』報告からの抜粋は、二〇〇二年一月八日に公表された。この部分は globalsecurity.org. で閲覧可能である。イラク侵攻から二カ月後の二〇〇三年五月、上院軍事委員会は、破壊力の低い戦術核兵器の開発を承認した。

(198) Air Force Space Command, *Strategic Master Plan*

FY06 and Beyond, esp. i, 1, 6, 8, 23, 25(この基本計画は、二〇〇三年一〇月にインターネット上で公開された)。「宇宙管理」にとって「軍備管理」が邪魔であることについては、Robert S. Dudney, "The Struggle for Space," *Air Force Magazine*, May 2004(ダドニーはこの雑誌の編集主幹であった)。この基本計画のあからさまな表現が、のちに婉曲に書き換えられたことについては、Michael Krepon, *Better Safe than Sorry: The Ironies of Living with the Bomb* (Stanford University Press, 2008), 186.「宇宙(スペース)のパールハーバー」といえば、次には「デジタル・パールハーバー」が問題になる。ハッカーとか「サイバースパイ」が配電施設や航空輸送管理システム、原発の過熱制御システムなどに侵入して損害を与えることに対する恐怖である。こうした恐怖を抱くこと自体、サイバーセキュリティのための巨額の予算支出を招き、そのサイバーセキュリティの監督をめぐる縄張り争いを引き起こす。たとえば、"Battle Is Joined," *Economist*, April 25, 2009を参照。

(199) Russell F. Weigley, *The American Way of War: A History of United States Military Strategy and Policy* (Indiana University Press, 1973), xxii. ラムズフェルドについては、本書第五章注157参照。

第II部

第七章

(1) James Risen with Stephen Engelberg, "Signs of Change in Terror Goals Went Unheeded," *New York Times*, October 14, 2001. *The 9/11 Commission Report: Final Report of the National Commission on Terrorist Attacks upon the United States* (Norton, 2004), 116(ここに、一九九八年頃、「ビン・ラディンが、「ヒロシマ」をやりたい、少なくとも一万人の犠牲者が欲しいと語ったのを聞いた人がいる」という記述がある), 380.

(2) Osama bin Laden, *Messages to the World: The Statements of Osama bin Laden*, ed. by Bruce Lawrence (Verso, 2005), 40 (November 1996), 51 (March 1997), 67 (December 1998).

(3) Bin Laden, *Messages to the World*, 168–69 (October 2002); 105 (October 2001).

(4) ライスが「きのこ雲 mushroom-cloud」のイメージを持ち出したのはCNNの番組*Late Edition with Wolf Blitzer*においてであり、ブッシュ大統領がライスの「きのこ雲」という言葉を取り上げたのは、シンシナティでの大規模な演説集会においてであった。

(5) Harlan Ullman and James P. Wade Jr., *Shock and Awe: Achieving Rapid Dominance* (National Defense University, December 1996), xxvi; xx, 13, 23–24, 47–48(「日本による真珠湾奇襲は「衝撃と畏怖」とはまったく

逆の効果を生み、アメリカを行動に駆り立てた」). 110. この「衝撃と畏怖」というドクトリン——ウルマンが提唱したと考えられている——の内容は、オンラインで閲覧可能である。

(6) たとえば、ウェブサイト *Internet Encyclopedia of Philosophy* (iep.utm.edu)のなかのアレクサンダー・モズレイ執筆 "Just War Theory" の項を参照。

(7) Douglas J. Feith, *War and Decision: Inside the Pentagon at the Dawn of the War on Terrorism* (Harper, 2008), 9, 163, 230; 177.

(8) 広島と長崎に対する原爆投下が人間にもたらしたものを動画や写真以上に力強く表現しているのは、被爆者自身が描いたスケッチや絵である。その主要な画題のひとつは「母と子」であった。これらの絵や数百点の視覚的記録のデーターベースを分析したものとして、MIT Visualizing Cultures (visualizingcultures.mit.edu)所収、John W. Dower, "Ground Zero 1945."

(9) ニューメキシコ州における原爆実験で「ゼロ」という言葉が使われたことについては、一九四五年九月二六日付の『ニューヨーク・タイムズ』に掲載された、ウィリアム・L・ローレンスによる目撃証言がある。

(10) たとえば、リンダ・ハバティ・ラグがスウェーデン語から英訳したSven Lindqvist, *A History of Bombing* (New Press, 2000), 70-74. ブルーノ・ムッソリーニの言葉もここに引用されている。

(11) イギリス外務省の声明は、Lindqvist, *A History of Bombing*, 71 (entry 152). ここでリンドクヴィストが依拠している文献は、*Indiscriminate Aerial Bombing of Non-Combatants in China by Japanese* (Shanghai, 1937)である。有名な『ライフ』誌の幼児の写真に関しては、楊大慶が "War's Most Innocent Victim," *Media Studies Journal*, Winter 1999, 18-19で考察している。日本は満洲事変直後の一九三二年にも上海を爆撃した。なお、民間人に対する爆撃は「文明国」だから実行しなかったということはまったくなく、逆に一九三〇年代後半に世界秩序が崩壊する前から、ごく当たり前の行為となっていた。リンドクヴィストが記しているように、「イタリアはリビアでそれ〔民間人への爆撃〕をやり、フランスはモロッコでそれをやり、イギリスは中東全域、インド、東アフリカでそれをやり、そして南アフリカは南西アフリカでそれをやった」。反抗する「土民」に爆撃を加えることは、世界最強の帝国たるイギリスにとって、自らの強大性と優越性を示す方法のひとつであった。一九一六年から一九二〇年の間だけでも、エジプト、アフガニスタン(ダッカ、ジャララバード、カブール)、イラン、トランスヨルダン、イラク(作戦名は「占領なき支配」)などにおいて、イギリスは現地の住民を爆撃した。Lindqvist, *A History of Bombing*, 42-43 (entry 102), 74 (entry 160). 住民爆撃が「土民爆撃」の範囲を超えて自国にふりかかってくるまで、こうした行為を自称「文明国」は脅威と認識しなかった。ここには〔文明という〕言葉と〔住民爆撃という〕実践のあいだに大きな落差があった。また、この齟齬は当時の列強が表向き承認した「戦時規則」によって正典化されていた。というのは、「戦時規則」は「文明化された」国あるいはそれに準ずる敵にだけ適用され、「非文明」的な部族や民族をマシンガンや爆弾で虐殺することは容認されたからである。「正戦」論の研究者は、この実態を「道徳性の非対称性 asymmetrical morality」と呼んでいる。この点について、たとえば、*Internet Encyclopedia of Philosophy* のなかのアレクサンダー・モズレイ執筆 "Just War Theory" の項目を参照。

(12) ルーズベルトのこの有名な声明は、オンラインで容易に読むことができる。諸外国の反応については、Tami Davis Biddle, *Rhetoric and Reality in Air Warfare: The Evolution of British and American Ideas about Strategic Bombing, 1914-1945* (Princeton University Press, 2002), 182-83.〔非戦闘員に対する〕爆撃を抑制すべきだという呼びかけは、一九四一年まで熱心に行われた。John W. Dower, *War Without Mercy: Race and Power in the Pacific War* (Pantheon, 1986), 38-40.

(13)『ライフ』誌は、広島と長崎に関する記事で、原爆投下の前に「日本の大都市の腹わたを引き裂く」空爆が行われたと説明し、こう書いている。こうした空爆では「新開発の「ゼリー」爆弾が都市のいくつかの地点に投下され、それがまとまってひとつの大火災になるよう仕組まれていた。爆撃機の搭乗員たちは、それを「焼き(バーン)仕事(ジョブ)」と呼んだ。規模の大きい「焼き仕事」は、原爆と同程度の物理的損害を与え、原爆とほとんど同じ数の人間を殺した」。"War's Ending: Atomic Bomb and Soviet Entry Bring Jap Surrender," *Life*, August 20, 1945, 25-31. 戦争直後、アメリカ政府が刊行したアメリカ戦略爆撃調査団のいくつかの報告書は、日本に対する絨毯爆撃を指す「デハウジング dehousing」という言葉をときどき使っている。たとえば、*Effects of Incendiary Bomb Attacks on Japan: A Report on Eight Cities* (April 1947), 214.

(14) アメリカ戦略爆撃調査団は、空爆によるドイツの民間人犠牲者は少なくとも「死者三〇万五〇〇〇人、負傷者七八万人」であり、「主要標的であった約五〇都市」の住宅地域の四〇パーセントが壊滅あるいは重大な損害を受け、七五〇万人のドイツ人が家を失ったと推定している。*Summary Report (European War)* (September 30, 1945), 1, 15-16. 一九五六年、西ドイツ政府が発表した推計では、戦略爆撃によって死亡した民間人は四一万人であるが、死者六〇万人とする推計もある。たとえば、W・G・ゼーバルトは、対独戦についての有名な省察の書の冒頭に、こう書いている。「攻撃対象となった一三一の市や町の多くが、一度あるいは何度も、ほぼ完全に壊滅した。空襲の犠牲となって死亡したドイツの民間人は約六〇万人。破壊された家屋は三五〇万戸、終戦の時点で家がなかった人は七五〇万人。残された瓦礫は、ケルンで住民一人あたり三一・一立方メートル、ドレスデンで四二・八立方メートル。これが事実である。だが、こうした事実がいったい何を意味するか、われわれには全体を把握できない」。*On the Natural History of Destruction* (Modern Library, 2004), 3-4. 日本に関しては、アメリカ戦略爆撃調査団によれば、戦争末期の「九カ月間の空爆(原子爆弾を含む)による民間人死傷者の総数はおよそ八〇万六〇〇〇人、そのうち死者は約三三万人である」。*Summary Report* (*Pacific War*) (July 1, 1946), 20. 以上の数値は、ドイツと日本の当局が提供した情報をもとにアメリカ戦略爆撃調査団がまとめたもので、現在ではこれは控えめな数字と見られている。一九四六年七月に刊行されたこの*Summary Report* はよく引用されるが、興味深いのは、その後一年以上経った一九四七年七月に刊行されたアメリカ戦略爆撃調査団の報告書が、一般に受け入れられている日本での空爆の死傷者数を否定し、「負傷者約一三〇万人、うち死者は九〇万人」と、きわめて高い数値を提示していることである。この報告書には、この数値を裏づける解説と表がついており、そこには日本の当局者が実施した調査は「あきれるようなもの」で「信じがたい」という批評があり、一部の推計値を「不可思議なデータ」と呼んでいる。USSBS (Morale Division), *The Effects of Strategic Bombing on Japanese Morale* (July 1947), 1-2, 194-95 [森祐二訳『日本人の戦意に与えた戦略爆撃の効果』広島平和文化センター、一九八八年]。空爆による死者が九〇万人というのは極端に高い数値のようにも思われるが、これは日本当局の推計の実態を厳しく再検討したもので、問題が政治的に微妙な面ももっていたことを考慮すると、真実らしくも思える。

第八章

(15) John Swope, *A Letter from Japan: The Photographs of John Swope*, ed. by Carolyn Peter (Grunwald Center for the Graphic Arts, Hammer Museum, University of California-Los Angeles, 2006). これは写真展のカタログで、スウォープが一九四五年八月三〇日から九月二〇日まで書いた日記的手紙の全文(同カタログ212-49)と、Caroline Peter and John W. Dower, "Picturing Peace: John Swope's Japan, August/September 1945" が収録されている。

(16) Swope, *A Letter from Japan*, 220-21.

(17) Wesley Frank Craven and James Lea Cate, eds., *The Army Air Forces in World War II*, vol. 5: *The Pacific: Matterhorn to Nagasaki, June 1944 to August 1945* (University of Chicago Press, 1953), 111-12, 144, 558-60. 第二次世界大戦から間もなく刊行されたアメリカ陸軍航空軍のこの半公式戦史は、アメリカの空爆の計画と実際についての貴重な情報源である。とくに編者による序文、第一八章("Precision Bombing Campaign")、第二〇章("Urban Area Attacks")、第二一章("The All-Out B-29 Attack")、第二三章、編者の結語("Victory")を参照。一九四四年一二月、アメリカの在中国航空部隊は、焼夷弾のみを搭載したB29によって、日本占領下の漢口に大規模な空爆を加えた。クレア・シェンノート将軍は、これがアジア戦域で「最初の大規模な焼夷弾攻撃」であり、「アジアの都市にこの兵器を使用した成果」が、米軍の日本への焼夷弾攻撃のモデルとなったと述べている。日本への焼夷弾攻撃については、他にもクレイヴンとケイト編の前記の戦史など、信頼できるいくつかの著作がある。ibid., 144. 漢口爆撃のほかにもうひとつ、あまり知られていないことだが、アメリカは一九四五年初頭、日本統治下の台湾にも空爆を加えている。台湾の一一の主要都市のうち、ほぼ全滅が五市(基隆、新竹、嘉義、台南、高雄)、半壊が四市(彰化、屏東、宜蘭、花蓮)、三分の一程度の破壊が一市(台北)で、被害が比較的軽微だったのは台中だけであった。この台湾爆撃作戦で、アメリカの爆撃機は三三五トン以上のナパーム焼夷弾を投下した。ibid., 485-89.

(18) ハリス中将の発言は、A. C. Grayling, *Among the Dead Cities: The History and Moral Legacy of the WWII Bombing of Civilians in Germany and Japan* (Walker, 2006), 47, 119. 米陸軍航空軍は、ドイツに対する空爆とは異なり、日本への都市爆撃ではほとんどもっぱら焼夷弾を使用した。「その理由は、日本家屋は造りがもろく、住民も家屋も密集しており、焼夷弾の集中爆撃に対してきわめて脆弱なので、「切開する open them up」には高性能爆弾は必要なかったからである」。USSBS, *A Report on Physical Damage in Japan* (June 1947), 1, 67(アメリカ戦略爆撃調査団のこの報告書によれば、日本の都市に対する焼夷弾攻撃で使われた高性能爆弾はわずか一パーセントであった)。これが、写真家ジョン・スウォープが焼け野原の都市を訪れたとき、爆弾によるクレーターをまったく見かけなかった理由である。

英米による対独空爆は、広島・長崎以前の日本本土空爆に比べると、はるかに詳しく研究されてきた。日本の場合、研究者たちの関心が核兵器の誕生と原子爆弾の使用に至るアメリカの政策決定過程に集中したからである。だが、日本本土空爆はヨーロッパ戦域での空爆作戦に続くものだったので、どちらを研究するにせよ、研究者は同じ資料を使い、似たような戦略的問題を扱い、共通の道義的問題を提起することになる。一九九〇年以降、W・G・ゼーバルトの一連の著作によってドイツの都市への空爆に関心が高まり、二〇〇二年、イェルク・フリードリヒが *Der Brand: Deutschland im Bombenkrieg, 1940-45*[香月恵里訳『ドイツを焼いた戦略爆撃——一九四〇〜一九四五』みすず書房、二〇一一年]と題する著作を出版して以来、とくに議論が盛んになった。フリードリヒのこの本は、ややまとまりがないものの、エピソードを多く盛り込んだ詳細なものである。この本は英訳され、*The Fire: The Bombing of Germany, 1940-1945* (Columbia University Press, 2006)と題して出版されている。今日では、フリードリヒの著作に刺激された学術論文が、問題の概要と関連文献を提供してくれる。たとえば、ウェブサイト"h-german"(h-net.org/~german)に掲載された"World War II: Rethinking German Experiences"と題する二〇〇三年一一月のオンライン・フォーラムの他、以下の論文を参照。Thomas Childers, "'*Facilis descensus averni est*': The Allied Bombing of Germany and the Issue of German Suffering," *Central European History*, vol. 38, no. 1 (2005), 75-105; Robert G. Moeller, "On the History of Man-Made Destruction: Loss, Death, Memory, and Germany in the Bombing War," *History Workshop Journal*, vol. 61 (2006), 103-34; Charles S. Maier, "Targeting the City: Debates and Silences about the Aerial Bombing of World War II," *International Review of the Red Cross*, no. 859 (2005), 429-44. 道義上の問題にも目配りした著作として、Ronald Schaffer, *Wings of Judgment: American Bombing in World War II* (Oxford University Press, 1985)[ロナルド・シェイファー/深田民雄訳『アメリカの日本空襲にモラルはあったか——戦略爆撃の道義的問題(新装版)』草思社、二〇〇七年]; Michael S. Sherry, *The Rise of American Air Power: The Creation of Armageddon* (Yale University Press, 1987); Richard G. Davis, *Carl A. Spaatz and the Air War in Europe, 1940-1945* (Center for Air Force History, United States Air Force; distributed by Smithsonian Institution Press, 1993); Biddle, *Rhetoric and Reality in Air Warfare;* Grayling, *Among the Dead Cities* などがある。アメリカの対独爆撃の展開、そして一九四五年三月までの日本に対する爆撃の展開に関する軍の文書を分析した論文に、以下の二つがある。Richard G. Davis, "German Rail Yards and Cities: U.S. Bombing Policy, 1944-1945," *Air Power History*, Summer 1995, 46-63; Thomas R. Searle, "'It Made a Lot of Sense to Kill Skilled Workers': The Firebombing of Tokyo in March 1945," *Journal of Military History*, vol. 66, no. 1 (January 2002), 103-33. 最近刊行された貴重な著作として、Yuki Tanaka and Marilyn B. Young, eds., *Bombing Civilians: A Twentieth-Century History* (New Press, 2009) がある。この著作では、ロナルド・シェイファーとロバート・マーラーがヨーロッパにおける空爆について、マーク・セルデンが日本本土空爆について、長谷川毅が原子爆弾について、マイケル・シェリーが戦略爆撃、予言、記憶について、それぞれ寄稿している。

アメリカ戦略爆撃調査団は、ドイツと日本に対する空爆について専門的調査を行い、ドイツに関して二〇〇編余り、日本に関して一〇八編の報告書を刊行している。日本に関する報告書のうち、とくに興味深いものとして、以下がある。*Summary Report* (*Pacific War*) (July 1946); *Japan's Struggle to End the War* (July 1946); *The Effects of the Atomic Bombs on Hiroshima and Nagasaki* (June 1946)[森祐二訳『広島、長崎に対する原子爆弾の効果』広島平和文化センター、一九八七年]; *The Effects of Strategic Bombing on Japanese Morale* (June 1947); *The Effects of Strategic Bombing on Japan's War Economy* (December 1946); *Effects of Incendiary Bomb Attacks on Japan: A Report on Eight Cities* (April 1947); *A Report on Physical Damage in Japan* (June 1947).

(19) アメリカ本土への攻撃も可能な長距離爆撃機「富嶽」の構想に関しては、前間孝則『富嶽——米本土を爆撃せよ(上下)』講談社文庫、一九九五年。伊四百型潜水艦については、本書第五章注160。極度な縄張り争いの結果、日本の陸軍と海軍はそれぞれ独自に核兵器製造の可能性を探っていた。John W. Dower, "'NI' and 'F':

Japan's Wartime Atomic Bomb Research," in Dower, *Japan in War and Peace: Selected Essays* (New Press, 1993), 55–100.

(20) Sherry, *The Rise of American Air Power*, 31, 58. 第二次世界大戦以前の爆撃の実態と、その終末論的・人種差別的な思想を知るには、リンドクヴィストの非常に独創的で迫真的な描写を参照。Lindqvist, *A History of Bombing*, especially entries 45, 46, 55, 56, 59, 60, 69, 71, 72, 126, 127, 128, 132, 155. 引き込まれる著作として、H. Bruce Franklin, *War Stars: The Superweapon and the American Imagination* (Oxford University Press, 1988), chapter 1 through 7. この改訂増補版が二〇〇八年にUniversity of Massachusetts Pressから刊行されている。

(21) Schaffer, *Wings of Judgment*, 107–8. 震度七・九ないし八・四の関東大震災は、九月一日、昼食時に発生した。多くの人が七輪で昼食の用意をしていた時間である。いくつもの火炎が酸素不足を引き起こし、ひとつにまとまって、一九四五年三月の東京大空襲に匹敵する大火災となった。死者の総数は一〇万人を優に超え、一四万人であったとする資料もある。焼け焦げた大量の死体を写した関東大震災の写真は、ほぼ同数の人が死んだ一九四五年三月九日の東京大空襲の写真と、ほとんど区別がつかない。

(22) Larry I. Bland, et al., eds., *The Papers of George Catlett Marshall*, vol. 2: *"We Cannot Delay," July 1, 1939–December 6, 1941* (Johns Hopkins University Press, 1986), 675–81. この一一月一五日の記者会見の記録は、『タイム』誌の軍事問題担当記者ロバート・L・シェロッドがまとめたものである。一一月一九日のマーシャルの指示は、John Costello, *The Pacific War, 1941–1945* (Quill, 1981), 105–6.

(23) 『ユナイテッド・ステイツ・ニューズ』誌に掲載されたこの地図は、Sherry, *The Rise of American Air Power* のなかの「ビジュアル・エッセイ」に再録されている。それよりはるか以前のものだが、ウィリアム・ミッチェル将軍がアジアにおける空爆について書いた記事(週刊『リバティ』誌一九三二年一月三〇日号)に、複葉機がアジアの民間人を爆撃しているイラストが掲載されている。『リバティ』誌のこの号は、日本による満洲占領の重大性を扱ったものである。このイラストは、Franklin, *War Stars*, 77ff に再録されており、次の文章がイタリック体で添えられている。「日本が極度に恐れているのは、わが空軍である。日本列島は、空爆作戦の理想的な標的である」。

(24) 真珠湾攻撃以前に構想された日本爆撃計画は、Sherry, *The Rise of American Air Power*, 100–15, 383. シェイファーは、真珠湾攻撃直後に始まった「焼夷爆弾開発プログラム」に協力を求められた民間セクターの名前(アーサー・D・リトル社、E・I・デュポン社、イーストマン・コダック社、スタンダード石油開発会社、様々な化学製品業者、保険業者、MIT、ハーバードなどの大学教授)を列挙している。Schaffer, *Wings of Judgment*, 108, 122.

(25) ディズニーの『空軍力の勝利 *Victory Through Air*

Power』は、第二次世界大戦中にディズニーが制作したプロパガンダ映画コレクション*Walt Disney Treasures—On the Front Lines*(1943)のひとつとして、二〇〇四年にDVD版が発売された。『空軍力の勝利』の映画評は、以下を参照。James Agee, *Agee on Film* (Grosset and Dunlap, 1958), vol. 1: 43-44; Richard Schickel, *The Disney Version: The Life, Times, Art and Commerce of Walt Disney*, 3rd edition (Ivan R. Dee, 1997; originally published by Simon & Schuster, 1968), 273-75; Sherry, *The Rise of American Air Power*, 127-31; Biddle, *Rhetoric and Reality in Air Warfare*, 264, 268; "The Globe Presents 'Victory Through Airpower,' a Disney Illustration of Major de Seversky's Book," *New York Times*, July 19, 1943.

(26) Davis, "German Rail Yards and Cities," 48に、六九回の空爆作戦(ドレスデンは含まれていない)が列挙されている。デイヴィスの推計によれば、一九四四年の第四半期までの米第八空軍による空爆の約八〇パーセントが、H_2X(「盲目」爆撃装置)によって行われた。火炎爆弾あるいは焼夷弾の「役割はただひとつ。兵舎、住宅、商業ビル、官公庁などのソフトターゲットを破壊すること。重爆撃機で何千もの小型焼夷弾を投下すると火災が発生し、住宅は燃え上がって人びとは住居を失い、火傷を負う。医療が手を縛られ、生産活動が中断し、士気が低下する」。ibid. 49. デイヴィスは、いわゆる戦時の正義 jus in bello の問題も提起している。「米第八空軍は大量の焼夷弾を積載し、鉄道操車場と「市街地」のあいだの境界を越えた。焼夷弾積載は、戦時国際法の均衡の原則を逸脱したものとみなされうる」。ibid., 56, 62n. デイヴィスは、一九九三年に出版した著作*Carl A. Spaatz and the Air War in Europe*において、ヨーロッパにおける空爆の実相をより詳細に検討している。なかでも、一九四四年末からドレスデン爆撃に関する543-64を参照。また564-71も参照(ここでデイヴィスは、米第八空軍によるドイツの都市爆撃について簡潔に叙述しつつ、マイケル・シェリーなどの研究者が、テクノロジー崇拝とか単なる「邪悪」という観点から空爆の問題を論じていることを批判している)。また、Searle, "It Made a Lot of Sense to Kill Skilled Workers,'" 105-9; Biddle, *Rhetoric and Reality in Air Warfare*, 228-29, 239-40, 243-45, 253-54も参照。

(27) 米第八空軍によるドレスデン爆撃で焼夷弾が占めた割合(四〇パーセント)は、ドイツの他の主要都市に対する米軍の爆撃とだいたい同程度である。ケルン(二七パーセント)、ニュルンベルク(三〇パーセント)、ベルリン(三七パーセント)、ミュンヘン(四一パーセント)。この点については、Davis, *Carl A. Spaatz and the Air War in Europe*, 570; Davis, "German Rail Yards and Cities," 57-58参照。ドレスデン爆撃については、多くの研究がある。例えば、Davis, *Carl A. Spaatz and the Air War in Europe*, 556-64; Biddle, *Rhetoric and Reality in Air Warfare*, 254-59. デイヴィスは、ドレスデン爆撃による死者を三万五〇〇〇人と見積もり、死者の大半はイギリス空軍の爆撃によるとしているが、二五万人という推定もあると記している(543, 557)。デイヴィスの"German Rail Yards and Cities," 59も参照。一方、ビドルは、死者二万五〇〇〇人とする低めの数値を支持している。

(28) Davis, *Carl A. Spaatz and the Air War in Europe*, 508, 568–71; Davis, "German Rail Yards and Cities," 49–53, 60, 61n; Biddle, *Rhetoric and Reality in Air Warfare*, 239–45. このような遠回しな言い方は、一般人に誤解を与えると同時に、民間人を殺害していた戦争計画担当者や爆撃機搭乗員たちにとって、ある種の心理的緩衝材となった。

(29) AP通信の二月一七日付(アメリカのメディアでは二月一八日付)の配信記事(ハワード・コーワン執筆)については、以下を参照。Davis, *Carl A. Spaatz and the Air War in Europe*, 558; Schaffer, *Wings of Judgment*, 98–103; Sherry, *The Rise of American Air Power*, 261; Grayling, *Among the Dead Cities*, 72(「イギリスの空軍報道官の発言はアメリカでは新聞の第一面に掲載されたが、イギリスでは報道禁止となった」); Charles Webster and Noble Frankland, *The Strategic Air Offensive against Germany, 1939–1945* (Her Majesty's Stationery Office, 1961), vol. 3, part 5: 113(空軍報道官の発言は検閲で封じられたにもかかわらず、英下院でとりあげられた、とある)。ハリス中将のコメントは三月二九日のもので、本書下記の注30の文献にある、チャーチルの覚書に応えるかたちでなされたものである。Davis, *Carl A. Spaatz and the Air War in Europe*, 581.

(30) Webster and Frankland, *The Strategic Air Offensive against Germany*, vol. 3: 112.

(31) Webster and Frankland, *The Strategic Air Offensive against Germany*, vol. 3: 112–19. この公式記録を編集したウェブスターとフランクランドは、三月二八日付のメモを「チャーチル首相の多くの戦時メモのなかで、もっとも不適切なもの」と評している。

(32) Kenneth P. Werrell, *Blankets of Fire: U. S. Bombers over Japan during World War II* (Smithsonian Institution Press, 1996), 48–49; Craven and Cate, *The Army Air Forces in World War II*, vol. 5: 610; Schaffer, *Wings of Judgment*, 115. この燃焼実験については、ダグウェイ実験場の公式ウェブサイト(dugway.army.mil)に記述があり、「「ドイツ村」は老朽化しているが現存していて、「アメリカ合衆国国家歴史登録財」(National Register of Historical Places)に登録する価値がある」としている。「日本村」のほうは観測壕と消火栓がいくつかあるほかは何も残っていない。同種の破壊実験は、フロリダ州エグリン空軍基地でも行われた。

(33) Antonin Raymond, *Antonin Raymond: An Autobiography* (Tuttle, 1973), 188–89[アントニン・レーモンド/三沢浩訳『自伝アントニン・レーモンド』鹿島研究所出版会、一九七〇年]。著者は、Mike Davis, *Dead Cities, and Other Tales* (New Press, 2003), 65–69によって、このレーモンド自伝の存在を知った。

(34) Searle, "'It Made a Lot of Sense to Kill Skilled

Workers,'" 116-17; Craven and Cate, *The Army Air Forces in World War II*, vol. 5: 9, 26-28, 551-54, 610. 一九四五年初頭までのアメリカの対日爆撃政策の簡潔なまとめは、Schaffer, *Wings of Judgment*, 107-27. 他に、Biddle, *Rhetoric and Reality in Air Warfare*, 261-70.

(35) Schaffer, *Wings of Judgment*, 116. 文献によっては、この死亡者数を「死傷者数 casualties」と記しているものがある。Werrell, *Blankets of Fire*, 53; Biddle, *Rhetoric and Reality in Air Warfare*, 264-65.

(36) Schaffer, *Wings of Judgment*, 124.

(37) Searle, "It Made a Lot of Sense to Kill Skilled Workers," 119(気象条件を考慮していたことについて)。先に述べたように、天候の予測は一九四一年の日本の開戦や、二〇〇三年のブッシュ政権のイラク侵攻のタイミングにも影響を与えた。

(38) Craven and Cate, *The Army Air Forces in World War II*, vol. 5: 4-9, 574, 613, 623; Searle, "It Made a Lot of Sense to Kill Skilled Workers," 114. 「スーパーフォートレス」はB29の公式名称で、より短く、「スーパーフォート」と呼ばれることが多かった。暗号では、B29は「ドリーム・ボート」「ストーク(こうのとり)」「ビッグ・ブラザー」とも呼ばれた。

(39) Searle, "It Made a Lot of Sense to Kill Skilled Workers," 113-14, 117-18, 121.

(40) Craven and Cate, *The Army Air Forces in World War II*, vol. 5: 614-17; Curtis E. LeMay with MacKinlay Kantor, *Mission with LeMay: My Story* (Doubleday, 1965), 387; USSBS, *A Report on Physical Damage in Japan*, 97(B29の機体が仰向けになったことについて)。Schaffer, *Wings of Judgment*, 128-37 は、この東京大空襲における地上での体験について書いている。どの文献でも強調されているように、日本の対空砲火は効果が薄く、都市部への爆撃が開始された一九四五年三月以降における米爆撃機の損失はわずかであった。しかし、機器の故障によるものも含めて、日本本土空爆においてB29の損失があったことは無視すべきではなく、数千人のアメリカ人搭乗員が命を落としている。例えば、Craven and Cate, *The Army Air Forces in World War II*, vol. 5: 574, 606, 616, 641, 644. 空爆作戦の参加者による回想として、Wilbur H. Morrison, *Hellbirds: The Story of the B-29s in Combat* (Duell, Sloan & Pearce, 1960). コンラッド・C・クレインによれば、日本本土空爆での米陸軍航空軍の損失は「非常に軽微であった。これは、アメリカの戦術の効率性と日本の対空防御能力の貧弱さによる。超重爆撃機〔B29〕の交戦中における損失は四三七機で、その大半が機械の故障によるものであった。これとは対照的に、対独戦における米第八空軍の損失は、B17が三〇〇〇機以上、B24は一〇〇〇機であった」。Conrad C. Crane, *Bombs, Cities, and Civilians: American Airpower Strategy in World War II* (University Press of Kansas, 1993), 140-41.

(41) Craven and Cate, *The Army Air Forces in World War II*, vol. 5: xix-xx, 618-23, 638(皇居を空爆の目標にしなかったことについて)。第二次世界大戦時にアメリ

カが天皇をどう考えていたかについて、詳しくは、John W. Dower, *Embracing Defeat: Japan in the Wake of World War II* (Norton and New Press, 1999), 280-86. 日本本土空爆の効果に関する技術的考察としては、アメリカ戦略爆撃調査団による以下の報告を参照。*Effects of Incendiary Bomb Attacks on Japan*, esp. 65-117(東京大空襲); *A Report on Physical Damage in Japan*, esp. 38-115(日本への焼夷攻撃)。George Feifer, *The Battle of Okinawa: The Blood and the Bomb* (Lyons Press, 2001). この本は、はじめ一九九二年に *Tennozan: The Battle of Okinawa and the Atomic Bomb* というタイトルで刊行され[『天王山——沖縄戦と原子爆弾』早川書房、一九九五年]、沖縄戦での民間人死者を一五万人としている(xi)。Richard Frank, *Downfall: The End of the Imperial Japanese Empire* (Random House, 1999), 72, 188(沖縄では「少なくとも六万二〇〇〇人、あるいは一〇万から一五万人の民間人が死亡」とある)。Ronald H. Spector, *Eagle against the Sun: The American War with Japan* (Vintage, 1985), 540は、沖縄での民間人死者は八万人と述べている。Kodansha, *Japan: An Illustrated Encyclopedia* (Kodansha, 1993), vol. 2: 1141には、沖縄戦での「日本人の死者は二五万人」と書かれている。この数字から日本兵の死者数を差し引くと、沖縄の民間人の死者は一四万人余りとなる。日本の大半の文献は、沖縄での民間人死者を一〇万から一五万人と記している。

(42) Craven and Cate, *The Army Air Forces in World War II*, vol. 5: 639, 643.

(43) *New York Times*, May 30, 1945. この記事には爆撃機五一機が失われたとあるが(そのうち三月九日の空爆で二機、五月二三日—二四日と二四日—二五日の空爆でさらに二九機)、各攻撃の航空機損失数を足しても四八機にしかならない。皇居は末期の空爆で非意図的ながら爆弾が落ち、軽微な損害を被った。

(44) 本文の「二次的投下目標」のデータは、Craven and Cate, *The Army Air Forces in World War II*, vol. 5: 674-75に掲載の"Incendiary Missions against Secondary Cities"と題する年表からとった。この年表は、最初の六大都市爆撃の後、空襲で焼かれた五七の中小都市に対する計六〇回(三市が二度爆撃を受けている)の爆撃を列挙している。こうしたデータには矛盾や不確定部分がよくあり、これとは異なる数字をあげた他の文献もある。クレイヴンとケイトが依拠しているアメリカ戦略爆撃調査団の報告書は、「総計一〇万四〇〇〇トンの爆弾が六六都市に落とされ(これに原爆投下が含まれているのかどうかは不明)」、「その六六都市の市街地の約四四パーセントが焼失した」と述べている。USSBS, *Summary Report*, 17. この報告書の一覧表には(本文で採用した五八ではなく)五七の中小都市の名があがっており、他方でクレイヴンとケイトは「原爆が投下された二都市を含め、全部で六六都市が爆撃を受け、計四六一平方キロが焼失した」と書いている(同上。vol. 5: xx)。広島と長崎に先立つ焼夷弾投下作戦の出撃回数を六七回と書いている文献もある。たとえば、Martin Caidin, *A Torch*

to the Enemy: The Fire Raid on Tokyo (Ballantine, 1960), 159-60の補遺(ただし典拠が書いてない)参照。出撃回数を六七回とするこのデータは、ウィキペディアの"Strategic Bombing in World War II"と題するエントリーに転載されており(説明なしに都市名が一カ所変更されている)、これが他の資料でも使われている場合がある。こうした出撃回数の不一致は、日本側の資料にも見られる。これは、当該都市への空爆を「焼夷弾攻撃作戦」とみなすかどうかの判断において、異なる基準が適用されていることが一因と思われる。富山空襲を「牛乳配達(ミルクラン)」と表現した日誌は、"Sgt. Abe Spitzer Collection" on the Manhattan Project Heritage Preservation Association website at mphpa.org, 9-10.

(45) USSBS, *Summary Report* (*Pacific War*), 17-18. 投下した爆弾の総量は、USSBS, *The Effects of Strategic Bombing on Japan's War Economy*, 35およびR. J. Overy, *The Air War, 1939-1945* (Stein & Day, 1981), 128. アメリカ戦略爆撃調査団は、日本本土への投下爆弾量を一六万一四二五トン、ドイツへの投下爆弾量を一三五万六八〇八トンと推定している。

(46) 火事嵐については、Freeman Dyson, "A Failure of Intelligence: Operational Research at RAF Bomber Command, 1943-1945," *Technology Review* (Massachusetts Institute of Technology), November/December 2006, 62-71. 一九四三年、一九歳で爆撃司令部の調査員として働いたダイソンは、次のように書いている。「爆撃司令部は都市を爆撃するたびに火事嵐を発生させようとしたが、なかなかうまくいかない。それはなぜなのか、最後までわからなかった。おそらく火事嵐は、次の三つの条件がそろったときにだけ発生するようである。第一に、標的の地域に古い建物が密集していること、第二に、都市中心部に高密度の焼夷弾攻撃が行われること、第三に、大気が不安定であること」。東京大空襲と二回の原爆投下を除いて、日本では焼夷弾攻撃による死者数が比較的少なかった他の要因については、USSBS, *Summary Report* (*Pacific War*), 20, 22.

(47) Craven and Cate, *The Army Air Forces in World War II*, vol. 5: 653-58; USSBS, *The Effects of Strategic Bombing on Japan's War Economy*, 38; USSBS, *A Report on Physical Damage in Japan*, 39.「牛乳配達」については、たとえば、Morrison, *Hellbirds*, 140; Manhattan Project Heritage Preservation Association, "Sgt. Abe Spitzer Collection," 9-10; Edwin P. Hoyt, *The Kamikazes* (Arbor, 1983), 264.

(48) SGM Herb Friedman (Ret.), "The Strategic Bomber and American PSYOP," 6-28, esp. 11, 24-27. この長文(五一頁)のオンライン記事にはカラー図版が豊富に含まれており、psywarrior.comにアクセスすれば読める。これは、第二次世界大戦から今日までの心理戦を、視覚の面から知ることができる優れたウェブサイトである。フリードマンが編纂した以下の三つのセクションも示唆的である。"Japanese PSYOP during WWII" (45 pages); "OWI Pacific PSYOP Six Decades Ago" (86 pages); "U.S. Army PWB Leaflets for the Pacific War" (91 pages)。

一二の都市名が入ったビラは、Schaffer, *Wings of Judgment*, 140-42〔本書で引用されているビラの文言は、「爆撃後の生地獄」と題するイラストが片面にあるビラ(本書写真53参照)の裏面(「日本国民諸君」)からの抜粋である。その次に引用されているビラの文言は、一二の都市が記載された「爆弾予告」のビラの片面(「日本国民に告ぐ」)からの抜粋である。これら二つのビラは、平和博物館を創る会編『紙の戦争・伝単——謀略宣伝ビラは語る』(エミール社、一九九〇年、一三七、一四〇頁)にある。訳文は、日本語原文の該当箇所から引用したが、一部を現代仮名づかいに改めた〕。

(49) USSBS, *Summary Report* (Pacific War), 20-22; Craven and Cate, *The Army Air Forces in World War II*, vol. 5: 754-56. 日本陸軍に徴兵された兵士の大半は農村出身で、農村に住む人々は、急速に増す戦死者に戦争の影響をかなり感じとっていた(陸軍と海軍をあわせた戦死者数は、最終的に約二〇〇万人にのぼった)。

(50) Crane, *Bombs, Cities, and Civilians*, 133.

(51) A・C・グレイリングは、ドイツ爆撃と同じく、日本でも民間人に対する爆撃は不要で、効果がなく、道義に反していたと主張する。Grayling, *Among the Dead Cities*, 113-14. グレイリングが依拠したのは、Robert A. Pape, *Bombing to Win: Air Power and Coercion in War* (Cornell University Press, 1996). ペイプの主張は、要旨次の通り。「日本の降伏の主な原因は、日本の海上輸送路が封鎖されたことにある。これによって日本は戦略遂行に必要な戦力を生産・配備する能力を喪失した」。二番目に重要だったのは、広島への原爆投下直後にソ連が参戦したことであり、第三は、連合国軍の日本本土上陸の可能性という圧力であったと。戦略爆撃が日本を降伏に導いた要因とは言えないとするペイプは、アメリカ戦略爆撃調査団の重要かつバランスのとれた評価を本質的に否定しており、これは多数派の見解とは言えない。

(52) 私は、日本の警察や上層階級が一般大衆の戦意や心理に不安を抱いていたことを詳しく指摘したことがある。"Sensational Rumors, Seditious Graffiti, and the Nightmares of the Thought Police" in Dower, *Japan in War and Peace*, 101-54〔ダワー「造言飛語・不穏落書・特高警察の悪夢」『昭和』前掲〕および *Empire and Aftermath: Yoshida Shigeru and the Japanese Experience, 1878-1954* (Council on East Asian Studies, Harvard University, 1979), especially chapters 7 and 8.

(53) Craven and Cate, *The Army Air Forces in World War II*, vol. 5: 658.

(54) Biddle, *Rhetoric and Reality in Air Warfare*, 269; from "Highlights of the Twentieth Air Force," Office of Information Services, Headquarters, Army Air Forces, 1945.

(55) 爆撃目標の優先順位については、USSBS, *The Effects of Strategic Bombing on Japan's War Economy*, 2-3, 63-65; also *Summary Report (Pacific War)*, 17, 19. アメリカ戦略爆撃調査団は、都市爆撃に効果がなかったとは述べていないし、その効果を批判してもいない。むしろ、都市爆撃とあわせて「鉄道への爆撃」を格段に重視していれば、日本の降伏が早まったであろうというのが趣旨である。ただ、調査団のこの主張が正しいかどうかは、議論の余地がある。

(56) Charles J. V. Murphy, "The Air War on Japan," *Fortune*, September/October 1945.

(57) Dower, *Embracing Defeat*, 286.

(58) 二〇〇三年にアカデミー長編ドキュメンタリー映画賞を受賞したエロール・モリス監督の『戦争の霧 *The Fog of War*』から引用(ロバート・マクナマラ(一九一六―二〇〇九)は米陸軍航空軍の統計管理局で戦略爆撃の立案に従事。第二次世界大戦後は、フォード自動車社長を経て、一九六一年から一九六八年までケネディ政権・ジョンソン政権下で国防長官。このドキュメンタリー映画は『フォッグ・オブ・ウォー――マクナマラ元米国防長官の告白』ソニー・ピクチャーズ・エンタテイメント、二〇〇九年に収録)。

第九章

(59) Otis Cary, "The Sparing of Kyoto, Mr. Stimson's 'Pet City,'" *Japan Quarterly*, vol. 11 (October-December 1975) [オーティス・ケーリ「京都に原爆を落とすな――ウォーナー博士はほんとうに京都を救った恩人なのか」『文藝春秋』一九七五年九月号]。Schaffer, *Wings of Judgment*, 143-46. 長崎は一九四五年八月以前に五回の小規模な空爆を受けているが、数百の家屋と二〇ほどの工場施設が破壊されただけであった。暫定委員会はあとで長崎を標的リストに追加したが、アメリカ戦略爆撃調査団が指摘したように、原爆投下時には長崎も「比較的無傷であった」。*The Effects of Atomic Bombs on Hiroshima and Nagasaki*, 9. 公文書、回顧録、インタビューにもとづいた原爆の開発と投下に関する文献は、膨大にある。その多くは、以下の注記に記載されている。詳しい注釈がある著作として、Martin Sherwin, *A World Destroyed: Hiroshima and Its Legacies*, 3rd edition (Stanford University Press, 2003. 初版は違う副題で一九七五年に刊行)。シャーウィンの著作には、有益な付属史料が巻末に掲載されている[初版邦訳:加藤幹雄訳『破滅への道程――原爆と第二次世界大戦』TBSブリタニカ、一九七八年。付属史料は原著初版では一七点が掲載されており、原書第三版では六点が追加されている]: Richard Rhodes, *The Making of the Atomic Bomb* (Simon & Schuster, 1986) [リチャード・ローズ/神沼二真・渋谷泰一訳『原子爆弾の誕生(上下)』紀伊國屋書店、一九九五年]; Gar Alperovitz, *Atomic Diplomacy: Hiroshima and Potsdam—The Use of the Atomic Bomb and the American Confrontation with Soviet Power* (Simon & Schuster, 1965); Gar Alperovitz, et al. *The Decision to Use the Atomic Bombs and the Architecture of an American Myth* (Knopf, 1995) [ガー・アルペロビッツ/鈴木俊彦・岩永正恵・米山裕子訳『原爆投下決断の内幕――悲劇のヒロシマ・ナガサキ(上下)』ほるぷ出版、一九九五年]。アルペロビッツの著作には長文の引用が多くある: Gerald DeGroot, *The Bomb: A Life* (Harvard University Press, 2004); Franks, *Downfall*;

Tsuyoshi Hasegawa, *Racing the Enemy: Stalin, Truman, and the Surrender of Japan* (Harvard University Press, 2006)〔長谷川毅『暗闘——スターリン、トルーマンと日本降伏』中央公論新社、二〇〇六年〕; Kai Bird and Martin J. Sherwin, *American Prometheus: The Triumph and Tragedy of J. Robert Oppenheimer* (Knopf, 2005)〔カイ・バード、マーティン・シャーウィン／河邉俊彦訳『オッペンハイマー——「原爆の父」と呼ばれた男の栄光と悲劇(上下)』PHP研究所、二〇〇七年〕。前記の著作以外に、バートン・バーンスタインが多数の論文を執筆している。原爆開発と原爆投下に関する争点の多くは、スミソニアン協会の「エノラ・ゲイ展」をめぐる一九九四年から一九九五年の論争で白熱化した。Edward Tabor Linenthal and Tom Engelhardt, eds., *History Wars: The Enola Gay and Other Battles for the American Past* (Metropolitan, 1996)〔トム・エンゲルハート、エドワード・T・リネンソール／島田三蔵訳『戦争と正義——エノラ・ゲイ展論争から』朝日選書、一九九八年〕。この本に寄稿した私の論文(「三つの歴史叙述」)は、原爆の使用を悲劇とする語りと、英雄的とする語りについて考察したものである。また、広範な関連論文の集成として、Kai Bird and Lawrence Lifschultz, eds., *Hiroshima's Shadow: Writings on the Denial of History and the Smithsonian Controversy* (Pamphleteer's Press, 1998)。米原子力規制委員会の歴史家であるJ・サミュエル・ウォーカーには、論争を史学史的にまとめたいくつかの業績がある。たとえば、Michael J. Hogan, ed., *America in the World: The Historiography of American Foreign Relations since 1941* (Cambridge University Press, 1995)への寄稿論文("The Decision to Use the Bomb: A Historiographical Update," 206-33)、簡潔な著作 *Prompt and Utter Destruction: Truman and the Use of the Atomic Bombs against Japan* (University of North Carolina Press, 1997)〔J・サミュエル・ウォーカー／林義勝監訳『原爆投下とトルーマン』彩流社、二〇〇八年〕、"Recent Literature on Truman's Atomic Bomb Decision: A Search for a Middle Ground," *Diplomatic History*, vol. 29, no. 2 (April 2005), 311-24. 原爆投下に関する「修正主義」に批判的、または修正主義とは異なる学術論文の集成として、Robert James Maddox, ed., *Hiroshima as History: The Myths of Revisionism* (University of Missouri Press, 2007). この本には麻田貞雄、エドワード・J・ドレイ、D・M・ギアングレコ、ロバート・P・ニューマンなどが寄稿している。原爆投下に関する議論はオンラインで今も続いている。一次史料等を知るうえでとくに貴重なサイトは、ダグ・ロンやアルペロビッツらがウェブサイトに集約している("The Decision to Use the Atomic Bomb," "Gar Alperovitz and the H Net Debate," douglong.com/debate.htm から検索)。

(60) 永井隆は、原子爆弾が浦上天主堂の上空で炸裂したことを戦後の著作の象徴的なテーマとした。永井はカトリック信者で科学者、妻は原爆で死亡し、自身も放射線症で一九五一年に他界した。核による破壊の意味を身をもって探究し、これを神が選んだ行為として考察する多くの著作によって知られ、「長崎の聖者」と呼ばれた。Dower, *Embracing Defeat*, 196–98. 東松照明(とうまつしょうめい)が撮影した長崎原爆のアイコン的な写真のなかには、破損し焼け焦げた有名な聖人像がある。東松の写真は、Leo Rubinfein and Sandra Phillips, eds., *Shomei Tomatsu: Skin of the Nation* (San Francisco Museum of Modern Art, in conjunction with Yale University Press, 2004). 広島の被爆者の真情を綴った最も有名な回想のひとつとして、蜂谷道彦医師の日記 *Hiroshima Diary: The Journal of a Japanese Physician, August 6–September 30, 1945* (University of North Carolina Press, 1955)[蜂谷道彦『ヒロシマ日記』法政大学出版局、一九七五年]。私は前記の東松の写真集と蜂谷氏の回想録の改訂版[一九九五年刊行]に論考を寄稿した。"A Doctor's Diary of Hiroshima, Fifty Years Later," in Dower, *Ways of Forgetting, Ways of Remembering: Japan in the Modern World* (New York: The New Press, 2012), Ch. 6, 161–75[ダワー／外岡秀俊訳『忘却のしかた、記憶のしかた——日本・アメリカ・戦争』岩波書店、二〇一三年]。

(61) 死者数の推定は、U.S. Strategic Bombing Survey (USSBS), *The Effects of the Atomic Bombs on Hiroshima and Nagasaki*, 3, 5, 15. 戦後初期に大きな影響力をもった原爆被害の全体像は、この資料のすべての頁(二三頁分)を参照。Tadatoshi Akiba, "Atomic Bomb," *Kodansha Encyclopedia of Japan* (Kodansha, 1983), vol. I: 107–11; Toshiyuki Kumatori, "Atomic Bomb Related Disease," *Kodansha Encyclopedia of Japan*, vol. I: 111–14; 講談社の貴重な九巻本の百科事典の簡約版(全二巻)も参照。*Japan: An Illustrated Encyclopedia* (1993), vol. I: 74–79. 一九八三年の全九巻本には一九五〇年における高い死者数見積りが記載されているが、なぜか全二巻本のほうの "Atomic Bomb" の項目にはそれがない。原子爆弾の影響に関して最も豊富なデータを集成した本(一部に相矛盾した数字が含まれている)が、一九七九年に岩波書店から日本語で刊行された。広島市・長崎市原爆災害誌編集委員会編『広島・長崎の原爆災害』[普及版は『原爆災害　ヒロシマ・ナガサキ』岩波現代文庫、二〇〇五年]。この本は後に石川栄世とデイヴィッド・L・スエインによって英訳されている。Committee for the Compilation of Materials on Damage Caused by the Atomic Bombs in Hiroshima and Nagasaki, *Hiroshima and Nagasaki: The Physical, Medical, and Social Effects of the Atomic Bombings*, Basic Books, 1981.

『広島・長崎の原爆災害』(一九七九年)は五〇四頁に及ぶ大著で、利用は容易ではないが、原爆問題に関するデータを集成することの困難さを感じさせてくれる。死傷者の概数は、たとえば、『広島・長崎の原爆災害』六五、六六、二六三—六四、二六六—六七、二七五—七六頁。一九五〇年における大きな死亡者数の見積りに関しては、同上、二九九—三〇〇、三〇六、三一六、三四三頁。本文で以下に述べる事実の多くは、以上の文献による。

(62) "Ground Zero, 1945" (at visualizingcultures.mit.edu) の二つのウェブサイト参照。そのうちの一つのサイトに

は、広島の被爆者が原爆体験を描いた絵についての私の解説と、被爆者が描いた四〇〇点以上の絵(広島平和記念資料館所蔵)が収録されている。本文で紹介した絵は山下正人氏が描いたもので、史料番号はGE06-36である。もう一つのサイトは、被爆当時、男子児童だった人が描いた絵と文章による回想を、英語と日本語で紹介したものである。

(63) USSBS, *The Effects of the Atomic Bombs on Hiroshima and Nagasaki*, 19; *Kodansha Encyclopedia of Japan*, vol. 1: 110, 113.『広島・長崎の原爆災害』前掲、九一―九二、一三一―五〇、三三六―四一頁。

(64) 原爆が被爆者におよぼした精神的な衝撃については、Robert Jay Lifton, *Death in Life: Survivors of Hiroshima* (Random House, 1967)[ロバート・J・リフトン/桝井迪夫・湯浅信之・越智道雄・松田誠思訳『ヒロシマを生き抜く――精神史的考察(上下)』岩波現代文庫、二〇〇九年]。著者は、以下の論考において、画像資料や視覚的な記憶に焦点をあてて論じている。"Japanese Artists and the Atomic Bomb," in Dower, *Japan in War and Peace*, 242-56[ダワー「日本人画家と原爆」『昭和』前掲]; "War, Peace, and Beauty," in Dower and John Junkerman, eds., *The Hiroshima Murals: The Art of Iri Maruki and Toshi Maruki* (Kodansha International, 1985); "The Bombed: Hiroshimas and Nagasakis in Japanese Memory," in Michael J. Hogan, ed., *Hiroshima in History and Memory* (Cambridge University Press, 1996), 116-42. なお、放射線に被曝すると、遺伝子異常の病気が遺伝すると恐れられたが、これは現在では根拠がないとされている。

(65) 原爆投下のための搭乗員訓練については、General Leslie M. Groves, *Now It Can Be Told: The Story of the Manhattan Project* (Perseus, 1975), ch. 18 and 20 (see esp. 286)[レスリー・R・グローブス/富永謙吾・実松譲訳『私が原爆計画を指揮した――マンハッタン計画の内幕』恒文社、一九六四年]; Gordon Thomas and Max Morgan Witts, *Enola Gay* (Stein & Day, 1977)[ゴードン・トマス、マックス・モーガン・ウィッツ/松田銑訳『エノラ・ゲイ――ドキュメント・原爆投下』TBSブリタニカ、一九八〇年]は注釈がないが、生き生きとした詳しい描写である。「実験部隊」に関しては、David Samuels, "Atomic John," *New Yorker*, December 15, 2008, 115. 放射線の影響予測については、Nuel Pharr Davis, *Lawrence and Oppenheimer* (Simon & Schuster, 1968), 166-67[N・ファール・デイビス/菊池正士訳『ローレンスとオッペンハイマー――その乖離の軌跡』タイム・ライフ・インターナショナル、一九七一年]; Rhodes, *The Making of the Atomic Bomb*, 632; Bernstein, "The Atomic Bombings Reconsidered," *Foreign Affairs*, January/February 1995[バートン・バーンスタイン「検証　原爆投下決定までの三〇〇日」『中央公論』一九九五年二月号]。グローヴスは、アラモゴードでの実験のあと、実際の原爆は地上からかなり離れた上空で爆発予定であるため、「放射線と放射性降下物による直接の被害者」は最小限にとどまると考えた、と述べている。Groves, *Now It Can Be Told*, 269, 286. もちろん、現実はそうではなかった。

(66) トリニティ実験に唯一立ち合いを認められた記者・ウィリアム・ローレンスによる現地報告の第一報は、実験からだいぶ時間が経ってから米陸軍省が公表し、一九四五年九月二六日付の『ニューヨーク・タイムズ』をはじめ、いくつかの新聞に掲載された。トリニティ実験は、原爆開発問題を扱った二次的文献にも詳細に描かれている。たとえば、最近の文献でよくまとまったものとしては、DeGroot, *The Bomb*(第五章)、Rhodes, *The Making of the Atomic Bomb*(とくに「トリニティ」と題する第一八章)。また、注釈がないが、初期の研究としてRobert Junk, *Brighter than a Thousand Suns: A Personal History of the Atomic Scientists* (Harcourt Brace Jovanovich, 1956)[ロベルト・ユンク/菊盛英夫訳『千の太陽よりも明るく——原子科学者の運命』文藝春秋新社、一九五八年]も参照。他に、Richard G. Hewlett, *The New World, 1939-41* (Pennsylvania State University Press, 1962), Margaret Gowing, *Britain and Atomic Energy, 1939-1945* (Macmillan, 1964). ゴーウィングはイギリス原子力公社所属の歴史家・アーキビストで、イギリス原子力公社がゴーウィングの記述の著作権を保有していた。「閃光で失明した」エピソードは、"Sgt. Abe Spitzer Collection," 15.

(67) 「標準化死亡率」については、Rhodes, *The Making of the Atomic Bomb*, 734.

(68) ファーレルの記録は、Sherwin, *A World Destroyed*, 312(appendix P)[『破滅への道程』前掲、付録P「アラモゴルド(ママ)における原爆実験報告」]。キスチャコフスキーについては、ローレンス執筆の記事(『ニューヨーク・タイムズ』一九四五年九月二六日)。チャーチルの発言は、Samuel Eliot Morrison, *History of United States Naval Operations in World War II*, vol. 14: *Victory in the Pacific* (Little, Brown, 1960), 340. トルーマンの「ポツダム日記」は、Robert H. Farrell, ed. *Off the Record: The Private Papers of Harry S. Truman* (Harper & Row, 1980), 46-59 に全文が掲載されている[「ポツダム日記」の邦訳は、「トルーマンのポツダム日記、一九四五・七・一六—三〇」山極晃・立花誠逸編/岡田良之助訳『資料 マンハッタン計画』大月書店、一九九三年]。この非常に興味深い記録は、トルーマンが紙片二〇枚に走り書きしたもので、ポツダムでアメリカの下級政府職員(チャールズ・G・ロス)の書類にしまい込まれ、四半世紀のあいだ知られなかった。エデュアード・マークが *Diplomatic History*, vol. 4, no. 3 (Summer 1980), 317-26 で初めて公刊した[Eduard Mark, "Today Has Been a Historical One: Harry S. Truman's Diary of the Potsdam Conference"]. 大統領に就任後の一九四五年四月二五日、トルーマンはスティムソン陸軍長官によるブリーフィングではじめて新兵器の存在を知った。このときスティムソンは、原爆によって「近代文明は完全に破壊されるかもしれない」と説明していた。本文に引用した七月二五日、ポツダムでのトルーマンの終末論的な記述は、このときのスティムソンの説明を反映している。Sherwin, *A World Destroyed*, 291-92 (appendix I)〔『破滅への道程』前掲、付録I「大統領との協議のためにスチムソンが用意した覚書」〕。Morrison, *Turmoil and Tradition: A Study of the Life and Times of Henry L. Stimson* (Houghton, Mifflin, 1960), 618 は、スティムソンの戦中日記のなかで原爆に言及した箇所では、「かの物凄い」「かの恐るべき」「かの凄まじい」「かの残酷な」「かの悪魔のような」といった不吉な形容詞が必ず加えられており、まるで教会の連禱〔司祭の言葉に続いて、会衆が繰り返しひとつの言葉——ここでは「原爆」——を唱和する祈禱方式〕を聞いているようだと書いている。

(69) Bird and Sherwin, *American Prometheus*, 309; Len Giovannitti and Fred Freed, *The Decision to Drop the Bomb* (Coward-McCann, 1965), 197〔L・ギオワニティ、F・フリード／堀江芳孝訳『原爆投下決定』原書房、一九六七年〕。ジョン・エルスが制作・監督した『ザ・デイ・アフター・トリニティ』(*The Day After Trinity, 1980*)と題する優れたテレビ・ドキュメンタリーで、オッペンハイマーはこのよく引用される言葉を口にしている〔日本語版CD-ROM『ヒロシマ・ナガサキのまえに——オッペンハイマーと原子爆弾』ボイジャー、DNPアートコミュニケーションズ、二〇〇〇年。電子書籍は、富田晶子・富田倫生訳、ボイジャー、二〇一四年〕。バードとシャーウィンは、オッペンハイマーが遅くとも一九四八年初め、あるいはそれ以前から同じことを言っていた可能性があると指摘している。

(70) Groves, *Now It Can be Told*, 267. 投下目標検討委員会は、暫定委員会が設立される三週間前の一九四五年四月二七日、これらの選定基準を定めた。トルーマンが大統領に就任したのは、ルーズベルト大統領が死去した四月一二日である。

(71) 暫定委員会の有名な五月三一日の会合の議事録は、Sherwin, *A World Destroyed*, 295-304 に付録Lとして掲載〔『破滅への道程』前掲、付録L「暫定委員会議事録」〕。

(72) 「なんとも絶妙な言い換え」という表現は、Bird and Sherwin, *American Prometheus*, 296. DeGroot, *Bomb*, 73 には、「言い換えると、〔暫定〕委員会はテロ爆撃を承認したのだが、それを別の言葉で呼んだのだ」という記述があり、同上 77-78 には「たんに外見を取り繕っただけ」という記述もある。「トルーマン日記」〔七月二五日〕の引用は、Farrell, Off the Record, 55-56. 民間人への爆撃の道義性について、スティムソンの言動が揺らいでいた例は、Rhodes, *The Making the Atomic Bomb*, 640, 647-48, 650.

(73) 一九四五年八月九日のトルーマンのラジオ演説は、*Public Papers of the Presidents of the United States: Harry S. Truman: 1945* (Government Printing Office, 1961), 97. Harry S. Truman, *Memoirs*, vol. I: *Year of Decisions, 1945* (Signet Books edition, 1965. 初版は一九五五年), 462-63〔H・S・トルーマン／堀江芳孝訳『トルーマン回顧録I(新装版)』恒文社、一九九二年〕。カーチス・ルメイ〔一九〇六—一九九〇。米陸軍将校とし

て、ドイツ空襲と日本の都市への焼夷弾による夜間爆撃を指揮]は、連合国による民間人への爆撃が道義に反するかどうかなど「くそくらえだ"Nuts."」と述べたが、その彼でさえ、心理的遮断と無感覚化を必要としていた。ルメイは、子ども戦時労働者だから殺してもよいと、次のように正当化した。「日本の爆撃目標を火あぶりにしたあと、どこでもいいから見に行けばいい。ちゃっちい家がいっぱいぺしゃんこになっているが、どの家の残骸にも工作用ドリルが突っ立ってるさ。住民は全部動員されて、戦闘機や軍需品を作っていたんだ。男も女も子どもも。町を焼けば、大勢の女や子どもを殺すことになる。それはわかっていた。やるしかなかったんだ」。さらにルメイは、「敵の潜在力」を除去あるいは抹消することを、次のような粗野な言葉で正当化している。「こういう住民皆殺しは、何ら新しいことじゃない。古代では、町が軍隊に包囲されたら全員が戦った。もし陥落したら略奪されて、たいてい皆殺しだった」。だが同時にルメイは、同じ回顧録のドイツ空爆に言及した箇所で、こうも書いている。「しこたま爆弾を落とす。するとちょっと考えることもある。ベッドに寝ている男の子に石の瓦礫が崩れ落ちるところとか、三歳の女の子が火に焼かれて「お母さん……お母さん……」と泣くところとか。そういう光景がちらっと浮かぶ。気がおかしくなりたくなかったら、祖国から託された任務を続けるつもりなら、そういうことは考えないことだ」。Curtis E. LeMay with MacKinlay Kantor, *Mission with LeMay: My Story* (Doubleday, 1949), 383-84, 425.

(74) USSBS, *The Effects of the Atomic Bombs on Hiroshima and Nagasaki*, 21; J. Robert Oppenheimer, "Atomic Weapons and the Crisis in Science," *Saturday Review of Literature*, November 24, 1945, 10 (Bernard Brodie, ed., *The Absolute Weapon: Atomic Power and World Order*[Harcourt, Brace, 1946], 73).

(75) Truman, *Memoirs*, vol. I: 295 には、「少なくとも五〇万のアメリカ人の死傷者」と書かれ、460 には、「マーシャル将軍は、敵本土に上陸して降伏させるには五〇万のアメリカ人の生命が犠牲になるかもしれないと私に語った」と書かれている。一九五九年のコロンビア大学での対話集会は、Robert H. Ferrell, *Truman: A Centenary Remembrance* (Viking, 1984), 146.

(76) チャーチルが述べた予測人数は、Barton Bernstein, "A Postwar Myth: 500,000 U.S. Lives Saved," *Bulletin of the Atomic Scientists*, June/July 1986, 38; Winston Churchill, *The Second World War: Triumph and Tragedy* (Houghton Mifflin, 1953), 639[ウィンストン・チャーチル／毎日新聞翻訳委員会訳『第二次大戦回顧録』第二四巻、毎日新聞社、一九六〇年]。

(77) Henry Stimson, "The Decision to Use the Bomb," *Harper's Magazine*, February 1947[「原子爆弾使用の決定」クロッジンス・ラビノビッチ編／岸田純之介・高榎堯訳『核の時代』みすず書房、一九六五年]; Henry Stimson and McGeorge Bundy, *On Active Service in War and Peace* (Harper and Brothers, 1948), 632[ヘンリー・L・スティムソン、マクジョージ・バンディ／中

沢志保・藤田怜史訳『ヘンリー・スティムソン回顧録(上下)』国書刊行会、二〇一七年]。スティムソン論文はいろいろなところに転載されているが、後者の本の第二三章にも解説付きで再録されている。

(78) Rhodes, *The Making of the Atomic Bomb*, 687-88. Groves, *Now It Can Be Told*, 264 も参照。

(79) 決号作戦の英訳とその分析は、*Reports of General MacArthur*, vol. 2, part 2 (Japanese Demobilization Bureau Records〔日本の復員援護局資料〕から採録したもの)。他に、*Japanese Operations in Southwest Pacific Area* (Government Printing Office, 1966), 601-9.

(80) D. M. Giangreco, "Casualty Projections for the U.S. Invasion of Japan, 1945-46: Planning and Policy Implications," *Journal of Military History*, vol. 61 (July 1997), 521-82, esp. 535-39, 561, 567. ルメイ将軍は、日本本土空爆の指揮官に任命されたとき、前任者のローリス・ノースタッド第二〇航空団参謀長から次のように言われたと書いている。「要は、どんどんやって、B29で結果を出すことだ。もし結果が出なければ君はクビだろう。……結果を出さないと、いずれ大規模な日本侵攻作戦になる。五〇万の米兵の生命がさらに犠牲になる」。LeMay and Kantor, *Mission with LeMay*, 347. ルメイの回顧録は、ルメイの談話を作家がまとめたもので、シガーを片手に男っぷりよく語るといったスタイルで書かれており、本当にノースタッド参謀長がそのように言ったかどうか、疑わしいところがある。だがこの言葉は、日本本土侵攻についての「サイパン比率」的な当時の考え方には合致している。

前記のギアングレコ論文は、バートン・バーンスタインに対する反論として書かれた。バーンスタインは、米軍が原爆投下以前、日本本土侵攻の想定死者数をかなり低く想定していた(二万人から四万六〇〇〇人)と主張した。とくに一九八六年のバーンスタイン論文、"A Post-war Myth," 38-40. 想定「死者」数をどう考えるかという問題は、一九九四年から一九九五年、スミソニアン協会の米国立航空宇宙博物館が主催した「エノラ・ゲイ展」をめぐる論争の争点(かつ論争を不毛にした要因)にもなった。「死者」数をめぐっては、その後も後味の悪い議論が展開された。その多くは、オンライン上で閲覧可能である。ギアングレコとバーンスタイン(バーンスタインは「サイパン比率」についても批判的)らによる議論の応酬は、*Journal of Military History* の以下の各号を参照――バーンスタインの長文書評論文 "Truman and the A-Bombs: Targeting Noncombatants, Using the Bomb, and His Defending the 'Decision'," vol. 62, no. 3 (July 1998), 547-70; exchange of letters, vol. 63, no. 1 (January 1999), 243-51; letters, vol. 63, no. 4 (October 1999), 1067-70. ギアングレコがバーンスタインとの論争で自らの立場を再論した一九九八年七月三一日の長文論文は、"Casualty Estimates: D. M. Giangreco's Rebuttal of Barton J. Bernstein" と題してオンラインに掲載されている(endusmilitarism.org の "nuclear weapons" の項目からアクセス可能)。その後も続いた激しい議論は、たとえば以下を参照――Michael Kort, "Casualty Projections for the Invasion of Japan, Phantom Estimates, and the Math of Barton Bernstein," *Passport* (Newsletter of the Society for Historians of American Foreign Relations), December 2003. これに対するバーンスタインの長文の反論は、"Marshall, Leahy, and Casualty Issues—A Reply to Kort's Flawed Critique," *Passport*, August 2004. Alperovitz, *The Decision to Use the Atomic Bomb*, 466–71.

(81) Giangreco, "Casualty Projections," 564-67.

(82) Giangreco, "Casualty Projections," 541-50. ギアングレコは *Journal of Military History*, vol. 63, no. 4, October 1999 に掲載された書簡で、本文で述べたフーバーの書簡について論じている。ここでギアングレコが引用しているアイゼンハワーの回想は、アイゼンハワーからジョン・J・マックロイ宛の一九六五年の手紙のなかにある。またギアングレコは、戦争終結よりも数カ月前にウィリアム・ショックレイ博士(トランジスターに関する業績でノーベル物理学賞を受賞)が行った米陸軍内部での研究も引用している。ショックレイ博士は予測死傷者数のデータを分析しているが、この研究は時間的に戦争終結に間に合わず、影響を与えることはなかった。それはフーバーの書簡と同じく、日本本土侵攻で膨大な人命が失われることを予測したもので、「おそらく五〇〇万から一〇〇〇万の日本人を殺す必要がある。この場合、米兵の死傷者数は一七〇万から四〇〇万人に及ぶ。このうち、死者は四〇万から八〇万となる」と結論づけていた。Giangreco, "Casualty Projections," 568. フーバーの書簡を含め、アメリカ政府の最上層レベルでの、一九四五年六月の時点の予測死傷者数に関する主要な史料は、Sherwin, *A World Destroyed*, 335–63 に掲載の付録U、V、Wを参照。

(83) 本書の第八章で述べた、『ニューヨーク・タイムズ』五月三〇日付の記事についての記述を参照(注43)。日本本土侵攻を行った場合の米兵の予測死者数が誇張された反面で、広島と長崎の実際の死者数はかなり過小に評価された。これは必ずしも意図的だったわけではなく、相当程度は、日本政府当局者の不正確な評価に依拠したことが原因である。だが同時に、放射線による症状など原爆の具体的な影響についての知見が、戦争終結後に意識的に検閲されたことも事実である。戦後アメリカの科学者・調査官たちは、もっぱら原爆による物理的破壊に注意を向けていた。そして基本的には勝者も日本政府も、放射線の影響について被爆者が何を世間に暴露するかということ以外には、原爆の犠牲者に格別の関心を持たなかった。

(84) Sherwin, *A World Destroyed*, 304-5 (appendix M)『破滅への道程』前掲、付録M「原子兵器の即時使用に関する科学顧問団の勧告」。

(85) この六月一八日の会合の部分的記録は、様々な資料に掲載されている。たとえば、U.S. Department of State, *Foreign Relations of the United States: The Conference of Berlin*, (*The Potsdam Conference*), *1945* (Government Printing Office, 1960), vol. I: 903-10 (以下、*FRUS: Conference of Berlin* と略記): Sherwin, *A World*

Destroyed, 355-63, 付録W。他に Giangreco, "Casualty Projections," 552-60.

(86) Rhodes, *The Making of the Atomic Bomb*, 676, 701; Peter J. Kuznik, "Defending the Indefensible: A Meditation on the Life of Hiroshima Pilot Paul Tibbets, Jr.," カズニックのこの論文はオンライン・ジャーナルの *The Asia Pacific Journal: Japan Focus* (japanfocus.org), January 2008 に掲載(ティベッツ大佐の発言は、エイブ・スピッツァー〔エノラ・ゲイに同行した科学観測機の搭乗員〕による)。

(87) *Public Papers of the Presidents of the United States: Harry S. Truman, 1945*, 212, 362.

ジョン・W. ダワー(John W. Dower)
1938年生まれ．アマースト大学卒業．ハーバード大学博士号取得．日本近代史・日米関係史．マサチューセッツ工科大学名誉教授．著書に『吉田茂とその時代(上下)』(中公文庫)，『容赦なき戦争——太平洋戦争における人種差別』(平凡社ライブラリー)，『昭和——戦争と平和の日本』(みすず書房)，『敗北を抱きしめて——第二次大戦後の日本人(上下)』『忘却のしかた，記憶のしかた——日本・アメリカ・戦争』『アメリカ 暴力の世紀——第二次大戦以降の戦争とテロ』(岩波書店)など．

三浦陽一
1955年生まれ．一橋大学大学院社会学研究科博士課程単位取得退学．中部大学人文学部教授．現代日本政治外交史．著書に『吉田茂とサンフランシスコ講和(上下)』(大月書店)，訳書にジョン・ダワー『敗北を抱きしめて——第二次大戦後の日本人(上下)』(共訳，岩波書店)など．

田代泰子
1944年生まれ．国際基督教大学教養学部卒業．翻訳家．訳書にテッサ・モーリス-スズキ『過去は死なない——メディア・記憶・歴史』(岩波現代文庫)など．

藤本 博
1949年生まれ．明治大学大学院博士課程単位取得満期退学．元南山大学外国語学部教授．現代アメリカ外交史．博士(国際関係学)．著書に『ヴェトナム戦争研究——「アメリカの戦争」の実相と戦争の克服』(法律文化社)など．

三浦俊章
1957年生まれ．国際基督教大学大学院修士課程修了．朝日新聞記者．著書に『ブッシュのアメリカ』(岩波新書)など．

戦争の文化（上）
——パールハーバー・ヒロシマ・9.11・イラク
ジョン・W.ダワー

2021年12月3日　第1刷発行
2022年2月4日　第2刷発行

監訳者　三浦陽一（みうらよういち）
訳　者　田代泰子（たしろやすこ）　藤本　博（ふじもと　ひろし）　三浦俊章（みうらとしあき）
発行者　坂本政謙
発行所　株式会社　岩波書店
〒101-8002 東京都千代田区一ツ橋2-5-5
電話案内 03-5210-4000
https://www.iwanami.co.jp/

印刷・三陽社　カバー・半七印刷　製本・牧製本

ISBN 978-4-00-061485-6　　Printed in Japan